Profundice en
el corazón del
Padre

LOS
ATRIBUTOS
DE DIOS 2

— con guía de estudio —

A. W. Tozer

CASA
CREACIÓN
Para vivir la Palabra

Para vivir la Palabra

MANTENGAN LOS OJOS ABIERTOS,
AFÉRRENSE A SUS CONVICCIONES,
ENTRÉGUENSE POR COMPLETO,
PERMANEZCAN FIRMES,
Y AMEN TODO EL TIEMPO.
—1 Corintios 16:13-14 (Biblia El Mensaje)

Los atributos de Dios volumen dos con guía de estudio por A.W. Tozer
Publicado por Casa Creación
Miami, Florida
www.casacreacion.com
Copyright © 2014 por Casa Creación
Library of Congress Control Number: 2014930200
ISBN: 978-1-62136-169-5
E-book ISBN: 978-1-62136-175-6

Desarrollo editorial: *Grupo Nivel Uno, Inc.*
Adaptación de diseño interior y portada: *Grupo Nivel Uno, Inc.*

Publicado originalmente en inglés bajo el título:
Attributes of God, Volume 2 © 2001 by Zur Ltd.
Attributes of God Volume 2 Study Guide © 2003 by David E. Fessenden.
Translated and printed by permission. All rights reserved.

A menos que se indique lo contrario, los textos bíblicos han sido tomados de la Santa
Biblia, Nueva Versión Internacional® NVI® ©1999 por Bíblica, Inc.© Usada con permiso.

Nota de la editorial: Aunque el autor hizo todo lo posible por proveer teléfonos y
páginas de internet correctos al momento de la publicación de este libro, ni la editorial
ni el autor se responsabilizan por errores o cambios que puedan surgir luego de haberse
publicado.

Impreso en Colombia

24 25 26 27 28 LBS 9 8 7 6 5 4 3 2

CONTENIDO

Introducción: El carácter de Dios. 5

1 Dios existe por sí mismo 17

2 La trascendencia de Dios 35

3 La eternidad de Dios 53

4 La omnipotencia de Dios 69

5 La inmutabilidad de Dios. .87

6 La omnisciencia de Dios. .103

7 La sabiduría de Dios 119

8 La soberanía de Dios 139

9 La fidelidad de Dios. 159

10 El amor de Dios. 175

Notas finales 194

Contenido de la guía de estudio

Reconocimientos 198

Cómo usar esta guía 199

Sesión 1: Introducción: El carácter de Dios 201

Sesión 2: Capítulo 1. Dios existe por sí mismo. 208

Sesión 3: Capítulo 2. La trascendencia de Dios 215

Sesión 4: Capítulo 3. La eternidad de Dios. 224

Sesión 5: Capítulo 4. La omnipotencia de Dios 233

Sesión 6: Capítulo 5. La inmutabilidad de Dios. 242

Sesión 7: Capítulo 6. La omnisciencia de Dios. 250

Sesión 8: Capítulo 7. La sabiduría de Dios. 259

Sesión 9: Capítulo 8. La soberanía de Dios 268

Sesión 10: Capítulo 9. La fidelidad de Dios 277

Sesión 11: Capítulo 10. El amor de Dios 286

Sesión 12: Revisión 295

EL CARÁCTER DE DIOS

En ti confiarán los que conocen tu nombre.
—Salmo 9:10

En los mensajes que siguen consideraremos eso que es antes que todas las cosas. No puede haber tema más central e importante. Si usted rastrea la causa de un efecto y la causa de esa causa y así siguiendo, retrocederá por los sombríos corredores del pasado hasta llegar al átomo primordial a partir del cual todas las cosas fueron hechas, encontrará al Único que las hizo: encontrará a Dios.

Detrás de toda materia previa, de toda vida, de toda ley, de todo espacio y de todo tiempo, está Dios. Dios le da a la vida humana su significado único; no hay ningún otro aparte de Él. Si usted toma el concepto de Dios fuera de la mente humana no hay otra razón de ser entre los vivientes. Somos, como dijo Tennyson, como "ovejas o cabras / que nutren una vida ciega sin el cerebro".[1] Y bien podríamos morir como ovejas si no tenemos a Dios en nuestros pensamientos.

Dios es la fuente de toda ley y moralidad y bondad, el Único en quien usted debe creer antes que negarlo, el Único que es la Palabra y el Único que nos capacita para hablar. Estoy seguro de que usted ve inmediatamente que al intentar una serie de mensajes respecto a los atributos de Dios nos encontramos con algo que es difícil por encima de todas las cosas.

El famoso predicador Sam Jones (que fue un Billy Sunday antes de la época de Billy Sunday) dijo que cuando el predicador promedio toma un texto le recuerda un insecto tratando de acarrear un fardo de algodón. Y cuando yo tomo mi texto y trato de hablar acerca de Dios me siento como ese insecto; solo Dios me puede auxiliar.

John Milton comenzó a escribir un libro sobre la caída del hombre y su restauración a través de Jesucristo nuestro Señor. Lo llamó *El paraíso perdido*. Pero antes de atreverse a escribirlo, hizo una oración que yo también quiero orar. Oró al Espíritu y le dijo: "Y principalmente tú, oh Espíritu, / que has preferido antes que todos los Templos el corazón honesto y puro, / instrúyeme".[2]

Quiero decir, sin pretender una humildad malsana, que sin un corazón puro y una mente rendida, ningún hombre puede predicar dignamente acerca de Dios y ningún hombre puede oír dignamente. Ningún hombre puede oír esas cosas a menos que Dios lo toque y lo ilumine. Y así Milton dijo: "Instrúyeme, para que te conozca; lo que en mí es tinieblas / ilumina, lo que es bajo elévalo y sostenlo; / que a la altura de esta gran Discusión / yo pueda afirmar la Eterna Providencia. / Y justificar los caminos de Dios al hombre".[3]

¿Quién puede hablar de los atributos de Dios —su existencia por sí, su omnisciencia, su omnipotencia, su trascendencia, etcétera—, quién puede hacer eso y hacerlo dignamente? Yo no. Así que solo tengo esta única esperanza: Como el pobre burrito que reprendió la locura del profeta y como el gallo que cantó una noche para despertar al apóstol y traerlo al arrepentimiento, así Dios puede tomarme a mí y usarme. Oro que Jesús, así como entró en Jerusalén sobre el lomo de un burrito, quiera cabalgar ante la gente sobre un instrumento tan indigno como yo.

Es absolutamente necesario que conozcamos a este Dios, el Único acerca del cual escribió Juan, el Único acerca del cual habló el poeta, el Único acerca del cual habla la teología y el Único acerca del cual fuimos enviados a predicar y enseñar. Es absoluta y vitalmente necesario que lo conozcamos porque, como usted ve, el hombre cayó cuando perdió su concepto correcto de Dios.

Mientras el hombre creyó que Dios hizo todas las cosas buenas; los seres humanos fueron saludables y santos (o al menos inocentes), y puros y buenos. Pero cuando el demonio vino y clavó un signo de interrogación en la mente de la mujer: "Dijo a la mujer: ¿Conque Dios os ha dicho...?" (Génesis 3:1). Eso fue equivalente a deslizarse a espaldas de Dios y arrojar dudas sobre su bondad. Y entonces echó a andar la progresiva degeneración.

Cuando el conocimiento de Dios comienza a irse de las mentes de los hombres, nos metemos en la revisión en que estamos ahora:

> Pues habiendo conocido a Dios, no le glorificaron como a Dios, ni le dieron gracias, sino que se envanecieron en sus razonamientos, y su necio corazón fue entenebrecido. Profesando ser sabios, se hicieron necios, y cambiaron la gloria del Dios incorruptible en semejanza de imagen de hombre corruptible, de aves, de cuadrúpedos y de reptiles. Por lo cual también Dios los entregó a la inmundicia, en las concupiscencias de sus corazones, de

modo que deshonraron entre sí sus propios cuerpos, ya que cambiaron la verdad de Dios por la mentira, honrando y dando culto a las criaturas antes que al Creador, el cual es bendito por los siglos. Amén. Por esto Dios los entregó a pasiones vergonzosas; pues aun sus mujeres cambiaron el uso natural por el que es contra naturaleza, y de igual modo también los hombres, dejando el uso natural de la mujer, se encendieron en su lascivia unos con otros, cometiendo hechos vergonzosos hombres con hombres, y recibiendo en sí mismos la retribución debida a su extravío. Y como ellos no aprobaron tener en cuenta a Dios, Dios los entregó a una mente reprobada, para hacer cosas que no convienen.

—Romanos 1:21–28

Ese primer capítulo de Romanos termina con una terrible carga de injusticia, fornicación, maldad, codicia, malicia y toda la larga, negra lista de delitos y pecados de que el hombre ha sido culpable. Todo eso se produjo porque el hombre perdió su confianza en Dios. Él no conoce el carácter de Dios. Él no sabe qué clase de Dios es Dios. Él mezcló todo respecto a cómo es Dios. Y la única manera de restaurar la confianza en Dios es restaurar el conocimiento de Dios.

Comencé con el texto: "En ti confiarán los que conocen tu nombre" (Salmo 9:10). La palabra "nombre" significa carácter, además de reputación. "En ti confiarán los que *saben qué clase de Dios eres tú*". Nos preguntamos por qué no tenemos fe; la pregunta es: Fe es confianza en el carácter de Dios y si no conocemos qué clase de Dios es Dios, no podemos tener fe.

Leemos libros acerca de George Müller y otros y tratamos de tener fe. Pero olvidamos que la fe es confianza en el carácter de Dios. Y como no tenemos conciencia de la clase de Dios que es Dios, o de cómo es Dios, no podemos tener fe. Y así nos debatimos y aguardamos en esperanza contra esperanza. Pero la fe no viene, porque no conocemos el carácter de Dios. "En ti confiarán los que saben cómo eres tú". Eso es automático: viene naturalmente cuando sabemos qué clase de Dios es Dios.

Voy a darle un reporte del carácter de Dios, a hablarle de cómo es Dios. Y si usted escucha con una mente digna, se encontrará con que la fe comienza a brotar. La ignorancia y la incredulidad abaten la fe, pero un conocimiento restaurado de Dios hará brotar la fe.

No puedo imaginar ninguna época de la historia del mundo en que la necesidad de restaurar el conocimiento de Dios haya sido tan imperativa como ahora. Los cristianos creyentes en la Biblia han hecho grandes avances. Tenemos ahora más Biblia de lo que nunca tuvimos: la Biblia es un éxito de ventas. Tenemos más escuelas bíblicas que nunca en la historia del mundo. Millones de toneladas de literatura evangélica son derramadas todo el tiempo. Hay ahora más misiones de lo que sabemos que haya habido. Y el evangelismo corre muy muy alto en el tiempo presente. Y más gente, creyente o no, va a la iglesia ahora que la que iba antes.

Ahora bien, todo eso tiene cosas a su favor, sin duda alguna. Pero usted sabe, un hombre puede aprender al finalizar el año cómo están sus negocios haciendo el balance de sus pérdidas y ganancias. Y aunque pueda tener algunas ganancias, si ha tenido demasiadas pérdidas, el año próximo se quedará fuera del negocio.

Muchas de las iglesias evangélicas han tenido algunas ganancias en los últimos años, pero también han sufrido una gran pérdida central: la de nuestro elevado concepto de Dios. El cristianismo se eleva como un águila y vuela sobre las cimas de los picos de todas las religiones del mundo, principalmente por causa de su elevado concepto de Dios, por darnos una revelación divina y por la venida del Hijo de Dios a encarnarse como hombre y habitar entre nosotros. El cristianismo, la gran Iglesia, ha vivido durante siglos del carácter de Dios, ha honrado a Dios, ha exaltado a Dios, ha testificado de Dios, del Dios Trino.

Pero en tiempos recientes ha sufrido una pérdida. Hemos sufrido la pérdida de ese alto concepto de Dios, y el concepto de Dios manejado ahora por la iglesia evangélica promedio es tan bajo que es indigno de Dios y una desgracia para la Iglesia. Es error por negligencia, degeneración y ceguera espiritual que algunos estén diciendo que Dios es su "socio", o "el hombre de arriba". Un colegio cristiano sacó un folleto titulado "Cristo es mi mariscal de campo": Él siempre ordena la jugada correcta. Y cierto hombre de negocios ha sido citado diciendo: "Dios es un buen socio y me gusta".

No existe en el mundo un solo musulmán que vaya a rebajar a Dios llamándolo "un buen socio". No hay un solo judío, al menos un judío que crea en su religión, que se atreva a referirse de esa manera al gran Yahvé, Aquel del nombre incomunicable. Ellos hablan de Dios respetuosa y reverentemente. Pero en las iglesias evangélicas, Dios es un "mariscal de campo" y un "buen socio".

A veces siento que estoy andando con un grupo que simula ser cristiano. Ellos hablan de la oración como "tener una charla con Dios", como si Dios fuera el entrenador del mariscal de campo o algo así; se ponen todos en rueda, Dios da la señal y problema resuelto. ¡Qué absurda abominación! Cuando los romanos sacrificaron un cerdo sobre el altar en Jerusalén, no cometieron nada más espantoso que nosotros cuando arrastramos hacia abajo al Dios santo, santo, santo y lo convertimos en un Santa Claus barato que podemos usar para obtener lo que queremos.

El cristianismo ha perdido su dignidad. Y no la recobraremos a menos que conozcamos al Dios Santo, que monta en las alas del viento y hace de las nubes sus carruajes. Tengo una carta de mi buen amigo Stacy Woods, que fue la cabeza de InterVarsity. Y en las líneas de cierre de su carta, dice: "La iglesia se está alejando de la adoración. Me temo que sea porque nos estamos alejando de Dios". Pienso que tiene razón y creo que esa es la respuesta.

Y entonces nuestra religión ha perdido su espiritualidad. Pues el cristianismo, si es algo, es una religión espiritual. Jesús dijo que debemos adorar en espíritu y en verdad. Y sin embargo, hemos perdido eso porque hemos perdido el concepto de deidad que lo hace posible. Aunque no hayamos perdido detalle de nuestra Biblia Scofield y sigamos creyendo en las siete grandes doctrinas de la fe fundamental, hemos perdido el asombro, la maravilla, el temor y el deleite. ¿Por qué? Porque hemos perdido a Dios, o al menos hemos perdido nuestro alto y noble concepto de Dios: el único concepto de Dios que Él honra.

Y así, los avances que hemos logrado han sido todos externos: Biblias y Escuelas Bíblicas; libros y revistas y mensajes radiales; misiones y evangelismo; números y nuevas iglesias. Y las pérdidas que hemos sufrido han sido internas: la pérdida de dignidad y adoración y majestad, de espiritualidad, de presencia de Dios, de temor y deleite espiritual.

Si hemos perdido solo lo que es interior y ganado solo lo que es exterior, me pregunto si en definitiva hemos ganado algo. Me pregunto si no estamos ahora en mal estado. Yo creo que lo estamos. Creo que nuestras iglesias evangélicas, nuestro cristianismo está escuálido y anémico, sin contenido de pensamiento, frívolo en el tono y mundano en el espíritu.

Y creo que estamos desesperadamente necesitados de una reforma que nos devuelva la iglesia.

He dejado de usar la palabra avivamiento porque necesitamos más que un avivamiento. Cuando el gran avivamiento vino al pequeño país de Gales al principio del siglo XX, el Espíritu Santo tenía algo con qué trabajar. La gente creía en Dios y su concepto de Dios era alto. Pero como la iglesia ha perdido su alto concepto de Dios y ya no sabe cómo es Dios, su religión es escuálida, anémica, frívola, mundana y barata.

Compare la prédica de la iglesia de hoy con la de los profetas hebreos, o incluso de hombres como Charles Finney, si usted se atreve a hacerlo. ¡Cuán serios eran esos hombres de Dios! Eran hombres del cielo venidos a la tierra para hablar a los hombres. Como Moisés bajó del monte con su rostro resplandeciente a hablar a los hombres, así a través de los años hubo profetas y predicadores, pero se fueron apagando. Ellos eran hombres serios y profundos, solemnes, de tono elevado y plenos de sustancia de pensamiento y teología.

Pero hoy la predicación es en gran medida barata, frívola, gruesa, superficial y entretenida. En las iglesias evangélicas pensamos que debemos entretener a la gente para que no se vaya. Hemos perdido la seriedad de nuestra predicación y se ha vuelto tonta. Hemos perdido la solemnidad y se ha vuelto carente de temor, hemos perdido la elevación y se ha vuelto gruesa y superficial. Hemos perdido la sustancia y se ha vuelto entretenimiento. Es algo trágico y terrible.

Compare el material de lectura cristiano y verá que estamos en gran medida en la misma situación. Los alemanes, escoceses, irlandeses, galeses, ingleses, estadounidenses y canadienses tienen una común herencia protestante. Y ¿qué leían esos antepasados protestantes suyos y míos? Bueno, ellos leían *The Rise and Progress of Religion in the Soul* (El surgimiento y progreso de la religión en el alma) de Doddrige. Leían *Holy Living and Dying* (Vivir y morir santamente) de Taylor. Leían *El progreso del peregrino* y *Holy War* (Guerra

santa), de Bunyan. Leían *El paraíso perdido*, de Milton. Leían
los sermones de John Flavel.

Y hoy me sonroja el forraje religioso que está siendo puesto en manos de nuestros hijos. Hubo un día en que ellos sal-
taban mientras el fuego crepitaba en el corazón y escuchaban
a un serio, pero bondadoso viejo abuelo leer *El progreso del
peregrino*, y el joven canadiense y el joven estadounidense cre-
cieron sabiendo todo acerca del Sr. Doble Cara y todo el resto
de esa pandilla. Y ahora leemos basura barata que debería ser
paleada afuera y deshecha.

Después pienso en las canciones que se cantan ahora en
tantos lugares. ¡Ah, la lista de los dulces cantores! Ahí está
Watts, quien escribió *"Oh God, Our Help in Ages Past"* (¡Oh
Dios, nuestro auxilio en épocas pasadas!), y Zindendorf, quien
escribió muchos himnos tan grandes. Y luego está Wesley, que
escribió tantos. Estaba Newton y estaba Cooper, que escribió
"There Was a Fountain Filled with Blood" (Hay una fuente llena de sangre), y Montgomery y los dos Bernardos (Bernardo
de Cluny y Bernardo de Clairvaux). Estaban Paul Gerhardt y
Tersteegen, estaban Lutero y Nelly, Addison y Toplady Senic
y Doddrige, Tate y Brady y el Scottish Psalter (El salterio esco-
cés). Y había una compañía de otros que no eran tan grandes
como esas grandes estrellas, pero que tomados juntos hacen
una Vía Láctea que circundó el cielo protestante.

Tengo un himnario metodista que se publicó hace 111
años y en él encontré cuarenta y nueve himnos sobre los atributos de Dios. He oído decir que no hay que cantar himnos
con tanta teología porque ahora la gente tiene una menta-
lidad diferente. Ahora pensamos de modo diferente. ¿Sabía
usted que esos himnos metodistas eran cantados en su mayoría por gente sin educación? Eran agricultores y pastores de
ovejas y criadores de ganado, mineros del carbón y herreros,
carpinteros y recolectores de algodón: gente sencilla de todo

este continente. Ellos cantaban esas canciones. Hay más de 1100 himnos en ese himnario que tengo y ninguno de ellos es de baja calidad.

No quiero ni hablar de la terrible basura que cantamos hoy en día. Hay un corito que se canta con la melodía de "There'll be a hot time in the old town tonight", que dice algo como esto:

> Uno, dos, tres, el diablo está detrás de mí.
> Cuatro, cinco, seis, y me tira ladrillazos,
> Siete, ocho, nueve, pero jamás me pega,
> Aleluya, Amén.

¡Eso cantan ahora los amados santos de Dios! Nuestros padres cantaban: "Oh, Dios, nuestra ayuda en tiempos pasados", y nosotros cantamos basura.

Este descenso trágico y aterrador en el estado espiritual de las iglesias se ha producido como resultado de nuestro olvido de qué clase de Dios es Dios.

Hemos perdido la visión de la Majestad en las alturas. Las últimas semanas he estado leyendo el libro de Ezequiel, lo leía lentamente y lo releía, y acabo de llegar al terrible, aterrador, espantoso pasaje en que la *Shejiná*, la presencia resplandeciente de Dios, se eleva entre las alas de los querubines, va al altar, se levanta sobre el altar, va a la puerta y el sonido de las alas llega hasta el atrio (Ezequiel 10:4–5). Y luego la presencia de Dios se va desde la puerta al atrio exterior (10:18–19) y del atrio exterior a la montaña (11:23) y desde la montaña a la gloria.

Y nunca ha vuelto, excepto cuando se encarnó en Jesucristo cuando anduvo entre nosotros. Pero la gloria *Shejiná*, que había seguido a Israel todos esos años, que brillaba sobre el campamento, se había ido. Dios no podía soportarlo más, así que sacó de allí su Majestad, su gloria *Shejiná*, y dejó el templo. Y me pregunto cuántas iglesias evangélicas, por su frivolidad, superficialidad, grosería y mundanalidad han entristecido al Espíritu Santo hasta que Él, herido, se retiró en silencio. Debemos volver a ver a Dios, debemos volver a sentirlo; debemos volver a conocerlo; debemos volver a oírlo. Eso es lo único que nos puede salvar.

Confío en que usted sea una persona de oración y esté preparado para oír esto, y que yo esté preparado para hablar acerca de Dios —el trino Padre, Hijo y Espíritu Santo— como Él es. Si somos capaces de restaurar el conocimiento de Dios a los hombres podremos hacer nuestro pequeño aporte para traer una reforma que restaure a Dios los hombres. Quiero cerrar con estas palabras de Frederick Faber:

> Plena de gloria, plena de maravillas,
> ¡Divina majestad!
> En medio de ti los truenos eternos
> Cuán brillantes son tus relámpagos
> ¡Ilimitado océano! ¿Quién te podrá sondear?
> Tu propia eternidad te rodea,
> ¡Divina majestad![4]

Una hora con la majestad de Dios valdría más para usted ahora y en la eternidad que todos los predicadores —incluido yo mismo— que se hayan levantado para abrir su Biblia. Yo quiero una visión de la majestad de Dios, no como esa canción que dice "una transitoria vislumbre": No. No quiero nada transitorio, ¡yo quiero el resplandor de la majestad y deseo que sea permanente! Yo quiero vivir donde el rostro de Dios brilla cada día. Ningún niño dice: "Madre, déjame ver tu cara transitoriamente". El niño quiere en todo momento y a toda hora poder alzar la mirada y hallar el rostro de su madre.

Sin tiempo. Sin espacio, solo, uno.
Pero sublimemente tres,
Tú eres grandiosamente siempre,
¡Único Dios en unidad!
Singular en grandeza, singular en gloria,
¿Quién contará tu maravillosa historia,
Tremenda Trinidad?
Esplendores sobre radiantes esplendores
Cambian y se entrelazan;
Glorias que se derraman sobre glorias,
¡Todo brillo translúcido!
Bendiciones, alabanzas, adoraciones
Temblorosas te saludan las naciones
¡Divina majestad![5]

Este es el día del hombre común, y no solo nos hemos convertido en comunes, sino que hemos arrastrado a Dios a nuestro mediocre nivel. Lo que necesitamos tan desesperadamente es un elevado concepto de Dios. Quizás mediante fieles predicadores y hombres de oración, y por el Espíritu Santo, podamos ver que "esplendores sobre radiantes esplendores / Cambian y se entrelazan". Podamos ver "Glorias que se derraman sobre glorias, / ¡Todo brillo translúcido!". Podamos dar a Dios "bendiciones, alabanzas, adoraciones" y ver que "¡Temblorosas, te saludan las naciones / Divina majestad!".

CAPÍTULO 1

DIOS EXISTE POR SÍ MISMO

Entonces Moisés respondió a Dios: ¿Quién soy yo para que vaya a Faraón, y saque de Egipto a los hijos de Israel? Y él respondió: Ve, porque yo estaré contigo; y esto te será por señal de que yo te he enviado: cuando hayas sacado de Egipto al pueblo, serviréis a Dios sobre este monte. Dijo Moisés a Dios: He aquí que llego yo a los hijos de Israel, y les digo: El Dios de vuestros padres me ha enviado a vosotros. Si ellos me preguntaren: ¿Cuál es su nombre?, ¿qué les responderé? Y respondió Dios a Moisés: YO SOY EL QUE SOY. Y dijo: Así dirás a los hijos de Israel: YO SOY me envió a vosotros. Además dijo Dios a Moisés: Así dirás a los hijos de Israel: Jehová, el Dios de vuestros padres, el Dios de Abraham, Dios de Isaac y Dios de Jacob, me ha enviado a vosotros. Este es mi nombre para siempre; con él se me recordará por todos los siglos
—Éxodo 3:11–15

os traductores pusieron las palabras de Éxodo 3:14: "YO SOY EL QUE SOY" en mayúscula, porque ese es el nombre de Dios, y es como lo recuerdan todas las generaciones. "YO SOY", por supuesto, significa: "YO SOY el que existe por sí mismo". Quiero hablar sobre el atributo divino de existir por sí mismo o aseidad, o de la autosuficiencia de Dios. Utilizaré ambos términos y probablemente algunos otros. Pero antes de continuar, debo decir algo sobre qué es y qué no es un atributo divino.

Un atributo de Dios no es algo de lo cual Él esté compuesto. El propio hecho de que Dios es Dios indica que Él no está "compuesto" en absoluto. Usted y yo estamos compuestos. Compuestos de cuerpo, alma, mente, espíritu, imaginación, pensamiento y memoria. Somos una composición porque hubo Alguien que nos compuso. Dios tomó polvo y su propio aliento, y como un artista cuya pintura cobra vida en el lienzo, Dios llevó todo su genio a la materia y el espíritu de que está hecho el hombre, y lo compuso. Y así los atributos del hombre son sus partes componentes; ellos componen al hombre.

Pero cuando hablamos de los atributos de Dios no tenemos tal idea en nuestra mente, porque Él dijo: "YO SOY EL QUE SOY". Algo que está compuesto tiene que haber sido compuesto por alguien, y el compositor debe ser mayor que su composición. Si Dios, el Padre todopoderoso hubiera sido compuesto, alguien más grande que Él tendría que haber estado allí para "hacer" a Dios. ¡Pero Dios no está hecho! Por lo tanto, no podemos decir que los atributos de Dios son las partes de las cuales Dios está hecho, porque Dios no está "hecho" de partes.

Dios existe en simple unidad. Yo soy unitario y también trinitario, como usted ve. Creo en la unidad de Dios. Y cuando decimos que Dios es Uno, si somos escriturales no queremos decir que solo hay un Dios, aunque eso también es verdad. Pero nos estamos refiriendo a que Dios es Uno en sí mismo, sin partes. Dios es como un diamante; el diamante es uno en sí mismo. Dios es como el oro, es uno en sí mismo, solo que la ilustración es pobre y burda. Dios es infinitamente superior a todo eso.

Los atributos de Dios no son Dios; esto es, yo digo que Dios existe por sí mismo, pero eso es algo que yo propongo acerca de Dios: eso no es Dios. Digo que Dios es santo, pero la santidad no es Dios. Digo que Dios es sabio, pero la sabiduría no es Dios. ¡*Dios* es Dios!

¿Le gustará una definición de atributo que voy a utilizar? Es algo que Dios ha declarado que es verdadero respecto de sí mismo. Y una cosa que Dios ha declarado ser respecto de sí mismo es: "YO SOY EL QUE SOY": Yo existo. No "Yo existiré", o "Yo existí", sino "Yo existo". La filosofía del existencialismo comienza con las proposiciones "Yo existo" y "no hay Dios". Pero el cristiano cree que Dios es la existencia original, a la que Él se refirió como: "YO SOY". Y como Dios es, todo lo demás que es, es.

Un atributo de Dios es algo que podemos conocer acerca de Dios. Es conocer qué clase de Dios es Dios. En este estudio sobre los atributos de Dios intentaremos enseñar cómo es Dios.

La razón siempre se queda corta respecto a Dios. Recientemente estuve hablando con una de las mayores mentes del mundo evangélico y le pregunté: "¿Usted no cree, cierto, que todo lo que Dios es puede ser entendido por nuestro intelecto?".

Me respondió: "Si no lo creyera, sería agnóstico".

No pensé decírselo en ese momento, pero más tarde reflexioné: "Bueno, si usted cree que todo lo que Dios es puede ser comprendido por el intelecto, no es un agnóstico, es un racionalista". Eso es el racionalismo, puro y simple: la creencia en que yo puedo entender todo lo que Dios dice y todo lo que Dios es, si hay un Dios. La idea de que mi cerebro es el criterio para todas las cosas, eso es racionalismo. Y el racionalismo casi siempre sigue una ortodoxia fuerte, rígida, porque en efecto dice: "Conozco a Dios, entiendo a Dios, puedo comprender a Dios".

Pero la verdad es que Dios se eleva trascendiendo más allá de todo lo que nosotros podemos entender. La mente humana debe arrodillarse ante el gran Dios Todopoderoso. Lo que Dios es jamás puede ser captado por la mente; solo puede ser revelado por el Espíritu Santo. Si el Espíritu Santo no le revela lo que estoy tratando de decirle sobre Dios, usted solo sabrá algo *acerca de* Dios.

La canción dice: "Quiero aprender más de Jesús", pero lo que el corazón ansía no es más *acerca de* Jesús, ¡*es* Jesús mismo! Es el conocimiento *de* Dios, no el conocimiento *acerca de* Dios.

Yo puedo conocer todo sobre el primer ministro de Canadá, pero no conocerlo a él: jamás me he encontrado con él. Por lo que oigo y leo, y por los discursos que ha dado, supongo que es un excelente caballero. Si tuviera que vivir con él durante algún tiempo —viajar con él, comer con él, hablar con él — supongo que llegaría a conocerlo. Pero ahora solo sé *acerca de* él, eso es todo. Conozco cosas sobre él —su edad, su formación, etcétera— pero no lo conozco a él.

Por lo tanto, cuando hablamos de los atributos de Dios, estamos hablando de su esencia fundamental, de lo que Él llama: "YO SOY". Pero estamos hablando solo de lo que el intelecto puede captar. Gracias a Dios, hay algunas cosas que el intelecto puede conocer acerca de Dios. Y aunque no podemos conocer, si no es por el Espíritu Santo, a Dios, la mente nunca estará mejor empleada que cuando busca conocer a este gran Dios todopoderoso.

Y si aun el imperfecto conocimiento que usted y yo podemos tener de nuestro Padre que está en los cielos nos eleva a semejante éxtasis y satisface tan profundamente las raíces de nuestro ser, ¡cómo será el día en que contemplemos su rostro! Cómo será el día en que ya no dependamos de nuestras mentes, sino que con los pioneros ojos de nuestras almas, ¡miremos directamente el rostro del mismísimo Dios! ¡Maravilloso! Es bueno familiarizarnos ahora con Dios para que al final de los tiempos no nos avergoncemos en su presencia.

Me gustaría señalar algo aquí: Todo lo que es verdad sobre Dios es verdad sobre las tres Personas de la Trinidad. ¿Sabía usted que hubo un tiempo en que la idea de que Jesús es Dios —que es el Dios verdadero— solo era concebida por una rama de la Iglesia, pero no por otra?

Un hombre llamado Arrio enseñó que Jesús era un buen hombre, un hombre superior, pero que no era Dios. Y los líderes de la Iglesia se reunieron en lo que llamaron un concilio. Estudiaron el asunto y nos dejaron el Credo de Atanasio. Esto es lo que concluyeron, y nunca voy a dejar de agradecer a Dios por estos maravillosos eruditos hombres de Dios. Ellos dijeron: "Adoramos a un solo Dios en Trinidad, y Trinidad en Unidad".

Soy unitario en cuanto creo en la unidad de Dios. Soy trinitario en cuanto creo en la Trinidad de Dios. Y una cosa no se opone a la otra.

> Adoramos a un solo Dios en Trinidad, y Trinidad
> en Unidad,
> sin confundir las personas, ni dividir la sustancia.
> Porque es una la persona del Padre, otra la del Hijo y
> otra la del Espíritu Santo;
> mas la Divinidad del Padre, del Hijo y del Espíritu Santo
> es toda una, igual la gloria, coeterna la majestad.

No sé si usted estará de acuerdo conmigo, pero es como música para mis oídos que estos antiguos, reflexivos y devotos padres de la Iglesia establecieran esto para todos los tiempos. Durante los últimos 1600 años, la Iglesia se ha dado un festín con esto:

Así como es el Padre, así el Hijo y así el Espíritu Santo.
Increado es el Padre, increado el Hijo, increado el Espíritu Santo.
Incomprensible es el Padre, incomprensible el Hijo, incomprensible el Espíritu Santo.
Eterno es el Padre, eterno el Hijo y eterno el Espíritu Santo.
Y, sin embargo, no son tres eternos, sino un solo eterno.
Como tampoco son tres incomprensibles, ni tres increados, sino un solo increado y un solo incomprensible.
Así también el Padre es Dios, el Hijo es Dios y el Espíritu Santo es Dios. Y sin embargo, no son tres Dioses, sino un solo Dios.

Eso es lo que creemos, mis hermanos: creemos en tres Personas, pero un Dios.

Las tres Personas son tres, pero el único Dios Uno es. Y esto es lo que creemos. Así que cuando hablo de Dios, me refiero a las tres Personas de la Trinidad. No se las puede separar, sin "dividir la sustancia", dijeron esos antiguos padres. Usted no puede tener a Dios el Padre a menos que tenga a Dios el Hijo; no puede tener a Dios el Espíritu a menos que tenga a Dios el Padre y el Hijo, porque "el Espíritu Santo procede del Padre y del Hijo". Así que cuando hablo de Dios, hablo del Padre, del Hijo y del Espíritu Santo, sin confundir a las tres Personas, porque son tres Personas. Pero todo lo que es verdad del Padre es verdad del Hijo y del Espíritu Santo. Y todo lo que es verdad del Hijo y del Espíritu Santo es verdad del Padre. Aclaremos eso antes de seguir adelante.

Aseidad y autosuficiencia

Dios existe por sí mismo y es autosuficiente. Novaciano, el padre de la iglesia, dijo: "Dios no tiene origen". Solo esas cuatro palabras: "Dios no tiene origen" hubieran sido educativas para cualquier persona. Como usted ve, origen es una palabra para una criatura. Todo vino de algún lado. Una de las preguntas que se hace cada niño es: "¿De dónde vengo?". ¡Ahí tiene una tarea entre manos! No le bastará saber que vino de Jesús, porque cuando sea un poquito más grande le dirá: "¿Cómo hice para venir de Jesús?".

Todo tiene un origen. Cuando oye cantar un pájaro, usted sabe que una vez ese pajarillo estuvo empacado en un diminuto huevo. Vino de algún lado; vino de un huevo. ¿De dónde vino el huevo? Vino de otro pajarillo. Y ese pájaro vino de otro huevito y ese huevo de otro pajarillo, y así, hacia atrás y hacia atrás hasta el corazón de Dios, cuando Dios dijo: "Haya lumbreras en la expansión de los cielos", "produzca la tierra" y "descúbrase lo seco", como dice en Génesis 1.

Origen en una palabra para una criatura. Los árboles tuvieron un origen, el espacio tuvo un origen, las montañas, los mares: todas las cosas tuvieron un origen. Pero cuando usted llega hasta Dios, se encuentra con el Único que no tiene origen. Él es la causa de todas las cosas, la Causa no causada.

Todo es causa y efecto. Por ejemplo, un hombre que camina por la calle con su hijito es la causa de ese niño. Pero el hombre también es un efecto, él fue causado por otro: su padre. Es causa y efecto, causa y efecto, por todos los siglos, hasta que se llega a la Causa que es la Causa de todas las causas: Dios. Dios es la Causa no causada de todas las cosas. Él es el Origen que no tiene origen.

El mismo credo atanasiano dice:

> El Padre por nadie es hecho, ni creado,
>   ni engendrado.
> El Hijo es solo del Padre, no hecho, ni creado,
>   sino engendrado.
> El Espíritu Santo es del Padre y del Hijo, no hecho,
>   ni creado, ni engendrado, sino procedente.

Quiero pensar, orar, estudiar y meditar en Dios y llegar a aprender el lenguaje del lugar al que estoy yendo. Estoy yendo allá arriba, donde están el Padre, y el Hijo y el Espíritu Santo. Toda la gran compañía de los redimidos está allí: los lavados por la sangre, los regenerados, los santificados. Y cuando llegue allí quiero ser capaz de hablar el lenguaje de ese lugar, ¡sin acento estadounidense!

Quiero conocer el lenguaje del lugar al que estoy yendo, y el origen de ese lenguaje, el origen del cielo mismo, es Dios. El propio Dios no tiene origen, pero Él es el originador de todo. Él es la Causa no causada de todo. Dios es el original, el "YO SOY EL QUE SOY". El verbo "ser" (como en "YO SOY") es la raíz latina de la palabra "esencia". Dios es la esencia increada, original.

Dios no deriva de nada. Todos derivan de algún otro y todas las cosas derivan de otra cosa. Pero cuando se llega a Dios, Dios no deriva de nada: es increado. Si Dios hubiera derivado de algo, entonces ese algo habría antecedido a Dios.

Una de las expresiones más tontas jamás usadas en todo el mundo es decir que María es la "madre de Dios". ¿Cómo podría María ser la madre de Dios, si Dios es la esencia original? María no estaba allí antes de que Dios estuviera. Ella es la madre del cuerpo de Jesús y nada más que eso.

Fue en el santo vientre de la virgen María donde el gran Dios todopoderoso se comprimió en la forma de un Bebé, así que la honramos y respetamos mucho, porque ella es bendita entre todas las mujeres pues fue la única que Dios usó como canal para venir a este mundo nuestro. ¡Pero antes de que María fuera, Dios era! Y antes de que fuera Abraham, Dios era. Y antes de que fuera Adán, ¡Dios era! Y antes de que el mundo fuera hecho —las estrellas, las montañas, los mares, los ríos, las llanuras y los bosques— ¡Dios era! Y Dios es y siempre será. Dios es el ser original. La suficiencia de Dios es su santo ser: su existencia independiente, su aseidad.

La autosuficiencia de Dios y la oración

¿Alguna vez pensó en Dios sin caer de rodillas y pedirle algo? La mayoría de nosotros, cuando oramos, llevamos nuestra lista de compras y decimos: "Señor, quisiera esto, esto, y esto". Actuamos como si estuviéramos yendo al almacén de la esquina a comprar algo. Y Dios ha sido arrastrado en nuestro pensamiento a no ser sino Quien nos da lo que queremos cuando estamos en problemas.

Dios sí nos da lo que queremos: Él es un buen Dios. La bondad de Dios es uno de sus atributos. Pero espero que no nos imaginemos que Dios exista simplemente para responder las oraciones de su pueblo. Un hombre de negocios quiere obtener un contrato, así que va a Dios y le dice: "Dios, dame". Una estudiante quiere obtener una buena calificación así que va a Dios y le dice: "Dame". Un joven quiere que una chica le diga que sí, así que se pone de rodillas y le dice: "Padre, dame esa chica". Solo *usamos* a Dios como una especie de fuente de donde obtener lo que queremos.

Nuestro Padre celestial es muy, muy bueno y nos dice que debemos pedir. Lo que le pidamos en el nombre de su Hijo Él nos lo dará, si está dentro de los confines de su voluntad. Y su voluntad es tan extensa como el mundo entero. Sin embargo, debemos pensar en Dios como el Santo, no solo como Aquel de quien podemos obtener cosas. Dios no es un Santa Claus glorificado, que nos da todo lo que queramos y luego desaparece y nos deja seguir nuestro propio camino. Él da, pero al dar se da también a sí mismo. Y el mejor regalo que Dios nos hizo jamás es Él mismo. Él responde nuestras oraciones, pero después de haber agotado la oración o cuando no la necesitemos más, seguiremos teniendo a Dios.

En el ser de Dios no hay pecado. Nosotros, las criaturas, tenemos mucho para decir apropiada, correcta y escrituralmente, contra el ego y el egoísmo: ese es el gran pecado. Pero el ser de Dios no es pecador, porque Dios fue el originador de todos nosotros, y solamente nuestra naturaleza caída es pecadora. Como Dios es el original, no caído, santo Dios, el ser de Dios no es pecador. El poeta dice:

En la alabanza de tu ser infatigable
Tu perfección brilla;
Autosuficiente, autoadmirada,
—Semejante vida debe ser tuya—
Ser glorioso, intachable
Con una santidad sin vergüenza alguna
¡Tan divino![1]

Dios se ama a sí mismo, el Padre ama al Hijo, el Hijo ama al Padre y el Hijo y el Padre aman al Espíritu Santo. Esto se entendía en los tiempos antiguos, cuando los hombres eran pensadores en lugar de imitadores y pensaban dentro de los confines de la Biblia.

A propósito, al hablar de los atributos de Dios no estoy tratando de pensar hasta llegar a Dios. No se puede pensar hasta llegar a Dios así como no se puede trepar la luna por una escalera. Usted no puede pensar un camino al reino del cielo: llega por fe. Pero cuando está en camino, usted puede pensar en el reino del cielo. Usted puede no pensar en cómo llegar a Inglaterra, pero una vez que está allí, puede pensar en Inglaterra.

Así que Dios se ama a sí mismo. Y se ama porque Él es el Dios que originó el amor. Él es el YO SOY del amor, la esencia de toda santidad y la fuente de toda luz de la autoconciencia.

Las palabras "Yo" y "Yo soy" siempre se refieren al ego. Conocí a un querido y viejo hermano —Dios lo bendiga, que ahora está en el cielo, y usará una corona tan grande que estoy seguro de que se caería de mis hombros— que fue misionero en China y no creía mucho en decir: "Yo". Él sabía que "yo" se refiere al ego, y un ego caído es pecaminoso, así que él siempre decía "uno". Y decía cosas como: "Cuando uno estaba en China, uno decía esto, y uno hacía esto otro". Se refería a sí mismo, pero temía decir "yo". Supongo que si él hubiera escrito el Salmo 23 hubiera hecho que se leyera así: "El Señor es el pastor de uno, nada le faltará".

No tiene nada de malo decir: "Yo" o "yo soy". Pero cuando usted dice: "Yo soy, siempre pone el "soy" en letras minúsculas. En cambio cuando Dios dice: "YO SOY" lo pone en mayúsculas: hay una diferencia. Cuando Dios dice: "YO SOY" significa que no deriva de nada. Él comenzó todo: Él es Dios. Pero cuando yo digo: "yo soy", soy solo un pequeño eco de Dios.

Creo que Dios está muy, muy orgulloso de sus hijos. Creo que Dios está feliz de llamar a su pueblo pueblo suyo por todo el universo. ¿Recuerda lo que dijo sobre Job? Los hijos de Dios —los ángeles— estaban desfilando, y con ellos venía el mismísimo Satanás. ¡La insolencia, la arrogancia que tuvo para presentarse entre los hijos no caídos de Dios! Y cuando se presentó ante Dios, Él le dijo: "¿No has considerado a mi siervo Job, que no hay otro como él en la tierra, varón perfecto y recto, temeroso de Dios y apartado del mal?" (Job 1:8). Dios estaba orgulloso de Job.

Dios está orgulloso de su pueblo, y de que podamos decir: "yo soy" con una vocecita de eco, porque Él es la voz original que dice "YO SOY EL QUE SOY". La doctrina del hombre hecho a imagen de Dios es una de las doctrinas básicas de la Biblia y una de las más elevadas, extendidas, magnánimas y gloriosas doctrinas que conozco. Respetarse a sí mismo no tiene nada de malo, no hay nada de malo en decir: "Yo soy", "yo seré", y "yo haré" mientras recordemos que lo estamos diciendo en letras minúsculas, como eco de Aquel original que fue el primero en decir: "YO SOY".

Es extraño, ¿no es cierto? que Dios el Hijo fuera llamado el Verbo y Dios habilitara al hombre para hablar. Y no habilitó a ninguna otra criatura para hablar. Ni siquiera el perro de la más fina raza puede hablar, ni el mejor pájaro cantor (se supone que cantan, pero no saben lo que están diciendo). Solamente el hombre puede hablar, porque solo el hombre tiene esto que llamamos el *logos*: la Palabra.

La esencia del pecado es un ego independiente. Fíjese, Dios se sentó en el trono: el YO SOY. Y vino el hombre y dijo: "yo seré" y buscó elevarse por encima del trono de Dios. Desobedeció a Dios y tomó el bocado con sus propios dientes y se convirtió a sí mismo en un pequeño dios. El mundo pecador dice: "yo soy", olvidando que es un eco del Único soberano, y habla por sí mismo.

Mussolini dijo: "Quiero hacer de mi existencia una obra maestra". ¡Qué obra maestra fue!: ¡un enorme gorila, arrogante y orgulloso! Y ahora se pudre en el polvo, y los gusanos hicieron un festín con el hombre que solía pararse en un balcón y dar largos, acalorados y grandilocuentes discursos. Eso es lo que es el pecado.

La definición de pecado es la autoafirmación caída. Dios nos hizo para que seamos como planetas: van dando vueltas y vueltas, sostenidos por la atracción magnética del sol. De la misma manera, Dios es el gran "sol de justicia" (Malaquías 4:2). Y a su alredor, abrigada, sanada, bendecida e iluminada por su santa Persona, toda su creación se mueve: todos los serafines, querubines, ángeles y arcángeles, hijos de Dios y observadores en los cielos. Y lo mejor de todo fue el hombre, hecho a su imagen y semejanza. Giramos alrededor de Dios como un planeta alrededor de su sol.

Pero un día el pequeño planeta dijo: "Seré mi propio sol. Separado de Dios". Y el hombre cayó. Eso es lo que llamamos la caída del hombre: el pecado se levantó, tomó el lugar de Dios y dijo: "Yo seré por mí mismo". Y Dios fue descartado. Como dijo el santo apóstol, no querían tener a Dios en sus mentes, por lo tanto Dios los entregó a sus pasiones vergonzosas (Romanos 1:26). Y todo el mal que preocupa ahora a la policía, los educadores, los médicos y los psiquiatras —desviaciones, sodomía, exhibicionismo y todo lo demás— todo vino como resultado de que el hombre no quiso tener a Dios en su mente o en su corazón, no lo reconoció como Dios. Se apartó afirmándose a sí mismo como su propio y pequeño dios.

¿No es esa la manera en la que actúa el pecador común? Es su propio pequeño dios. Es el sol. Se pone a sí mismo en letras mayúsculas y olvida que por encima de él hay alguien que lo juzgará.

El pecado tiene síntomas y manifestaciones, así como el cáncer tiene ciertas manifestaciones. He visto a algunas víctimas de cáncer; mi padre murió de él. Tienen síntomas, pero los síntomas no son el cáncer; si usted quita los síntomas, sigue teniendo el cáncer. El pecado también tiene sus manifestaciones, muchas manifestaciones. Pablo nos da una lista de ellas en Gálatas 5:19-21: "Y manifiestas son las obras de la carne, que son: adulterio, fornicación, inmundicia, lascivia, idolatría, hechicerías, enemistades, pleitos, celos, iras, contiendas, disensiones, herejías, envidias, homicidios, borracheras, orgías, y cosas semejantes a estas".

Sin embargo, no nos dijo para nada lo que es el pecado, nos habló de los síntomas del pecado. Estas cosas son todas síntomas de algo más profundo: nuestra autoafirmación. Está afirmando mi ego creado y derivado, poniéndome a mí mismo en el trono y diciendo: "yo soy yo: yo soy lo que soy".

He leído libros sobre existencialismo. Podría estremecerme y afligirme de que los hombres puedan estar tan trágicamente equivocados como están, pero sé que lo están porque leo mi Biblia. Los existencialistas dicen que el hombre es —que el hombre no fue creado, que el hombre solo *es*— y tiene que partir de allí. No tiene un Creador, no fue planeado, nadie pensó en él: solo *es*. Le hacen decir al hombre lo que solo Dios puede decir: "yo soy el que soy". El hombre puede decir, con voz modesta y humilde, "yo soy", pero solo Dios puede decir en letras mayúsculas: "YO SOY EL QUE SOY". El hombre ha olvidado esto, y eso es pecado.

No es su temperamento lo que es pecado; es algo más profundo que su temperamento. No es su lujuria lo que es pecado; es algo más profundo: ella solo es un síntoma. Todo el crimen del mundo —todo el mal, los robos, las violaciones, los abandonos, los asesinatos— son solo manifestaciones externas de una enfermedad interior: el pecado.

Y sin embargo no se lo debe pensar como una enfermedad sino como una actitud, un desarreglo. Allí se sentó Dios en el trono, el "YO SOY EL QUE SOY", el eterno, autosuficiente, que existe por sí mismo. Hizo al hombre parecido a Él y le dio libre albedrío dijo: "El hombre puede hacer como le plazca". Quiso que el hombre girara alrededor del trono de Dios como los planetas giran alrededor del sol. Y repito, el hombre dijo: "Yo soy el que soy", se apartó de Dios, y su identidad caída tomó el control. Sin importar cuántas manifestaciones del pecado pueda haber, recuerde que la esencia líquida que está en la botella es siempre el ego.

Por eso no siempre es fácil lograr que las personas lleguen a ser verdaderos cristianos. Usted puede hacer que llenen una tarjeta, que tomen una decisión o sea unan a una iglesia, o algo así. Pero lograr que la gente sea libre de sus pecados es algo bastante más difícil porque significa que yo tengo que salir del trono. Ese trono le pertenece a Dios, pero el pecado ha empujado a Dios y tomado su lugar.

¿Se lo puede imaginar? El gran Dios todopoderoso, Creador del cielo y de la tierra, dijo: "Este es mi nombre por todas las generaciones, así me recordarán para siempre: YO SOY EL QUE SOY. Nunca fui creado; no fui hecho, YO SOY. Te hice por mi amor, te hice para que me adores, honres y glorifiques. Te hice para amarte, sostenerte y darme Yo mismo a ti. Pero me diste la espalda. Y te convertiste en tu propio dios y te sentaste en el trono". Eso es el pecado.

Es por eso que las Escrituras dicen: "El que no naciere de nuevo, no puede ver el reino de Dios" (Juan 3:3). ¿Qué significa "nacer de nuevo"? Entre otras cosas, implica una renovación, un nuevo nacimiento, pero también es salir del trono y colocar allí a Dios. Significa que el que existe por sí mismo es reconocido como Quién es.

Con reverencia y humildad, me postro ante su Hijo, que murió y resucitó y vive e intercede, y digo: "Oh, Señor Jesús, me doy por vencido. No me voy a sentar más en el trono ni a dirigir más mi propia vida. No voy a confiar en mi propia prudencia, que es solo un trapo sucio. No voy a seguir creyendo en mis propias buenas obras ni en mis actividades religiosas. Voy a confiar en ti, el Dios de gracia, el Dios que dio a su Hijo para que muriera". Y así se produce el nuevo nacimiento y yo confío en el Señor Jesucristo, el Hombre de la gloria, mi Señor y Salvador. Y entonces soy salvo.

Hace mucho tiempo hubo alguien llamado Lucifer, a quien Dios le había dado una posición más alta que a cualquier otra criatura: en el mismísimo trono de Dios. Un día el orgullo se apoderó de él y dijo: "Subiré al cielo; en lo alto, junto a las estrellas de Dios, levantaré mi trono, y en el monte del testimonio me sentaré" (vea Isaías 14:12–14). Y se volvió tan orgulloso que Dios lo derribó. Ese es el diablo.

Y es el diablo quien ahora dirige el mundo, el "príncipe de la potestad del aire, el espíritu que ahora opera en los hijos de desobediencia" (Efesios 2:2), metido entre los líderes de la sociedad, nuestros políticos, los hombres de letras y todo el resto. Esto es cierto no solo en Estados Unidos sino en todo el mundo desde el día en que Adán pecó. Somos culpables de ofender su majestad, de insultar a la Realeza que se sienta en el trono eterno, increado. Somos culpables de una rebelión sacrílega.

No es que usted le haga un favor a Jesús al pasar adelante y llenar una tarjeta con una gran sonrisa. Se trata de que usted tome conciencia de que ha estado ocupando un trono robado: el que le pertenece a Jesucristo, el Hijo del Padre. Usted ha estado diciendo "YO SOY EL QUE SOY" en letras mayúsculas cuando en realidad debería decir dócil y reverentemente: "Oh, Dios, yo soy porque tú eres". Eso es lo que significa el nuevo nacimiento. Significa arrepentimiento y fe.

Entonces, ¿cómo es Dios? Dios no es como nada que usted conozca, Dios existe por sí mismo y nada más.

Antes que las colinas fuesen afirmadas,
O que la tierra recibiera su forma,
Desde la eternidad, tú eres Dios,
Por años sin fin eres el mismo.[2]

Cuando el cielo y la tierra todavía no habían sido
    hechos,
Cuando el tiempo era aun desconocido,
Tú, en tu gloria y majestad
¡Viviste y amaste solo!
Tú eres no nacido; no había ninguna fuente
De la cual hubieras fluido;
No hay nada que tú no puedas alcanzar:
Porque eres simplemente Dios.[3]

Padre nuestro que estás en los cielos, tú eres Dios y tu nombre es YO SOY EL QUE SOY por siempre. En tu bondad amorosa me has creado, pero yo he pecado. "Todos nosotros nos descarriamos como ovejas", esa es la esencia del pecado. Nos hemos apartado por nuestro propio camino, y ese camino terminará en el infierno. Y nuestro Señor dijo: "Si alguno quiere venir en pos de mí, niéguese a sí mismo". Padre, reconozco tu derecho a dirigir mis asuntos, tu derecho a dirigir mi hogar, tu derecho a guiar mi vida, tu derecho a ser el todo de todo en mí. "No yo, sino Cristo, sea honrado, amado, exaltado; no yo, sino Cristo, sea visto, conocido, escuchado; no yo, sino Cristo, en cada mirada y acción". No yo, sino Cristo.

CAPÍTULO 2

LA TRASCENDENCIA DE DIOS

Tuya es, oh Jehová, la magnificencia y el poder, la gloria, la victoria y el honor; porque todas las cosas que están en los cielos y en la tierra son tuyas. Tuyo, oh Jehová, es el reino, y tú eres excelso sobre todos.

—1 Crónicas 29:11

¿Descubrirás tú los secretos de Dios? ¿Llegarás tú a la perfección del Todopoderoso? Es más alta que los cielos; ¿qué harás? Es más profunda que el Seol; ¿cómo la conocerás?

—Job 11:7–8

He aquí, estas cosas son sólo los bordes de sus caminos; ¡Y cuán leve es el susurro que hemos oído de él! Pero el trueno de su poder, ¿quién lo puede comprender?

—Job 26:14

Grande es Jehová, y digno de suprema alabanza; Y su grandeza es inescrutable.

—Salmo 145:3

Porque mis pensamientos no son vuestros pensamientos, ni vuestros caminos mis caminos, dijo Jehová. Como son más altos los cielos que la tierra, así son mis caminos más altos que vuestros caminos, y mis pensamientos más que vuestros pensamientos.

—Isaías 55:8–9

El único que tiene inmortalidad, que habita en luz inaccesible; a quien ninguno de los hombres ha visto ni puede ver, al cual sea la honra y el imperio sempiterno. Amén.

—1 Timoteo 6:16

El término *trascendencia divina* puede sonar como algo que cuesta mucho aprender o al menos que requiere un pensamiento muy profundo para entenderlo, pero no es así. *Trascender* significa simplemente estar por encima, elevarse más allá, estar más allá. Por supuesto, es muy difícil pensar en Dios como *trascendente* y también como *inmanente* u *omnipresente* al mismo tiempo. Resulta difícil entender cómo Él puede estar aquí con nosotros, en nosotros, dominando todas las cosas, pero al mismo tiempo trascendiendo todo. Parece una contradicción, pero como sucede con muchas otras aparentes contradicciones, no es para nada contradictorio; los dos pensamientos están completamente de acuerdo entre sí.

Dios siempre está más cerca de lo que usted imagina. Dios está tan cerca, que sus propios pensamientos no están tan cerca como Dios; su aliento no está tan cerca como Dios; su propia alma no está tan cerca de usted como Dios. Y como Él es Dios, su ser increado está tan por encima de nosotros que no hay pensamiento que pueda entenderlo ni palabras que puedan expresarlo.

Quisiera dejar bien en claro que cuando digo "por encima" no me refiero a ser geográfica o astronómicamente trasladado. Es una analogía. Como somos seres humanos y vivimos en este mundo, hablamos con analogías.

Casi todo lo que decimos es por analogía. Todas las personas son poetas sin saberlo, como expresa el dicho. Un poeta es alguien que habla con analogías, que ve la eternidad en una hora y el mundo en un grano de arena. Usted y yo siempre hablamos utilizando analogías. Cuando decimos que un hombre es derecho, estamos comparando a esa persona con una regla. Cuando decimos que la regla tiene un pie de largo, la estamos comparando con el pie de una persona.

Decimos que un hombre está "fuera de base": eso está tomado del béisbol. Decimos que se está "quedando fuera de combate": eso es del boxeo. Decimos que "puso todas sus cartas sobre la mesa": eso es de los juegos de cartas. Casi todo lo que decimos es una analogía tomada del mundo que nos rodea. Cada etapa de la vida nos da herramientas con las cuales pensar.

Así que cuando decimos que Dios está más allá, estamos usando una analogía. Pensamos en una estrella que está muy arriba, allá en el espacio, pero en verdad no es eso lo que queremos decir cuando pensamos en la trascendencia de Dios.

Si usted no entiende este punto, sería mejor que deje de leer, porque es de suma importancia que comprenda lo que sigue. Cuando decimos que la trascendencia de Dios está "por encima de" no nos referimos a distancias astronómicas ni a magnitudes físicas. Dios nunca piensa en el *tamaño* de algo, porque Dios *contiene* todo. Él jamás piensa en *distancia*, porque Dios está *en todos lados*; no necesita ir de un lugar a otro, así que las distancias no significan nada para Él. Nosotros, los seres humanos, utilizamos estas expresiones para ayudarnos a pensar: son analogías e ilustraciones.

Imagine, si gusta, a una niña que se pierde en las montañas. La familia salió de picnic y la pequeña deambula por allí y desaparece. Así que envían partidas de búsqueda y sabuesos, todo lo posible para poder encontrar a esa niña. Es solo una pequeñita, quizás de unos dos años. No lleva mucho tiempo de estar en el mundo y no conoce mucho; no tiene un gran tamaño. Quizás, si es regordeta, pesará unas cuarenta libras. En lo que concierne a este mundo, ella podría desaparecer y el mundo jamás sabría que ya no está, excepto por algunos corazones heridos en su casa.

Así que ella está perdida en una montaña. Ahora, esa montaña pesa millones, quizás miles de millones de toneladas. Y tiene minerales y oro que valen miles de dólares. Tiene árboles y hay animales vagando por allí. Es algo bello, inmenso y formidable, tan formidable que podemos estar frente a la montaña como hicieron los judíos y encontrar todo un Sinaí. Nos quedamos pasmados ante su inmensidad.

Sin embargo, una pequeña de dos años, que pesa unas treinta y cinco o cuarenta libras, vale más que esa montaña. La montaña tiene gran tamaño, pero eso es todo. No puede decir: "mami" o "papi", o "ahora me acuesto a dormir". No puede darle un beso ni extender sus bracitos regordetes alrededor de su cuello. No puede orar, ni reír ni saltar de alegría. Tampoco puede dormir tranquilamente y aflojarse en su camita durante la noche. Carece de todo lo que Dios valora.

La montaña tiene estabilidad, solidez, peso, masa, tamaño, silueta, forma y color. Pero no tiene corazón. Y cuando Dios piensa en la gente, piensa en corazones, no en medidas. Así que hablamos de que Dios es alto, elevado, superior y trascendente. No pensamos en la distancia porque eso no importa. Su cualidad de ser es lo que importa. Es lo que hace que un niño sea valioso y una montaña no. La montaña tiene ser, pero no una elevada, trascendente calidad de ser. Una niña tiene menos ser, pero tiene una calidad de ser infinitamente superior.

Quizás le cueste creer esto, pero Dios está tan por encima de un arcángel como de una oruga. ¿Sabe lo que es una oruga? Es un gusanito del tamaño de su dedo, cubierto de pelo. Y, por supuesto, no es algo de mucha categoría. Jamás ha estado en sociedad. No vale mucho; es solamente un gusano. Y usted tiene que mirarlo con sumo cuidado para saber si va hacia el este o hacia el oeste, porque parece igual, desde donde se lo mire. Así es la oruga.

Un arcángel, en cambio, es esa criatura santa que vemos al lado del mar de Dios, en presencia del trono de Dios. Esa poderosa criatura tiene un rango un poco superior al de los ángeles, así como el hombre fue hecho por un tiempo un tanto inferior. Ese ser puede mirar a Dios a cara descubierta. Eso es el arcángel. Jamás estuvo en pecado, y nadie sabe cuán inmenso puede ser. Sin embargo, Dios está tan por encima del arcángel como lo está de la oruga.

¿Por qué? Porque tanto el arcángel como la oruga son criaturas. Y Dios es el único ser increado, que no tiene comienzo, que existe por sí mismo, que nunca fue creado, sino que simplemente es Dios, que hizo todas las cosas. El arcángel es una criatura; Dios tuvo que crearlo, Dios tuvo que hablar y decir: "sea", y fue hecho tal como es, una criatura. No es Dios y nunca será como Dios, y Dios nunca se convertirá en un arcángel.

Hay un inmenso abismo, un abismo casi infinito, fijado entre lo que es Dios y lo que no es, entre el gran YO SOY y todas las cosas creadas, desde el arcángel hasta el más pequeño virus que no puede ser visto por el ojo humano. Dios creó todo esto y está tan por encima de uno como de otro. La cualidad de Dios de tener vida no creada lo hace trascender por encima de todas las criaturas.

Debemos tener cuidado de no pensar la vida en términos evolucionistas, y hasta algunos cristianos son culpables de esto a veces. Creemos que la vida comienza con una célula, luego se transforma en un pez, luego un ave, y después una bestia; más tarde un hombre, luego un ángel y después un arcángel, un querubín, un serafín y después Dios. Eso pone a Dios sencillamente en la cúspide de una pirámide de criaturas y *Dios no es una criatura*. Dios está tan alto sobre el serafín como este está por encima de la célula, porque Dios es Dios. Dios es de una sustancia completamente única.

Pero ¿cómo puedo seguir? ¿Cómo puede continuar cualquier hombre? ¿Cómo puedo hablar de lo que escapa al habla humana? ¿Cómo puedo pensar en algo que está por encima de todo pensamiento? ¿Y cómo puedo hablar cuando el silencio sería mejor para mí? San Agustín dijo: "Oh Dios, cuando quiero hablar de ti no puedo, pero si yo no lo hiciera, alguien tendría que hablar". Así que estalló y habló.

Me pregunto si alguna santa criatura, que ha pasado siglos mirando el rostro de Dios, escucha alguna vez nuestro discurso, nuestras vanas y ociosas palabras, el parloteo de las atareadas tribus de los hombres de la tierra y la charla sin sentido de los púlpitos. ¡Qué extraña y bienvenida sería una conversación como esta!, a pesar de que no tendría más relación con la suprema verdad que la que hay entre un niño de dos años que toca el violín y la buena música. Aún así, cualquier padre sonreiría si, obedeciendo a su sugerencia, su pequeño tomara el violín e intentara tocar. Cualquier padre que está fuera de su casa sabe lo que significa recibir una carta escrita en letras de imprenta por su hijo de edad escolar —mal escrita, con los bordes corridos y todo lo demás— pero es una carta de su hogar, del pequeño que él ama mucho.

Supongo que este mensaje sobre la trascendencia de Dios está lejos de ser todo lo que debería haber sido o lo que podría ser. Sin embargo creo que Dios está complacido porque, comparado con toda la cháchara del mundo, al menos es un esfuerzo por hablar del grande y santo, alto y sublime.

Me pregunto si algún santo, algún observador que hubiera pasado siglos en el trono de Dios, si viniera a la tierra y se presentara sobre nuestros púlpitos, si se le permitiría hablar. Supongo que si hablara aquí, diría muy poco de lo que generalmente escuchamos. Supongo que cautivaría nuestros oídos y fascinaría nuestras mentes y alentaría nuestros corazones al hablar de Dios; el gran Dios, el extasiado Dios, el que dio a su Hijo para que muriera por nosotros, el Único en cuya presencia esperamos vivir por los siglos de los siglos.

Y supongo que después que escuchemos a semejante ser hablando así sobre Dios, jamás volveríamos a aceptar escuchar un sermón tonto, "oportuno" tomado de la revista *Time*. Me imagino que si insistiéramos en que alguien se atreviera a comprometerse con nuestro tiempo y predicarnos, no debería tratar de resolver los problemas políticos y económicos del mundo, sino hablar de Dios y solo de Dios.

A ti, oh Dios, te alabamos,
A ti, Señor, te reconocemos.
A ti, eterno Padre,
Te venera toda la creación.
Los ángeles todos,
Los cielos y todas las potestades te honran.
Los querubines y serafines
Te cantan sin cesar
Santo, Santo, Santo es el Señor,

Dios del Universo.
Los cielos y la tierra están llenos
De la majestad de tu gloria
A ti te ensalza el glorioso coro de los Apóstoles,
La multitud admirable de los profetas,
El blanco ejército de los mártires.
A ti la Iglesia santa, extendida por toda la tierra,
    te proclama
Padre de inmensa majestad,
Hijo único y verdadero, digno de adoración,
Espíritu Santo, Defensor.[1]

Así cantaban nuestros padres en lo que se conoce como
el *Te Deum*. Lo hemos olvidado, porque no somos espiritualmente capaces de comprenderlo. Queremos escuchar cosas
que sean agradables para nuestros oídos.

Ahora el hombre santo de Dios dijo: "He aquí, estas cosas
son sólo los bordes de sus caminos; ¡Y cuán leve es el susurro
que hemos oído de él!" (Job 26:14). Todo lo que podemos
pensar o decir es racional. Pero Dios está por encima de la
razón. Él está tan por encima de lo racional como de lo físico.
Dios tiene una esencia y una sustancia como no hay otra en
todo el universo. Él está por encima de todo y, sin embargo, podemos conocer una pequeña porción de los caminos de
Dios. Cuando predico sobre el ser de Dios, los atributos de
Dios, cuando hablo sobre cómo es Dios, y qué clase de Dios
es, lo hago de manera muy respetuosa, de lejos. Señalo con
dedo reverente la alta cima de la montaña que es Dios, que se
eleva infinitamente por encima de mi capacidad de entendimiento. Pero esa es solo una pequeña parte. Las rutas de sus
caminos no pueden ser conocidas; el resto es súper racional.

Creo que debemos lograr que la mística espiritual vuelva
a la Iglesia. Creo que debemos volver al esfuerzo de caminar

y hablar con Dios, vivir en la presencia de Dios. Tenemos un cristianismo totalmente evangélico hasta que lo programamos. Personas talentosas y dotadas y hombres con personalidad ocupan el lugar santo, y nos hemos olvidado de que estamos aquí para adorar a Dios. Dios es la fuente y centro y fundamento de todo. Como dice el himno:

> ¿Cómo se atreverán los mortales, contaminados,
> A cantar de tu gloria y de tu gracia?
> Estamos muy lejos, debajo de tus pies,
> Y apenas vemos la sombra de tu rostro.[2]

E incluso en los servicios de iglesia solo podemos ver la sombra del rostro de Dios. Porque Dios transciende y se eleva tan alto, por encima de todo, que los mismos ángeles en el cielo cubren sus rostros. Y los seres vivientes cubren sus rostros y dan voces, diciendo: "Santo, santo, santo es el Señor Dios Todopoderoso" (Isaías 6:2–3; Apocalipsis 4:8).

Cuán terrible es que, en presencia de este imponente, tremendo Dios, algunas personas permanezcan impertérritas. ¡Cuán aterrador, cuán formidable es! No queremos escuchar sobre Dios. Queremos oír algo que haga cosquillas a nuestra fantasía, que pueda satisfacer nuestra curiosidad morbosa o nuestro anhelo de romance. Pero el gran Dios está allí y tendremos que enfrentarlo, ahora o después.

Este formidable Dios, como el gran universo ardiente, estallará un día sobre nosotros, rompiendo nuestras defensas y destruyendo todo lo que hemos puesto a nuestro alrededor, y tendremos que tratar con Él. Y sin embargo el hombre promedio no se preocupa por todo esto. Duerme bien a la noche y piensa en su trabajo y lo hace durante el día. Come, duerme, vive, se reproduce, envejece y muere, sin haber tenido una buena, elevada idea del gran Dios que trasciende todo.

Este es el Dios del cual se dice: "Tuya es, oh Jehová, la magnificencia y el poder, la gloria, la victoria y el honor; porque todas las cosas que están en los cielos y en la tierra son tuyas. Tuyo, oh Jehová, es el reino, y tú eres excelso sobre todos" (1 Crónicas 29:11). Y sin embargo nos preocupamos tan poco por Él. ¡Qué trágico es que los hombres sigan su concupiscencia y su orgullo, vivan por el dinero, los negocios, los apetitos y la ambición!

No se necesita aportar más pruebas de la muerte espiritual que yace en el corazón del hombre. "Pero la que se entrega a los placeres", dice la Escritura, "viviendo está muerta" (1 Timoteo 5:6). Y el que vive por ambición, concupiscencia, apetito y orgullo, que vive para la fama y el dinero, también está muerto. Aunque sea joven, esbelto y atlético, inteligente y adinerado, sigue estando muerto; se está pudriendo. Es como un ciego que no puede ver la salida del sol, porque el gran Dios está por encima del horizonte y de su entendimiento y no sabe que el sol ya ha salido. Y como una lombriz en una cueva o un sapo debajo de una roca, vive su vida y se olvida de que tendrá que tratar con Dios algún día, ¡el gran Dios todopoderoso!

Vivo para ese día, cuando Dios me juzgue, sobrepase mi entendimiento humano y cualquier excusa que pueda haber dado. Eso puede suceder ahora mismo, en este mundo. Eso es en parte la conversión: es ser salvo, arrepentirse, que sus pecados sean perdonados, tener una visión de Dios en su corazón, ver a Jesucristo en su cruz y en su trono, ser llevado a la presencia de este Dios santo.

Usted puede repasar toda la rutina de la iglesia y no haber experimentado nunca algo como eso. Puede aprender a decir "Dios es amor" cuando es chiquito; puede que le regalen una Biblia por pasar de grado; puede crecer lo suficiente como para hablar en la escuela dominical; puede crecer como para cantar en el coro, unirse a la iglesia y ser bautizado. Puede dar clases, hospedar misioneros y aprender a diezmar, dar dinero para la obra del Señor. Puede ser fiel, pero no haber tenido una experiencia del gran Dios que entra a su conciencia, y puede vivir por siempre separado de Dios.

En el Antiguo Testamento, cuando Absalón volvió del exilio, se apartó durante dos años, sin ver el rostro del rey (2 Samuel 14:28). Y eso es lo que pasa en las iglesias. Pero cuando Dios se vuelve real para nosotros, somos afectados; somos tocados por lo que es llamado el *mysterium tremendum* —un misterio tremendo— es decir, Dios.

Esta semana leí que alguien dijo: "Nunca leo a Tozer. Es muy negativo". Bueno, mi hermano, antes de que haya una sanidad tiene que haber un diagnóstico. Cuando usted va a ver a un doctor, él no puede limitarse a sonreírle y levantar la vista desde su taza de café, y decirle: "Tome la pastilla número nueve". Quizás usted no necesite la pastilla número nueve; quizás lo mate. Tal vez lo que necesita es someterse al bisturí.

Se necesita hacer un diagnóstico, aunque a veces creo que los diagnósticos son peores que la enfermedad. Me ha costado más saber lo que está mal en mí (y a veces darme cuenta de que no estaba mal) que el tratamiento. Lo que predico puede ser negativo, no lo sé. Si Dios —el Dios alto y Supremo, que puedo amar y adorar y en cuya presencia puedo vivir, orar y estar para siempre— es negativo, ¡déme una canasta llena de negativismo!

El terror a Dios

Algo que viene a nosotros cuando conocemos a Dios es el terror. A la gente no le gusta; no quiere tener terror a nada. Quiere ir a la iglesia para ser animada, ¡es una de las cosas más tontas que he oído en mi vida! Preferiría predicar a veinticinco personas arriba de una peluquería que en una iglesia llena de gente que da su dinero y me lleva para todos lados en limusina, pero que no quiere que la avergüence hablándole de Dios.

Respecto al terror a Dios, recuerde que Jacob dijo: "¡Cuán terrible es este lugar!" (Génesis 28:17). Y Pedro dijo: "Apártate de mí, Señor, porque soy hombre pecador" (Lucas 5:8). A lo largo de los años, cada vez que un hombre considera a Dios, aunque sea vaga o brevemente, lo afecta de modo terrible. Y el terror del que hablo no tiene que ver con el peligro físico.

Cuando usted conoce a Dios, supera los peligros y los miedos de este mundo. Pero el miedo, el terror que es Dios, no tiene que ver con una sensación de peligro. Es la sensación de estar en presencia de alguien muy imponente, maravilloso, trascendente, supremo. Es tener conciencia de criatura. Esto fue lo que Abraham expresó cuando dijo: "He aquí ahora que he comenzado a hablar a mi Señor, aunque soy polvo y ceniza" (Génesis 18:27).

Si Abraham estuviera en alguna de nuestras iglesias evangélicas y oyera a alguien que dirige la oración, sin duda le impactaría lo que oye. Él no era tan fluido como nosotros somos. A veces pienso que nuestra misma fluidez es por la educación, no por estar cerca de Dios. Simplemente estamos repitiendo lo que hemos aprendido. Criticamos a los católicos romanos por recitar oraciones, pero por lo menos lo que ellos leen está en un buen español; es fluido y hermoso. Nosotros hacemos oraciones que están tan embalsamadas como aquellas, solo que las vamos creando mientras las decimos.

Estas oraciones están igual de muertas porque no tienen ningún sentido de conciencia de criatura. No tienen el sentimiento de que estamos en la presencia de este gran Dios ante el cual los ángeles pliegan sus alas y callan, solo para volverlas a abrir y decir: "Santo, santo, santo". Esa conciencia de criatura, ese sentido de humillación, de estar abrumado ante la presencia del que está por encima de todas las criaturas:

deberíamos recuperar eso. Preferiría tener una iglesia de veinticinco personas como esa que dos mil quinientas que están allí simplemente como en una actividad religiosa, encontrándose socialmente en el nombre del Señor.

Me dicen que Martin Lloyd-Jones, uno de los más grandes predicadores, de vez en cuando viaja hasta Gales y se encuentra con doce o quince personas. Allí recarga las baterías antes de regresar a su gran púlpito de Londres donde predica a mil quinientas personas o más. Pero él quiere ir hasta allí. Y dice: "Después de estar algún tiempo con esos sencillos adoradores, soy un mejor hombre. Y regreso a Londres mejor preparado para predicar". Creo que eso es lo que necesitamos en este tiempo.

Otra cosa que viene a nosotros cuando conocemos a Dios es la sensación de una terrible ignorancia. Existe cierta secta allí afuera (no voy a mencionar su nombre porque no quiero publicitarla) que dice que puede responder cualquier pregunta que haya en la Biblia. Y he encontrado a mucha gente que se siente así. Creo que fue Cicerón quien dijo que algunos hombres preferirían morir antes que dar a entender que dudan de algo. Pero cuanto más nos acercamos a Dios, menos sabemos, y más sabemos que no sabemos.

Me preocupa nuestra ligereza de estos tiempos. Es un pecado terrible ante la presencia de Dios. ¿Qué sucedería si usted y sus amigos estuvieran ante la reina de Inglaterra, y alguien intentara hacerse el gracioso contando chistes sobre reinas? ¡Qué vergonzoso, que horrible sería! Nadie haría semejante cosa. Y sin embargo, ella es solo una mujer, un ser humano como usted. ¡Cuánto más terrible es que podamos ser tan indiferentes ante la presencia del gran Dios, que es Señor de señores y Rey de reyes!

Necesitamos recuperar ese sentido de ignorancia. Sabemos demasiado. Deberíamos tener entre nosotros una humildad que enmudezca ante la presencia del Misterio inefable.

Cuando conocemos a Dios también tenemos una sensación de debilidad. No creo que usted pueda ser fuerte hasta que sepa cuán completamente débil es. Y nunca sabrá cuán absolutamente débil es hasta que esté frente a la presencia de esa gran plenitud de fortaleza, la gran plenitud de infinito poder que llamamos Dios. Cuando por un atroz, feliz, terrible momento los ojos de nuestro corazón se han posado en el Dios trascendente, alto y sublime y sus faldas llenan el templo, entonces sabremos cuán débiles somos.

Dios jamás trabaja desde la fortaleza humana. El hombre más fuerte es el más débil en el reino de Dios, y el más débil es el más fuerte. El santo apóstol dijo: "Cuando soy débil, entonces soy fuerte" (2 Corintios 12:10). Puede darle vuelta y decir: "Cuando soy fuerte —cada vez que siento que puedo hacerlo— entonces, soy débil".

He predicado desde que tenía diecinueve años y ahora tengo sesenta y tres. Y todavía, después de todos estos años de predicar, subo al púlpito temblando por dentro, no porque tenga miedo a la gente, sino por temor de Dios. Es el temor y el temblor de saber que me paro allí a hablar de Dios y si no hablo correctamente sobre Dios, ¡qué terrible error sería ese! Si hablara malvadamente sobre Dios, ¡qué terrible crimen! Solo cuando hablo bien de Dios es que me atrevo a dormir a la noche sin pedir perdón.

Debilidad fue lo que sintió Daniel después de haber hablado con Dios: "Mientras me decía estas palabras, estaba yo con los ojos puestos en tierra, y enmudecido...¿Cómo, pues, podrá el siervo de mi señor hablar con mi señor? Porque al instante me faltó la fuerza, y no me quedó aliento" (Daniel 10:15 y 17). Ese es el efecto: el automenosprecio y una sensación de impureza. Isaías dijo: ¡Ay de mí, que estoy perdido! Soy un hombre de labios impuros" (Isaías 6:5, NVI). Es un sentimiento de absoluta indignidad.

Usted puede decir: "¿Debo vivir toda la vida en un estado de terror, de ignorancia, de debilidad o de impureza?". No. Pero es usted quien debe llegar a esa convicción sobre sí mismo y no que se lo tenga que decir otro. Yo crecí con la enseñanza de que nací en pecado. Dicen: "No hay justo, ni aún uno" (Romanos 3:10). "Todas nuestras justicias como trapo de inmundicia" (Isaías 64:6). Lo creía y cuando comencé a predicar, les dije a otras personas: "Sus justicias son como trapos de inmundicia". ¡Pero pensaba que sus trapos de inmundicia eran más asquerosos que los míos, que sus pecados eran peores que los míos!

Usted puede ser tan ortodoxo como Juan Calvino y creer en la depravación total como cualquier bautista pero seguir siendo orgulloso y farisaico. Si le hubiera preguntado a un fariseo: "¿Todos los hombres son pecadores?" ellos hubieran dicho: "Sí, ¡menos nosotros!". Ellos miraban por encima del hombro al publicano y a la ramera. Pero Jesús miró por encima del hombro al fariseo, porque Él sabía que ellos eran igual de pecadores. El fariseo, que según su entender no había quebrantado la ley, era tan pecador como la ramera que lo había hecho todas las noches.

Y sin embargo, ¿existe una persona que nunca haya quebrantado la ley? No, no dije eso. Dije que el fariseo podría no haber quebrantado la ley conscientemente. Si usted asume un compromiso con su propia conciencia, puede aprender a mirarse en el espejo y ver algo mejor que lo que está allí.

El viejo sabio Esopo, que escribió muchas fábulas, contó sobre un hombre que estaba caminando con dos bolsas que estaban atadas, unidas, y las llevaba sobre sus hombros, una hacia el frente y la otra hacia atrás. Quienes lo veían le preguntaban: "¿Qué llevas en esas bolsas?".

"Bueno", decía él, "en la bolsa de la espalda llevo mis fallas y en la de adelante las fallas de mis vecinos". Tenía las fallas de sus vecinos allí delante de él, donde podía verlas, pero no podía ver las propias porque las llevaba atrás.

Así es como vivimos. Pero una vez que somos llevados a la presencia de Dios con verdadero arrepentimiento, nunca más pensaremos de nosotros mismos como buenos. Jamás volveremos a pensar de nosotros como puros. Solo podemos decir: "...la sangre de Jesucristo su Hijo nos limpia de todo pecado" (1 Juan 1:7). Confiamos en lo que dijo Dios aunque nos sintamos como si fuésemos el peor de los hombres.

Santa Teresa, aquella querida mujer de Dios, dijo que cuanto más cerca estemos de Dios, más conscientes seremos de lo malos que somos. Oh, la paradoja, el misterio, lo maravilloso de saber que el único Dios, ese Único trascendente que está tan por encima de todos los otros que estableció un abismo que nadie puede cruzar y que se dignó venir a habitar entre nosotros. El Dios que está al otro lado de ese inmenso abismo un día vino y se condensó a sí mismo en el vientre de una virgen, nació y caminó entre nosotros. El bebé que recorría el piso de la carpintería de José, que lo estorbaba y jugaba con las virutas, fue el gran Dios tan infinitamente supremo y tan trascendente que los arcángeles lo admiran. ¡Allí estaba Él!

Recuerdo haber escuchado hace muchos, muchos años, una canción que es antifonal [cantar alternativamente entre dos grupos o cantantes]. Un hombre, que representa al cantante, entona:

> Qué camino he de tomar, grita la voz en la noche,
> Soy un peregrino consciente y mi luz es tenue.
> Busco un palacio que brille en la colina,
> Pero entre nosotros yace un torrente frío y oscuro.

Sigue para preguntar: "¿Cómo haré un puente sobre el abismo que me una al palacio que busco, sabiendo que soy débil y

que Él es tan fuerte, que soy malo y Él es bueno, que soy ignorante y Él es tan sabio? ¿Cómo haré un puente sobre el abismo?".
Y los otros hombres levantan la voz y responden, cantando:

> Cerca, cerca de ti, hijo mío, esta el camino de la
> cruz,
> Como un fraile gris encapuchado
> Lleno de musgo.
> Y su viga transversal apunta a líneas muy distantes
> Y tiende sobre el agua un puente seguro para el hombre.

Un gran abismo yace entre el Dios trascendente y yo, que
es tan alto que no puedo pensar sobre Él, tan elevado que no
puedo hablar de Él, ante quien debo inclinarme en tembloroso
temor y adoración. No puedo trepar hasta Él. Hay un camino
solamente: "Cerca, cerca de ti, hijo mío, esta el camino de la
cruz". Y la cruz tiende un puente sobre el abismo que separa a
Dios del hombre. ¡Esa cruz!

Dios es trascendente. Usted nunca lo encontrará por sí
mismo. Los musulmanes podrán buscarlo mil años y no
lo encontrarán. Los hindúes pueden cortarse y echarse en
camas de vidrio y caminar sobre el fuego y no lo encontrarán. Los protestantes pueden unirse a iglesias y logias y toda
clase de cosas y no lo encontrarán. Los filósofos pueden
ascender un peldaño en el pensamiento y no lo encontrarán.
Los poetas pueden remontar vuelo en su imaginación y no lo
encontrarán.

Los músicos pueden componer música celestial. Cuando
escucho el oratorio de Navidad de Bach pienso que semejante música jamás pudo haber estado en la tierra. Y sin
embargo, podemos oírla y disfrutarla hasta que rompe nuestro corazón, y no lo encontramos a Él: ¡nunca, nunca lo
encontramos a Él!

> Debo necesitar volver a casa por el camino de la cruz,
> No hay otro camino más que este;
> Nunca veré las puertas de la luz,
> Si pierdo el camino de la cruz.
> El camino de la cruz conduce a casa.[3]

Así que le ofrezco a usted la cruz. Le ofrezco ante todo al gran Dios:

> ¡Perdido en tu grandeza, Señor!, vivo,
> Como si estuviera en un precioso laberinto,
> Tu mar de luz increada
> Me enceguece, y sin embargo miro fijamente.[4]

Le señalo a Dios ¡el Único trascendente! Y señalo hacia la cruz. Pero usted nunca conocerá el significado o el valor de la cruz hasta que Dios, el Dios santo haya hecho algo dentro de usted para quebrantarlo y destruir su orgullo, humillar su tozudez, cambiar su pensamiento sobre su propia bondad, derribar sus defensas y quitarle sus armas. Él hará lo que los cuáqueros llaman "amansarlo": hará que usted mengüe, que se vuelva manso.

¿Y qué pasará con usted? Usted podrá ser salvo, o medio salvo o pobremente salvo. Quizás usted supo que Dios lo quería pero siguió vagando; se comprometió con sus negocios o su escuela y ahora Dios le parece muy lejano.

Y Él está muy lejos, en un sentido, pero en otro está tan cerca como el latido de su corazón, porque la cruz ha tendido un puente sobre el abismo. Permita que la sangre de Jesús lo limpie de todo pecado. Él, que es el Único Dios trascendente dice: "Venid a mí todos los que estáis trabajados y cargados, y yo os haré descansar. Llevad mi yugo sobre vosotros, y aprended de mí, que soy manso y humilde de corazón; y hallaréis descanso para vuestras almas" (Mateo 11:28–29).

CAPÍTULO 3

LA ETERNIDAD DE DIOS

Porque así dijo el Alto y Sublime, el que habita la eternidad, y cuyo nombre es el Santo: Yo habito en la altura y la santidad, y con el quebrantado y humilde de espíritu, para hacer vivir el espíritu de los humildes, y para vivificar el corazón de los quebrantados.

—Isaías 57:15

Señor, tú nos has sido refugio de generación en generación. Antes que naciesen los montes y formases la tierra y el mundo, desde el siglo y hasta el siglo, tú eres Dios.

—Salmo 90:1–2

Quiero hablar de algo en lo que todo el mundo cree, pero a menudo sin suficiente claridad y énfasis para hacer que valga la pena. Y si pudiéramos lograr que la

Iglesia entera viera esta verdad, y pudiéramos inducir a otros a predicar sobre esto, se elevaría notablemente el nivel espiritual de la Iglesia. Quiero hablar sobre la eternidad de Dios.

En la primera escritura de más arriba, Dios se llama a sí mismo: "el Alto y Sublime, el que habita la eternidad". La eternidad, por supuesto, es un sustantivo; es el estado de ser eterno. Hay quienes dicen que palabras de las Escrituras como "eternidad" y "desde el siglo y hasta el siglo" no significan "tiempo sin fin" o "que dura para siempre", porque Dios se refiere a "los collados eternos" en Génesis 49:26. Dicen que hemos inferido de estas palabras el concepto de eternidad o perpetuidad, pero que tan solo significan "hasta el final de la dispensación, hasta el final de la era". (La verdadera razón por la que los hombres han adoptado esa actitud es porque las Escrituras dicen que el infierno es eterno, ¡y ellos no quieren aceptarlo!)

Si yo pensara que la palabra "eterno" referida a Dios significara solo "que dura hasta el final de los tiempos", sencillamente guardaría mi Biblia, me iría a casa y esperaría el final. Si tuviera un Dios que solo durara un tiempo, que no tuviera eternidad en su corazón, no valdría la pena para nada que predicara. ¿Por qué ser un cristiano transitorio o tener un Dios transitorio? Yo creo que Dios es eterno.

El hebreo del Antiguo Testamento se ha agotado —ha exprimido su lenguaje como se exprime una toalla, para lograr extraer hasta la última gota posible de entendimiento— para decir que Dios es por los siglos de los siglos interminable, para siempre, a perpetuidad, por todos los siglos. El griego del Nuevo Testamento ha hecho lo mismo. No existe ninguna otra palabra en el idioma griego que pueda ser usada para expresar "a perpetuidad, que no tiene fin, que sigue, sigue, sigue, infinitamente y por siempre". Luego llegamos al idioma español, que tiene el concepto de infinito. ¿Y cómo podríamos tener el concepto de algo que no existe, el concepto de algo que es más grande que la realidad? Eso sería simple insensatez, como cualquiera puede entender.

Así que no tenemos otras palabras que podamos usar. Eterno, desde el siglo y hasta el siglo, por siempre, a perpetuidad, mundo sin fin: todas esas palabras significan exactamente lo que dicen. Cuando Dios habla de sí mismo, eso es lo que quiere decir: el Alto y Sublime, el que habita la eternidad, a perpetuidad, en un mundo sin fin.

Y cuando llegamos al segundo texto, "Desde el siglo y hasta el siglo, tú eres Dios", el diccionario hebreo nos dice que se podría traducir como "desde el punto de fuga hasta el punto de fuga", porque eso es lo que significa en realidad: desde el punto de fuga del pasado hasta el punto de fuga del futuro. ¿Pero el punto de fuga de quién? No de Dios, sino del hombre. El hombre mira retrospectivamente, tan hacia atrás como le es posible, y luego se voltea y mira hacia delante, tanto como puede, hasta que el pensamiento del hombre cae agotado y el ojo humano ya no puede ver más: a perpetuidad, hasta el punto de fuga del hombre, mundo sin fin. Otros significados de la palabra son "oculto" e "inmemorial". Desde el tiempo oculto hasta el tiempo oculto, tú eres Dios. Desde el tiempo inmemorial hasta el tiempo inmemorial, tú eres Dios.

Dios no es dependiente

Sacuda su cabeza para que todo se ponga en marcha, trate de ensanchar su mente todo lo que le sea posible, luego piense, si puede, en el pasado. Piense en su pueblo natal hasta antes que existiera. Piense en el tiempo en que aquí no había nada más que indígenas. Luego remóntese hasta el tiempo previo, antes que esos indígenas llegaran aquí. Luego vaya hacia más atrás y piense en el continente norteamericano. Y luego piense en toda esta tierra nuestra. Y luego vaya hacia atrás y piense que no hay planetas ni estrellas salpicando el cielo nocturno; todo se ha desvanecido y no hay Vía Láctea, no hay nada.

Vaya al trono de Dios y piense cuando no estaban los ángeles, los arcángeles, los serafines y el querubín que canta y adora ante el trono de Dios. Piense en ellos hasta que no haya creación alguna: no hay ningún ángel que agite sus alas, ni un ave que vuele en el cielo: no hay cielo en el cual volar. No hay árboles que crezcan en las montañas, ni montaña para que crezca un árbol en ella. Pero Dios vive y ama solo. El Anciano de Días, mundo sin fin, hasta el punto de fuga y tan atrás como pueda llegar la mente humana, allí usted tiene a Dios.

El gran Agustín dijo:

> Pues ¿qué es entonces mi Dios? ¿Qué, repito, sino el Señor Dios? ¿Y qué Señor hay fuera del Señor o qué Dios fuera de nuestro Dios? Sumo, óptimo, poderosísimo, omnipotentísimo, misericordiosísimo y justísimo; secretísimo y presentísimo, hermosísimo y fortísimo, estable e incomprensible, inmutable, mudando todas las cosas; nunca nuevo y nunca viejo; renuevas todas las cosas y conduces a la vejez a los soberbios, y no lo saben; siempre obrando y siempre en reposo; siempre recogiendo y nunca necesitado; siempre sosteniendo, llenando y protegiendo Dios mío, vida mía, dulzura mía santa, ¿o qué es lo que puede decir alguien cuando habla de ti? Al contrario, ¡ay de los que se callan acerca de ti!, porque no son más que mudos charlatanes...
>
> Mas dime, Señor, tú que siempre vives y nada muere en ti, porque antes del comienzo de los siglos y antes de todo lo que tiene «antes», existes tú, y eres Dios y Señor de todas las cosas, y se hallan

en ti las causas de todo lo que es inestable, y permanecen los principios inmutables de todo lo que
cambia, y viven las razones sempiternas de todo lo
temporal...[1]

Dios no depende de su mundo, de sus reyes ni presidentes,
de los hombres de negocios ni de los predicadores, de las juntas
ni de los diáconos. Dios no depende de nada. Hemos recorrido
con nuestro pensamiento el camino hacia atrás, hasta el momento en que no había historia, hasta Dios mismo, el Dios eterno.

Dios no tiene principio

Dios nunca comenzó a ser. Quiero que su mente dé algunas
vueltas a esa palabra: "principio" y piense en ella. "En el principio creó Dios los cielos y la tierra" (Génesis 1:1), ¡pero Dios
mismo nunca comenzó a ser! "Principio" es una palabra que
no afecta para nada a Dios. Existen muchos conceptos e ideas
que no tocan a Dios en absoluto, como el concepto de principio o de creación, cuando Dios dijo y las cosas comenzaron
a ser. "En el principio creó Dios", pero antes del principio,
no hubo ningún "principio"; ¡no hubo ningún "antes"! Los
antiguos teólogos solían decir que la eternidad es un círculo.
Vamos girando y girando el círculo; pero antes de que hubiera
un círculo, ¡estaba Dios!

Dios no comenzó a ser: Dios era. Dios no comenzó en ningún lado: Dios solo es. Y es bueno que entendamos eso. El
tiempo, como ve, es una palabra que corresponde a la creación,
porque tiene que ver con las cosas que existen. Tiene que ver
con los ángeles, con el lago de fuego, con los querubines y con
todas las criaturas que están alrededor del trono de Dios. Ellos
comenzaron a ser; hubo un tiempo en el que no había ángeles.
Luego Dios dijo: "Sea hecho" y los ángeles comenzaron a ser.

¡Pero nunca hubo un tiempo en el que no hubiera Dios! Nadie dijo: "¡Que Dios sea hecho!". Aparte de eso, el único que podría haber dicho "¡Que Dios sea hecho!" tendría que haber sido Dios. Y aquel del cual dijo: "Sea hecho" no es Dios en absoluto, sino un "dios" secundario por el que no deberíamos preocuparnos. Dios, allí en el principio, creó. ¡Dios estaba, eso es todo!

Dios no está en el tiempo

El tiempo no se puede aplicar a Dios. C. S. Lewis nos dio una ilustración que me gustaría compartirle. Si puede, piense en la eternidad, en la infinitud como una página en blanco extendida infinitamente en todas direcciones. Luego piense en un hombre que toma un lápiz y dibuja una línea de una pulgada en esa hoja de papel extendida infinitamente. Y esa pequeña línea es el tiempo. Comienza, se mueve una pulgada y termina. Así que el tiempo comenzó en Dios y terminará en Dios. Y no afecta a Dios para nada. Dios mora en el imperecedero ahora.

No hay edad que pueda colmar sus años separada
de ti:
¡Querido Dios! ¡Tú eres tú mismo tu propia eternidad![2]

Usted y yo somos criaturas de tiempo y cambiamos. Es en "ahora" y "fue" y "será" y "ayer" y "hoy" y "mañana" que vivimos. Por eso tenemos crisis nerviosas, porque siempre queremos estar un paso más adelante del reloj. Nos levantamos a la mañana, miramos el reloj y nos desalentamos. Corremos al baño, nos lavamos los dientes, bajamos a desayunar a toda velocidad, comemos un huevo medio cocido y nos apuramos a tomar el autobús al trabajo. Usted ve, eso es el tiempo: ¡El tiempo está tras nosotros! Pero el Dios todopoderoso se sienta en su eterno ahora. Y todo el tiempo que ha existido es solo una marquita en el seno de la infinita eternidad.

Dios no tiene pasado ni futuro

¡Dios no tiene pasado! Ahora quiero que escuche eso. Y quiero que sacuda bien su cabeza, porque esta es una idea que los antiguos Padres de la Iglesia conocían, pero que a nosotros, sus hijos, no parece importarnos demasiado. Dios no tiene pasado. Usted tiene un pasado; no es demasiado largo, aunque quizás usted desearía que no fuese tan largo. Pero Dios no tiene pasado ni tiene futuro. ¿Por qué Dios no tiene pasado ni tiene futuro? Porque el pasado y el futuro son palabras para las criaturas, y tienen que ver con el tiempo. Tienen que ver con el transcurso del tiempo. Pero Dios no cabalga en el seno del tiempo. El tiempo es una marquita en el seno de la eternidad. Y Dios está por encima del tiempo, mora en la eternidad: "Desde el siglo y hasta el siglo, tú eres Dios".

Es maravilloso pensar que Dios ya ha vivido todos nuestros mañanas. Dios no tiene ayer ni mañana. Las Escrituras dicen: "Jesucristo es el mismo ayer, y hoy, y por los siglos" (Hebreos 13:8), pero no es su ayer: es el suyo y el mío. Jesucristo el Señor es el Único que salió de Belén, de Judea, cuyas salidas han sido aun desde la eternidad. Él no puede tener ayer ni mañana, porque ayer es tiempo y mañana es tiempo, pero Dios rodea todo y Dios ya ha vivido el mañana. El gran Dios que estaba presente en el comienzo cuando dijo: "Sea" y fue, está también ahora en el presente y también en el final, cuando los mundos se prendan fuego y toda la creación sea disuelta y vuelva al caos, y solo Dios y sus santos redimidos permanezcan. Recuerde que Dios ya ha vivido todos nuestros mañanas.

Me pregunto si esa será la razón por la cual los hombres pueden profetizar. La capacidad de predecir con precisión un acontecimiento que sucederá 3 mil años después —¿cómo puede suceder eso?— Quizás será que un profeta en el Espíritu puede ir a Dios, ver como Dios ve "lo por venir desde el principio" (Isaías 46:10). De manera que Dios allá arriba toma el final desde el principio y mira hacia abajo. Y allí es donde deberíamos estar, no aquí abajo mirando hacia arriba entre las nubes, sino arriba mirando hacia abajo.

A veces cuando voy de aquí para allá tomo un avión. Una vez que usted está en el aire, hay tanta luz del sol que si quiere leer tiene que cerrar las cortinas para alejar la luz de su libro. Pero abajo se ve una maciza alfombra de espesas nubes y resulta difícil entender cómo alguien puede estar allí abajo diciendo: "Oh, que día cubierto, nublado, sombrío es este". No está cubierto, nublado ni sombrío desde donde usted está. Usted lo está mirando desde arriba.

De manera que si insiste en estar abajo mirando hacia arriba, siempre va a tener un cielo sombrío, ¡El diablo se encargará de ello! Pero si recuerda que su vida está escondida con Cristo en Dios estonces mirará hacia abajo desde arriba, y no hacia arriba.

La Escritura dice en Salmo 90:12 que como Dios es eterno, nosotros debemos aprender "de tal modo a contar nuestros días, que traigamos al corazón sabiduría". Dios está en nuestro hoy porque Dios estuvo en nuestro ayer y estará en nuestro mañana. Dios es el Único del que usted no puede escapar. No puede escapar de Dios negándolo porque Él estará allí de todos modos. No puede escapar de Él redefiniéndolo porque Él estará allí de todos modos. ¡Dios es! Y como Dios es, Dios está aquí y está ahora. Dios mora en el eterno y perdurable ahora.

Cuando Dios habló con Abraham, Jacob e Isaías, ya había vivido en la Nueva Jerusalén, porque la Nueva Jerusalén está en el corazón de Dios; todas las cosas que serán están en Dios. Dios no está sujeto al flujo del tiempo.

Cristo, el eterno Hijo, es sin tiempo. Cuando usted piensa en Jesús, tiene que pensar dos veces. Debe pensar en su humanidad y en su deidad. Él dijo muchas cosas que lo hacen sonar como si no fuera Dios. Dijo otras cosas que lo hacen sonar como si no fuera humano. Dijo, por ejemplo: "Antes que Abraham fuese, yo soy" (Juan 8:58). Eso suena a que Él antecedió a la creación. Luego dijo: "No puedo yo hacer nada por mí mismo; según oigo, así juzgo…" (Juan 5:30) y eso lo hizo sonar como si no fuera divino. Dijo: "El Padre mayor es que yo" (Juan 14:28), y eso lo hizo sonar como si no fuese Dios. Y dijo: "Yo y el Padre uno somos" (Juan 10:30) y eso lo hizo sonar como si no fuese humano.

Pero en verdad, Él es ambos. Hablaba de sí mismo como divino y como humano. Y cuando Jesús hablaba de sí mismo como humano, utilizaba palabras de humildad y modestia. Cuando hablaba de sí mismo como divino, usaba palabras que sobresaltaban e impresionaban a las personas. Dijo, hablando de las Escrituras inspiradas: "Oísteis que fue dicho…Pero yo os digo…" (Mateo 5:21–22). Él podía hablar como Dios y luego hablar como hombre. Así que siempre tenemos que pensar en el Hijo del Hombre, Jesucristo el Señor, de las dos maneras.

"Pero cuando vino el cumplimiento del tiempo, Dios envió a su Hijo, nacido de mujer y nacido bajo la ley" (Gálatas 4:4), para que pudiera "librar a todos los que por el temor de la muerte estaban durante toda la vida sujetos a servidumbre" (Hebreos 2:15). Esa es su humanidad.

Y Él fue "inmolado desde el principio del mundo" (Apocalipsis 13:8). ¿Qué puede significar eso? ¿Cómo pudo haber sido inmolado desde el principio del mundo? Cuando Dios hizo los cielos y la tierra e hizo que creciera césped sobre las colinas y árboles sobre las montañas, cuando Dios hizo a las aves para que volaran en el aire y a los peces para que nadaran en el mar, en su corazón Dios ya había vivido el Calvario y la resurrección y la gloria y la corona. Así que Él fue inmolado antes de la fundación del mundo.

A veces oramos a Dios como si Él estuviera lleno de pánico, como si Dios estuviera tan angustiado como nosotros. Y nos quitamos el reloj y lo miramos. Me niego a usar reloj pulsera; ya es suficientemente malo tener que llevar un reloj en el bolsillo, difícil de alcanzar. Pero si tuviera que ver ese desagradable objeto todo el tiempo y saber que ese tiempo se me escapa, creo que entraría en pánico. Pero Dios nunca entra en pánico, porque Dios nunca mira el reloj. "El cumplimiento del tiempo" fue el momento que Dios había ordenado. Cuando llegó ese momento, María dio a luz a su Niño, y él nació, vivió y murió, "el justo por los injustos, para llevarnos a Dios" (1 Pedro 3:18). Así el Hijo eterno ha vivido a través de todos los tiempos. Él, que nació en un pesebre de Belén no tomó su origen del vientre de una virgen. El Bebé humano sí lo hizo, pero el Hijo eterno no.

El tiempo pasa

No quisiera ser negativo, pero sería bueno que usted enfrente el hecho de que:

> El tiempo corre arrollador como impetuoso mar;
> Y así, cual sueño ves pasar cada generación.
> Delante de tus ojos son mil años, al pasar,
> Tan sólo un día que fugaz fenece con el sol.[3]

"El tiempo corre arrollador como impetuoso mar" y arrastra a mucha gente. Mi esposa y yo estábamos hablando de esto hace algún tiempo, y ella me dijo: "Parece que cada vez que recibimos una carta de casa, es porque alguien murió". Bueno, es natural; es de esperarse, usted sabe. Todo el mundo debe morir. "El tiempo corre arrollador como impetuoso mar". Cuando estuve en California vi el árbol de secuoya, y quise saber qué diámetro tenía. Soy un viejo granjero y no necesito una cinta para medir, puedo hacerlo con mis pasos. Marqué la tierra donde comencé y luego caminé alrededor del árbol, abrazándolo tan ceñidamente como fui capaz. Y cuando le di la vuelta había caminado cincuenta y un pies. Y apenas recuerdo lo suficiente de matemáticas como para saber que tenía diecisiete pies de diámetro. ¡Ese sí que era un árbol de secuoya! Y crece hasta 300 pies de altura —tres pisos en el aire.

¿Cuánto tiempo le llevó crecer tanto? No lo sé, pero los científicos dicen (no cito a los científicos muy a menudo porque cambian de parecer y dejan al hombre en la estacada) que algunos de esos secuoyas llegan hasta el tiempo de Abraham, e incluso antes de él. No esa especie, sino esos mismos árboles. Cuando Abraham dejó Ur de los caldeos y siguió el resplandor de la fe por el Neguev, donde finalmente estableció su gran nación en la tierra que ahora llamamos Palestina, esos árboles ya estaban creciendo en California, de pie, mirando hacia el sol, nutriéndose desde sus raíces. Esos árboles ya estaban allí.

Y cuando los griegos se apoderaron del mundo (y no solo militarmente, se convirtieron en las grandes mentes de esa era) y elaboraron sus grandes pensamientos y escribieron sus cómicas obras, esos árboles eran un poco más altos y seguían creciendo allí. Y cuando Roma llegó al poder y se convirtió en el reino de hierro y puso al mundo a sus pies y los soldados de Roma estaban por todos lados, venciendo para conquistar, los árboles de la costa de California se hacían un poco más altos. Y cuando los británicos salieron de los bosques y dejaron de comer bellotas y comenzaron a lavarse las orejas y a bañarse y a parecer humanos, los árboles estaban un poco más altos de lo que habían estado antes.

Y mucho antes de que Guillermo el conquistador cruzara el canal y que Colón saliera a navegar y descubriera un pedazo de tierra y la llamara América, esos árboles ya estaban allí. Y mucho después cuando George Washington cruzó Delaware, y mucho antes de que hubiera comunismo o fascismo o nazismo, y mucho antes de que hubiera aeroplanos o cualquiera de esas cosas modernas, los árboles crecían allí, mirando a los hombres, generación tras generación.

Pero generación tras generación, mirando desde su presente eterno, está el Dios eterno, observando a las pequeñas tribus de los hombres que viven un corto tiempo y se acuestan y mueren, y viene otra generación.

Necesitamos a Dios

Recuerde que Dios es una necesidad para usted. Predico el evangelio de Jesucristo y digo: "Venid a mí todos los que estáis trabajados y cargados, y yo os haré descansar" (Mateo 11:28), citando las preciosas palabras de Jesús que reconfortaron mi corazón cuando era un niño y me ayudaron a llegar a Él. Cuando cito esas palabras y cuando cito las palabras del Evangelio: "Porque de tal manera amó Dios al mundo, que ha dado a su Hijo unigénito, para que todo aquel que en él cree, no se pierda, mas tenga vida eterna" (Juan 3:16) le estoy haciendo a usted un tremendo favor, ¡porque usted necesita a Dios!

Somos esclavos del tiempo; encontramos nuestra inmortalidad en Dios y en ningún otro lugar. Cantamos: "Oh, Dios, nuestra ayuda en el pasado". ¿Qué pasado? ¿El pasado de Dios? No, Dios vive en el ahora. Nuestro pasado, el de la breve raza de los hombres. "Nuestra esperanza y protección y nuestro eterno hogar, has sido, eres y serás tan sólo tú, Señor", y su esperanza y mi esperanza en los años que vendrán. Y que este Dios pueda ser "nuestra esperanza y protección y nuestro eterno hogar".[4] Necesito que alguien me guíe. No puedo hacerlo solo. Soy demasiado pequeño, débil, y vulnerable. Microbios tan pequeños que no puedo ver se meten en mi nariz y bajan por mi cuello y apenas me doy cuenta están en mis pulmones y tengo neumonía, y me voy. Eso somos nosotros, pobres criaturas pequeñas. Encontrará inmortalidad y eternidad solo en Dios, y solo encontrará a Dios por medio de Jesucristo el Señor. No estoy alegando la causa de Uno que fracasó. Estoy alegando la causa de Uno que ha conquistado absolutamente todo y se sienta a la diestra de Dios ahora y por la eternidad.

Una vez fui a un museo, paseé por el salón egipcio y miré las momias que había allí. Habían tomado algunas de ellas y las habían desenvuelto para mostrarlas: viejos con los dientes caídos y las barbillas que se juntaban con sus narices. Había bebés pequeños y un muchacho que probablemente tendría unos siete años. Miré a ese niño momificado y comencé a entristecerme.

Caminé de una cripta a la otra mirando esos seres humanos momificados. Algunos habían sido reyes, dicho sea de paso, pero ahora todos yacían allí envueltos en sacos de arpillera, tan secos que tenían que guardarlos del viento o se volarían. ¡Polvo! ¡Polvo! ¡Polvo! Vi ojos y mejillas hundidos y brazos fuertes y ásperos que habían sido descubiertos para la ocasión. Allí estaban: seres humanos que habían vivido antes de que existiese Inglaterra, antes de que existiese Grecia, antes de que existiese Roma.

Caminé por allí hasta que me sentí triste. Soy algo sensible y me siento afectado fácilmente, y comencé a sentirme cada vez más y más triste, más miserable todo el tiempo. Había pasado el mediodía y tenía hambre y había un restaurante justo al lado del salón de las momias. Pero no habría podido comer ni aunque me hubieran servido caviar y lenguas de colibrí. Me sentía enfermo; enfermo en mi corazón, enfermo en mi cuerpo, enfermo de pensar que hombres hechos a imagen de Dios tuvieran que morir y convertirse en polvo.

Cuando salí de allí y me dirigí a mi casa, estaba tan sombrío como ellos. Tenía un libro de poemas de un inglés llamado Thomas Campbell, así que leí uno llamado "The last man" (El último hombre). Recién venía de ver hombres muertos, y ahora estaba leyendo un imaginativo poema escrito por un hombre que creía en Jesucristo. Estaba maravillosamente escrito, ya que él dominaba el arte, aunque quizás no haya sido uno de los mejores poetas.

El poema era un sueño o visión que él había tenido viendo la raza humana hasta el último hombre. Había habido pestilencias, hambrunas, guerras y toda clase de cosas que habían mermado la raza humana hasta que solo quedó el último hombre, todos los demás habían muerto. Este hombre estaba acodado sobre un promontorio mirando al océano, hacia el oeste, mientras el sol se ponía. Y sabía que sería la última puesta de sol que podría ver, porque el golpeteo de la muerte ya le había llegado. Y sus ojos se estaban poniendo vidriosos, pero todavía podía pensar y todavía podía hablar un poco. Así que miró fijamente la puesta de sol, comenzó a hablarle, y dijo:

Por Él hubo aliento de vida,
Fue quien llevó cautiva la cautividad.
Quien robó a la tumba la victoria,
¡Y tomó el aguijón de la muerte!

Luego, después de recordarse a sí mismo que había habido Uno que se levantó de entre los muertos y había robado a la muerte su aguijón y ganado la victoria en la tumba, le habló al sol y le dijo:

Vete, Sol, mientras la Misericordia me sostenga,
En los horribles residuos de la Naturaleza
Para tomar esta última y amarga copa
De dolor que ese hombre debe probar.
Ve, dile a la noche que oculte tu rostro:
Tú viste al último de la raza de Adán,
Sobre el terrón sepulcral de la Tierra,
El ensombrecido universo desafía
A sofocar la inmortalidad de Dios
¡O blandir su confianza en Él!

Él estaba diciendo: "Sol, cuando seas viejo y te hayas consumido y todo sea polvo, yo seguiré estando vivo. Porque vivo en Él que llevó cautiva la cautividad y le robó a la tumba la victoria y tomó el aguijón de la muerte". Bueno, ¿sabe qué me causó eso? Me levantó y me sacó de la blanda arcilla y me afirmó (al menos a mis emociones) sobre roca sólida.

Recién venía de ver reyes y reinas y bebés y niños envueltos en sacos de arpillera, todos con tres mil años de antigüedad. Pensé: *Oh cielos, ¿es allí a donde me dirijo?* Luego leí este poema y le agradecí a Dios porque elevó mi alma. Regresé a casa como un hombre alegre, y recordé que sin importar lo que usted le haga al cuerpo, sin importar cuánto lo envuelva o lo embalsame, Jesucristo convocó al aliento humano, tomó el aguijón de la muerte y dio la victoria al hombre.

Usted necesita a Dios, porque Dios es su eternidad. Usted necesita a Dios porque Dios es su mañana. Usted necesita a Jesucristo porque Jesucristo es su mañana. Él es su garantía de que eso sucederá. Él es su resurrección y su vida. Y cuando el sol se haya consumido y las estrellas se hayan plegado como una prenda de vestir, Dios seguirá estando, porque Dios habita en el eterno ahora y nada lo puede afectar. Y Él toma a sus hijos, los que confían en su Hijo, en su seno, en el corazón del imperecedero ahora.

Es por eso que creo en la comunión de los santos. No creo que un santo que deja la tierra vaya a ningún lugar sino al corazón y al seno de Dios para ser un santo eterno, infinito, por siempre. Y creo que todas esas grandes expresiones hebreas, griegas y españolas que se refieren a Dios —eternidad y por siempre y a perpetuidad y mundo sin fin— se aplicarán a cada hombre y a cada mujer que esté en el seno de Dios. Yo estaría de acuerdo con eso, ¿usted no?

Si alguien viniera y me dijera: "Vamos a llevarlo al cielo, pero solo podrá estar allí durante veinte años" me sentiría abatido. ¿Qué tiene de bueno acostumbrarse a un lugar como ese y aprender a amarlo para tener que dejarlo a los veinte años? Pero acepto por mi alma y por las almas de todos los hijos del Señor estas maravillosas palabras: eterno, imperecedero, para siempre, a perpetuidad, mundo sin fin. Acepto la eternidad de los santos.

¿Por qué podemos creer en nuestra propia inmortalidad? Porque Dios es eterno. Esa es la doctrina básica de la inmortalidad. Si Dios no fuese eterno no podría haber inmortalidad y no podría haber un futuro seguro para nadie. Solo seríamos polvo cósmico que de una u otra manera hubiera mutado en seres humanos o árboles o estrellas, solo para volver a ser erradicados y soltados en la inmensidad y el olvido. Pero como Dios es eterno, nosotros tenemos nuestro hogar en Dios. Podemos esperar con calma y tranquilidad el tiempo que vendrá.

CAPÍTULO 4

LA OMNIPOTENCIA DE DIOS

"Era Abram de edad de noventa y nueve años, cuando le apareció Jehová y le dijo: Yo soy el Dios Todopoderoso".

—Génesis 17:1

"Y...Jesús, les dijo: para Dios todo es posible".

—Mateo 19:26

"Porque nada hay imposible para Dios".

—Lucas 1:37

"Y oí como la voz de una gran multitud, como el estruendo de muchas aguas, y como la voz de grandes truenos, que decía: ¡Aleluya, porque el Señor nuestro Dios Todopoderoso reina!".

—Apocalipsis 19:6

De una caja de relucientes joyas de brillantes textos sobre la omnipotencia de Dios —y hay muchos— elegí cuatro. A Abraham (entonces llamado Abram) Dios le dijo: "Yo soy el Dios Todopoderoso". Nuestro Señor Jesús lo expresó con una afirmación: "para Dios todo es posible". Y el ángel que apareció a María lo dio vuelta y lo expresó mediante una negación: "porque nada hay imposible para Dios". Finalmente, oímos la voz de la gran multitud: "¡Aleluya, porque el Señor nuestro Dios Todopoderoso reina!".

Supongo que lo primero que debemos hacer sería definir la omnipotencia. Proviene, por supuesto de omni, que significa "todo", y potente, que significa "capaz de hacer, y tener poder". Y, por tanto, omnipotente significa "capaz de hacer todo y tener todo el poder". Quiere decir tener todo el poder que existe.

Luego vemos una segunda palabra: Todopoderoso, que también está en uno de estos pasajes de la Escritura. Significa exactamente lo mismo que omnipotente, solo que proviene del español, mientras que omnipotente proviene del latín. En la Biblia la palabra Todopoderoso se usa cincuenta y seis veces y no se usa para nadie excepto Dios. En la Biblia en inglés KJV, la palabra omnipotente solamente se usa una vez y se refiere a Dios. Y existe una razón para ello. Todopoderoso significa "tener una infinita y absoluta plenitud de poder". Cuando usted usa las palabras infinito y absoluto solo puede estar hablando de una persona: Dios.

Existe solamente un Ser infinito, porque infinito significa sin límites. Y es imposible que haya dos seres sin límite en el universo. Así que si solo hay uno, usted se refiere a Dios. Incluso la filosofía y la razón humana, aunque poco pienso en ellas, tienen que admitir esto.

El otro día leí una revisión de un libro mío, escrita por un doctor en filosofía; él estaba a favor, pero no totalmente.

Dijo que yo estaba en contra de la erudición, lo cual no es exactamente así; solo estoy en contra de los grandes charlatanes; eso es todo. Estoy en contra de los individuos cuyas cabezas están infladas. No estoy en contra de verdaderos eruditos como Agustín, Lutero o Wesley. Pero sí estoy en contra de hombres que creen que son eruditos. Pero hasta la razón tiene que arrodillarse y declarar que Dios es omnipotente.

Si usted cree que no sabe nada si no es por la razón, usted no tiene conocimiento. Si tiene conocimiento por revelación —"los santos hombres de Dios hablaron siendo inspirados por el Espíritu Santo" (2 Pedro 1:21)— entonces sí lo tiene. Pero una vez que lo tiene por revelación, la razón a veces es forzada a arrodillarse y decir "el Señor Todopoderoso reina", y admitir que es verdad. Así que le brindo tres proposiciones brevemente aquí:

1. Dios tiene poder

La proposición # 1 es que Dios tiene poder. Por supuesto que todos saben eso. David dijo: "Una vez habló Dios; dos veces he oído esto: que de Dios es el poder" (Salmo 62:11). Y Pablo, uno de los intelectos más grandes que el mundo ha conocido, dijo esto: "Porque las cosas invisibles de él [Dios], su eterno poder y deidad, se hacen claramente visibles desde la creación del mundo, siendo entendidas por medio de las cosas hechas" (Romanos 1:20). Usted levanta la vista a los cielos estrellados y allí ve el eterno poder de Dios. El poder y la divinidad de Dios se hallan allí.

Nosotros solíamos cantar una canción que todavía se canta en algunos lugares:

Arriba el espacioso firmamento,
Con su cielo azul y etérea llama,

Con estrellada expansión, fulgente marco
Y su gran Original proclama.
El fiel e incansable sol, día tras día
El poder de su Creador despliega ingente,
Y publica en toda tierra y toda vía
La obra de una mano omnipotente.
Al prevalecer las nocturnas sombras,
La luna toma el maravilloso cuento
Y por las noches a la tierra que escucha
Repite la historia de su nacimiento:
Mientras todas las estrellas que la rodean arden,
Y todos los planetas, a su vez,
Confirman las nuevas al girar,
Y difunden la verdad de polo a polo.
En oír la razón todos se regocijan,
Y clama una gloriosa voz;
Cantando por siempre, al brillar,
"La mano que nos hizo es divina".[1]

Dios tiene poder, y lo que sea que Él tenga es sin límite; por tanto, Dios es omnipotente. Dios es absoluto y lo que sea que toque a Dios, o lo que sea que Dios toque es absoluto; por tanto el poder de Dios es infinito; Dios es todopoderoso.

2. Dios es la fuente de todo poder

La proposición #2 es que Dios es la fuente de todo el poder que existe. No existe en ninguna parte un poder que no tenga a Dios como fuente, sea el poder del intelecto, el del espíritu, del alma, de la dinamita, de la tormenta o de la atracción magnética. Donde sea que haya poder, Dios es el autor. Y la fuente de algo tiene que ser mayor que lo que fluye de ella.

Si usted vierte un cuarto de leche de una lata, esa lata tiene que ser igual o mayor que un cuarto. La lata tiene que ser tan grande como lo que sale de ella, o mayor. La lata puede contener varios galones, pero usted puede verter solamente un cuarto. La fuente tiene que ser tan grande como lo que fluye de ella o mayor. De modo que si todo el poder que existe proviene de Dios —*todo* el poder— en consecuencia, el poder de Dios debe ser igual o mayor que todo el poder que existe.

3. Dios da poder, pero lo sigue reteniendo

La proposición # 3 es que Dios delega poder a su creación, pero nunca renuncia a nada de su perfección esencial. Dios da poder, pero no lo regala. Cuando Dios le da poder a un arcángel, Él sigue reteniendo ese poder. Cuando Dios el Padre le da poder al Hijo, Él conserva ese poder. Cuando Dios derrama poder sobre un hombre, Él sigue reteniendo ese poder. Dios no puede regalar nada de sí mismo. Dios no puede renunciar a su poder, porque si lo hiciera, sería menos poderoso que antes. Y si fuera menos poderoso que antes, no sería perfecto, ya que perfección significa que Él tiene todo el poder. Dios no puede "regalar" su poder.

Una batería solamente tiene en sí cierto poder, y si lo entrega lentamente, se vuelve cada vez más débil. Usted habrá descubierto eso a veces en una mañana fría, cuando sube a su automóvil, gira la llave y hay una débil queja, pero la cosa no funciona. Confió en su batería y su batería le falló. Gastó todo su poder. Lo ha entregado, de modo que poco a poco tuvo menos que antes. Pero cuando Dios da su poder —a los ángeles, arcángeles, hombres redimidos, montañas, mares, estrellas, y planetas— Él no renuncia a nada. Él no se vuelve menos que antes; las baterías de Dios no se agotan.

Todo proviene de Dios y regresa a Dios. El gran Dios todo-poderoso, el Señor Dios omnipotente, reina. Él tiene ahora la misma cantidad de poder que tenía cuando hizo los cielos y la tierra, y cuando hizo nacer las estrellas. Él nunca tendrá menos poder que el que tiene ahora, ni nunca tendrá más ya que Él tiene todo el poder que existe. ¡Ese es el Dios a quien servimos!

Por consiguiente, no puedo, por más que lo intento, encontrar una razón por la que alguien debiera estar temeroso y tímido, diciendo: "Temo no poder lograrlo; temo que Dios no pueda guardarme". Dios puede mantener a las estrellas en sus cursos y a los planetas en sus órbitas; Dios puede cuidar toda su vasta manifestación de poder en cualquier parte en todo su universo. ¡Por supuesto que Dios puede cuidarlo a usted!

Es como una mosca posada en un asiento de un avión, que se quejara y temblara de miedo de que el avión no pudiera llevar el peso de ella. Ese avión pesa varias toneladas, y tiene varias toneladas de personas y equipajes sobre él. Esa mosca es tan liviana que resulta imposible, fuera del laboratorio, siquiera pesar esa cosita. Y sin embargo podemos imaginarla sentada allí, moviendo sus alitas y diciendo: "¡Temo que este avión no me sostenga!".

El gran Dios todopoderoso extiende sus extensas alas y se mueve sobre el viento. Dios lo sostendrá. ¡Lo cuidará si usted se entrega a Él! Él lo sostendrá cuando ninguna cosa más pueda hacerlo; nada podrá destruirlo a usted.

Dios contiene, perpetúa, y sustenta todas las cosas. Él es "quien sustenta todas las cosas con la palabra de su poder" (Hebreos 1:3). Es Dios quien mantiene juntas todas las cosas. ¿Alguna vez se pregunta por qué usted no se derrumba por las catorce libras de presión atmosférica que impactan sobre cada centímetro cuadrado de su cuerpo? ¿Alguna vez se ha preguntado por qué no estalla usted por la presión interna? Porque el gran Dios todopoderoso ha declarado su poder en todo su universo y todo se mantiene de acuerdo con ese poder.

Usted puede estar pensando: "Está todo muy bien con decir que Dios tiene todo el poder del universo, pero ¿y las leyes de la naturaleza?". Bien, veamos esa frase: "leyes de la naturaleza". ¿Qué es una ley, de todos modos? La palabra tiene al menos dos acepciones.

El primer significado es "regla externa impuesta por una autoridad". Si no lo cree, alguna vez intente estacionar junto a una boca de incendios y vaya silbando a hacer sus negocios. Cuando regrese, se irá silbando a sacar su automóvil del depósito municipal. Es una ley impuesta por una autoridad, lo mismo que las leyes contra el asesinato, el asalto y el robo. ¿Me pregunto qué hacen con todas las leyes que promueven sin parar en nuestras legislaturas? Gracias a Dios que no sabemos ni la décima parte de ellas, o moriríamos preocupándonos al respecto. De todos modos, esas son leyes impuestas por una autoridad externa Usted lo hace o si no verá. Y la parte "o si no verá" es una multa o un tiempo en prisión o algo por el estilo. Esa es una clase de ley.

Luego hay otra manera en que es usada la palabra ley: por científicos, filósofos, y público en general, pero no es propiamente una ley. Es el camino que toman el poder y la sabiduría de Dios a través de la creación. Eso es lo que llamamos las leyes de la naturaleza. Es la manera en que son las cosas. Un águila pone un huevo y del cascarón sale un águila en vez de una tortuga terrestre o una rana. A eso llamamos una ley de la naturaleza, pero nadie aprueba esa ley en ningún parlamento o congreso. Solo es la manera en que son las cosas. Es un fenómeno más que una ley. Simplemente es la manera en que el poder de Dios opera a través de su creación. Dios se mueve a través de su universo, un Dios libre moviéndose a través de su creación, y al camino que toma lo llamamos "las leyes de la naturaleza". ¡Esa es la manera en que Dios obra! Los científicos estudian estos fenómenos y toda la ciencia se basa en ellas, por supuesto.

Hay dos cosas que todos los científicos saben, y una es la uniformidad de estos fenómenos. Nunca cambian de año en año, de siglo en siglo, de milenio en milenio; siempre son lo mismo. Dios siempre actúa de la misma manera. Y esa es una razón por la cual puedo dormir en la noche: yo sirvo a un Dios que es siempre el mismo y actúa según Él mismo, con uniformidad, siempre. Él siempre toma el mismo camino a través del universo en todo tiempo. La consiguiente capacidad de poder predecir ese camino es lo que los científicos llaman las leyes de la naturaleza. Esa es la razón por la cual tenemos cosas tales como la navegación y la ingeniería.

Oí de un marinero que fue puesto a cargo de maniobrar el timón del barco, y el oficial le dijo: "Ahora mantenga esa estrella de allá solo un poco a babor".

Un par de horas después, el oficial regresó y descubrió que estaban fuera de curso, así que le dijo al marinero: "¡Le dije que mantuviera esa estrella un poco a babor!". Y él respondió: "Ah, hace mucho que pasamos esa estrella".

Por supuesto, esta historia solo es graciosa porque el navegante puede depender de la estrella que permanece en un punto fijo del espacio. Los actos de Dios son uniformes. Suponga que Dios fuera caprichoso y el sol saliera en el este el miércoles, pero el jueves por la mañana saliera por el sur y el sábado por el norte. Diríamos: "¿Qué le pasó al mundo? ¿Se emborrachó el mundo? ¡El sol sale y se pone al revés de lo que suele hacer!". Pero usted no debe preocuparse por eso. Dios no obra de esa manera.

El gran Dios quien hizo el cielo y la tierra obra conforme a sus "leyes" o fenómenos uniformes. Él siempre toma el mismo camino a través de su universo. Usted siempre puede prever donde estará Dios y saber siempre cómo es con Dios. Por eso es que la Palabra de Dios permanece firme. Cuando usted encuentra ciertas condiciones, siempre puede estar seguro de que habrá ciertos resultados porque Dios siempre toma el mismo camino a través de su Biblia, yendo siempre por la misma ruta a través de las Escrituras, ¡siempre! Dios nunca retrocede ni se desvía, sino que siempre va por el mismo camino todo el tiempo.

Cuando Dios hace una promesa, Dios cumple esa promesa. Si la promesa está aquí y usted está allí, será una promesa muerta; pero si usted va adonde esta se halla, será una promesa viva. Si Dios hace una promesa y le pone condiciones, y usted no cumple esas condiciones pero reclama la promesa, no sucederá nada. Usted puede orar toda la vida y nada sucederá. Pero si usted cumple las condiciones y va hacia Dios, encontrará a Dios allí mismo todo el tiempo. ¡Esa es la manera en que Él obra! Por esa razón, usted puede tener fe en Dios y saber, con absoluta seguridad, que Dios está allí.

La ingeniería, la astronomía, la química, la navegación, y todos los demás campos de estudio son posibles solamente porque las "leyes de la naturaleza" —los fenómenos— son siempre predecibles y uniformes. Una clase de científicos estudia estos fenómenos y los llama ciencia "pura". A él no le importa lo que usted haga con esos fenómenos una vez que él los descubre. Luego viene el científico aplicado, que toma el trabajo del científico puro y lo aplica para hacer una bomba para hacer estallar una ciudad, o un motor para dirigir un barco. Para el científico puro eso no hace ninguna diferencia, es decir, objetivamente no debería importarle. Él simplemente está averiguando dónde se mueve Dios a través de su universo. Él no siempre puede llamarlo Dios; supongo que por lo general no lo hace. Pero nosotros que somos hijos de Dios decimos: "Esa es la manera en que Dios obra. Así es como Él hace las cosas en su universo".

La religión va más allá de la ciencia, por dentro y por fuera, y dice: "No me detengo en 'las leyes de la naturaleza', el camino de Dios a través de su universo material. Vuelvo a Dios mismo: regreso a la fuente de todo, a la causa de todo, al amo de todos estos fenómenos". Y así Cristo, por medio del Espíritu Santo, nos lleva de regreso.

Poderoso, pero personal

Es necesario que recordemos, por supuesto, que cuando pensamos en ese vasto *mysterium tremendum*, esa misteriosa maravilla que llena el universo, y todas las otras grandes palabras que los filósofos usan para describir al Dios todopoderoso, Él es el mismo Dios que se llamó a sí mismo "YO SOY EL QUE SOY" (Éxodo 3:14). Y su Hijo nos enseñó a llamarlo "Padre nuestro que estás en los cielos" (Lucas 11:2). Un rey se sienta en un trono, habita en un palacio, usa una corona y una túnica, y se lo llama "su majestad". Pero cuando sus hijitos lo ven, corren hacia él y gritan: "¡Papá!".

Recuerdo cuando la actual reina Isabel estaba creciendo. He seguido su vida desde que era pequeñita. En una ocasión, cuando ella caminaba por el palacio con su majestuoso pero bondadoso abuelo, Jorge V, el anciano rey dejó la puerta abierta. La pequeña Isabel se dio vuelta y le dijo: "Abuelito, cierra la puerta". ¡Y el gran rey de Inglaterra fue y cerró la puerta por la voz de una niñita! Él no le podía ir a la pequeña Isabel con ese asunto de "su majestad". Ella era su nieta.

Y así, no importa que horribles términos quieran aplicar los filósofos al poder que rige el universo, usted y yo podemos decir: "Padre nuestro que estás en los cielos, santificado sea tu nombre" (11:2). Podemos tener intimidad con Dios, y a Dios le encanta.

El majestuoso rey anciano sonrió y cerró la puerta. El Dios todopoderoso es parecido. Le encanta que su pueblo sepa que a pesar de su grandeza, su omnipotencia y su poder, Él sigue diciendo: "Cuando oréis, decid: Padre nuestro que estás en los cielos" (11:2). Él es un Padre para los huérfanos, un Esposo para la viuda; Él conoce todos nuestros problemas. Este Dios grande y poderoso que llena el cielo y la tierra "mullirá toda [nuestra] cama en [nuestra] enfermedad" (Salmo 41:3). ¿Quién es el que mulle la cama, suaviza las sábanas, da vuelta la almohada para mantenerla fresca y le da vida cuando usted está enfermo? Es Dios quien lo hace, si usted lo supiera. Es el Dios que nos dijo que lo llamáramos "nuestro Padre". Y Dios disfruta dándose a sí mismo ese nombre.

Dios estableció la luna allí arriba y colocó el sol allá. En medio de los dos hizo la tierra y abarrotó de estrellas los cielos. Dios hizo todo esto. Pero retrocedamos, más allá de las "leyes de la naturaleza", más allá de la ciencia, de la materia, volvamos a Dios mismo. El cristianismo lo llama a conocer a este mismo Dios. "Y esta es la vida eterna: que te conozcan a ti, el único Dios verdadero, y a Jesucristo, a quien has enviado" (Juan 17:3). ¡Usted puede conocer al mismo Dios! La salvación significa el conocimiento de Dios mismo.

Sucede que me encantaba Beethoven. No conozco a Beethoven, pero conozco un poco su obra. Habría sido mucho mejor, supongo, conocer al hombre en persona. Se dice que era un individuo bastante severo, pero era un genio, que descolló por encima de los genios de generaciones. Habría sido maravilloso conocerlo. Hoy, mientras cenábamos escuchamos una sonata de Beethoven y era hermosa. Pero supongo que habría sido más maravilloso si hubiera podido estrecharle la mano al gran Beethoven y haberle dicho: "Es un honor estrechar su mano, señor. Lo considero uno de los más grandes compositores que han vivido jamás, ¡un genio!". Él habría sacudido su gran cabeza y se habría ido. Pero yo les habría dicho a mis hijos y nietos que estreché la mano de Beethoven. Habría sido maravilloso.

Y así con Miguel Ángel, el mejor artista de su tiempo. ¡Si solo hubiera podido estrechar su mano, comer con él y hablar con él! Tal vez me habría llamado por mi nombre y yo podría haberlo llamado por su nombre. Lo presentaría a mis amigos y diría: "Quisiera presentarles al gran Miguel Ángel". Eso habría sido mejor que conocer sus obras. He visto su tremenda escultura de Moisés, pero hubiera sido mejor si hubiera podido conocerlo en persona.

Así que dejemos que los hombres enfoquen sus telescopios a los cielos y sus microscopios a las moléculas. Dejemos que prueben y busquen, y tabulen y nombren, y hallen y descubran. Puedo atreverme a decirles: "Yo conozco a Aquel que hizo todo esto". Conozco personalmente a Aquel que lo hizo".

Ellos pueden responder: "Pero, ¿y la galaxia de la Vía Láctea? ¿No sabe usted lo que es?". Sí, sé lo que es: es un gran conjunto de estrellas tan lejanas que todo lo que se puede ver es algo borroso, como mirar las luces de una ciudad muy lejana. ¡Conozco a Aquel que puso la Vía Láctea allí! Conozco a Aquel que puso al océano en su sitio y dijo: "Hasta aquí llegarás, y no pasarás adelante" (Job 38:11). El océano nunca ha osado moverse de su ribera.

Nosotros conocemos a Dios mismo: Dios el Padre todopoderoso Creador del cielo y de la tierra, y a Jesucristo, su único Hijo nuestro Salvador. Por eso no puedo entender por qué las iglesias evangélicas de nuestro tiempo son como un montón de muchachos que juegan. Jesús dijo a los tales como nosotros: "Ustedes son como muchachos que juegan en la plaza. Primero deciden jugar al funeral y se sientan todos allí y lloran. Pasamos por allí, sin prestarles atención, y no les gusta porque no lloramos con ustedes. Luego deciden jugar al baile, de modo que tocan una canción. Estamos ocupados y no les prestamos atención. Entonces se enfurecen porque no nos detenemos a bailar. Somos adultos; somos personas serias. Tenemos cosas que hacer y no podemos detenernos a jugar a la iglesia o a jugar al funeral, o a jugar a bailar con ustedes cada vez que tengan ganas". Así le dijo Jesús, en efecto, a la gente de su tiempo (vea Mateo 11:16–17).

Las iglesias evangélicas, durante los últimos cincuenta años, han empeorado progresivamente. Más y más, como los muchachos en la plaza, un día quieren bailar, al otro día jugar al funeral, y jugar a la iglesia al siguiente. Me rehúso a jugar a la iglesia. Yo creo en el gran Dios todopoderoso que hizo el universo, quien me ha llamado y a quien me atrevo a llamar mío. Él se ha dignado decir que somos "aceptos en el Amado" (Efesios 1:6). Se ha inclinado a decir que somos sus hijos.

Se decía de cierto automóvil que era "más grande por dentro que por fuera". Yo creo que todos los hijos de Dios deberían ser infinitamente más grandes por dentro que por fuera. Creo que usted y yo tenemos que vivir allá arriba. Alguien me dijo la otra noche después de un servicio, que estaba en el séptimo cielo. Bueno, ¡es allí adonde pertenecemos! Nuestros pies tienen que estar en la tierra; debemos tener un buen núcleo de realidad terrenal en nosotros. Pero no deberíamos quedarnos aquí abajo y jugar en la plaza. Tenemos que buscar el poder de Dios y la limpieza de la sangre del Cordero para lograr conocer al gran Dios todopoderoso.

¿Hay algo demasiado difícil para Dios?

¿Qué significa para nosotros que el Dios Todopoderoso tenga todo el poder que existe? Significa que, como Dios tiene la capacidad de hacer siempre todo lo que desea hacer, nada es muy difícil o muy fácil para Dios. "Difícil" y "fácil" no pueden aplicarse a Dios porque Él tiene todo el poder que existe. Difícil y fácil se aplican a mí. Suponga que tengo cien unidades de poder. Usted me asigna una tarea que requiere de veinticinco unidades, y me quedan setenta y cinco; eso no es difícil. Me asigna una tarea que usa cincuenta unidades y a mí me quedan cincuenta; todavía puedo hacerlo, pero no me gusta. Me asigna una tarea que use setenta y cinco y estoy agobiado. Me asigna una tarea que usa noventa y cinco, y me quedan solo cinco unidades; estoy listo para ir a la cama y hacer reposo.

¿Pero está Dios limitado a tantas unidades, de modo que agote todo su poder? ¿Dios hizo el mundo y cayó exhausto y dijo: "Eso me agotó?". ¿Qué clase de charla sin sentido es esa, como si alguna cosa pudiera quitarle algo a Dios? Dios, quien tiene todo el poder existente, puede hacer un sol y una estrella y una galaxia tan fácilmente como puede levantar a un petirrojo de un nido. Dios puede hacer una cosa tan fácilmente como haría cualquier otra.

Esta verdad se aplica específicamente al área de nuestra incredulidad. Titubeamos en pedirle a Dios que haga cosas "difíciles" porque imaginamos que no puede hacerlas. Pero si son cosas "fáciles", le pedimos a Dios que las haga. Si tenemos un dolor de cabeza, decimos: "Oh Dios, sana mi dolor de cabeza". Pero si tenemos una enfermedad cardiaca, no le pedimos al Señor que lo haga, ¡porque eso es "demasiado difícil" para el Señor! ¡Qué vergüenza! Nada es difícil para Dios: nada en absoluto. ¡Nada! Con todo el poder y la sabiduría de Dios Él es capaz de hacer una cosa tan fácilmente como cualquiera otra.

Un hombre me dijo en una ocasión que tenía dos enfermedades, una crítica, posiblemente fatal, y la otra meramente crónica. Así que fue y oraron por su sanidad. Y —esto suena tonto y bastante cómico, pero realmente ocurrió— después me dijo: "¿Sabe usted qué ocurrió? Fui sanado de la peligrosa, pero todavía tengo la otra". Él no podía creer, de algún modo, que Dios pudiera sanar la enfermedad crónica. "Oh Dios, hace tanto tiempo que la tengo, ni siquiera tú puedes hacerlo". Esa no es manera de mirar a Dios. Dios puede hacer cualquier cosa: ¡absolutamente cualquier cosa! Usted puede decir: "Oh, ¡si usted supiera qué enmarañada está mi vida!". Dios puede desenmarañar su vida con tanta facilidad como puede hacer cualquier otra cosa, porque Él tiene todo el poder que existe y toda la sabiduría que existe.

Había un predicador presbiteriano de nombre Albert B. Simpson, un canadiense de la isla del Príncipe Eduardo. Él fue uno de los más grandes oradores de su tiempo; las personas venían de todas partes para oír la elocuencia de este hombre. Pero cuando tenía treinta y tantos años comenzó a sentirse más y más enfermo, hasta que dijo: "Muchas veces me llamaban para un funeral y yo me tambaleaba al borde de la tumba mientras conducía el servicio, sin saber si me desplomaría en ella".

Finalmente, con profundo desaliento, decidió dejar el ministerio aunque era un ministro sumamente exitoso. Pero un día dio una larga caminata por el bosque y llegó a una reunión de un campamento. Un cuarteto de gospel negro estaba cantando una canción que tenía este coro:

Nada es demasiado difícil para Jesús.
Nadie puede obrar como Él.

Bueno, ese predicador culto y refinado, cayó sobre sus rodillas allí entre los pinos y dijo: "Señor, si nada es demasiado difícil para ti, tú puedes liberarme; libérame ahora, Señor".

Y se arrodilló y se entregó al Señor, y fue instantánea y completamente liberado. Vivió alrededor de treinta y seis años más después de eso, y trabajó tanto que avergonzaba a todos los que lo rodeaban. El gran Dios todopoderoso había hecho algo por él, había entrado en su vida y lo había transformado, porque él se atrevió a creer.

¿Comprende cómo los atributos de Dios no son una teología de torre de marfil que solo los eruditos pueden alcanzar, sino verdades para usted y para mí? ¿Cuál es su problema? ¿Tiene una esposa mala con la cual no puede vivir, o un esposo malo que la trata como a un perro? Nada es demasiado difícil para Jesús. ¿En el trabajo tiene un jefe que es tan duro con usted que lo hace temer una crisis nerviosa? Dios puede manejar a ese jefe.

¿Tiene un temperamento que no puede controlar? Dios se hará cargo de eso si usted se lo permite. No hay nada que Dios no pueda manejar. No hay una situación de la cual Dios no pueda hacerse cargo. Nada es demasiado difícil para Jesús, y ningún hombre puede obrar como Él.

El suyo es un poder sin esfuerzo, porque el esfuerzo significa que estoy gastando energía, pero cuando Dios obra, no gasta energía. ¡Él *es* energía! Con ese poder sin esfuerzo, Dios hizo y está haciendo su obra redentora. Nos asombramos y hablamos en murmullos de su encarnación. ¿Cómo pudo ser que el gran Dios todopoderoso pudiera ser concebido en el vientre de una virgen? No sé cómo pudo ser, pero sé que el gran Dios que es omnipotente, el gran Dios todopoderoso, podría hacerlo si quisiera. La encarnación fue fácil para Dios. Puede ser difícil de comprender para nosotros —un misterio de la divinidad— pero no es demasiado difícil para Dios.

¿Y la expiación? Jesús murió en la tiniebla sobre esa cruz para salvar al mundo entero. No intente comprenderlo: no puede. Yo no sé más de cómo la sangre de Jesús puede expiar los pecados, de lo que sé sobre cómo es la naturaleza de Dios. Solo sé que lo hace. Solamente sé que soy reconciliado con Dios por medio de la sangre del Cordero. Eso es todo lo que sé, y es suficiente.

También sé que Dios resucitó de los muertos a su Hijo. Yo no sé cómo, pero sé que pudo hacerlo. Y sé que Dios puede resucitarlo a usted de los muertos. ¿Alguna vez se ha detenido a pensar en la resurrección? Qué cosa difícil es pensarlo: todas esas personas que murieron hace generaciones. ¿Cómo va a encontrar Dios todo ese polvo? ¡Yo no sé!

Pero no tengo que saberlo. Pongo mi mano en la mano de Dios y Él dice: "Solo ven, y mantente feliz, y yo me haré cargo de todo. Puedo hacer la creación, mantenerla, y puedo realizar la encarnación, y puedo realizar la expiación, y puedo realizar la resurrección". De modo que no me preocupo. No puedo visualizar mi resurrección, pero ¡puedo creerla! ¡Amén!

Y es igual con el perdón y la purificación de los pecados, y el romper hábitos. Ese pecado feo que ha estado con usted tanto tiempo, al que usted detesta tanto; ha estado allí mucho tiempo; usted desearía ser libre. Pero simplemente no tiene el coraje de creer. Le pido: atrévase a creer que el Señor Dios Omnipotente vive y que con Él nada será imposible. Él tiene todo el poder que existe. Su necesidad no es nada comparada con las grandes cosas que Él ha hecho. Y Dios incluso perdona su pecado y limpia su espíritu, y le da a usted su naturaleza, con tanta facilidad como hizo los cielos y la tierra, ¡porque Dios es Dios!

Dios puede liberarlo de su carácter, de su orgullo, de su temor, de su odio, y de todas las demás dolencias del alma, simplemente con que usted confíe en Él.

CAPÍTULO 5

LA INMUTABILIDAD DE DIOS

Porque yo Jehová no cambio.

—Malaquías 3:6

Por lo cual, queriendo Dios mostrar más abundantemente a los herederos de la promesa la inmutabilidad de su consejo, interpuso juramento; para que por dos cosas inmutables, en las cuales es imposible que Dios mienta, tengamos un fortísimo consuelo los que hemos acudido para asirnos de la esperanza puesta delante de nosotros.

—Hebreos 6:17–18

Toda buena dádiva y todo don perfecto desciende de lo alto, del Padre de las luces, en el cual no hay mudanza, ni sombra de variación.

—Santiago 1:17

Jesucristo es el mismo ayer, y hoy, y por los siglos.

—Hebreos 13:8

Anunciar que va a hablar sobre la inmutabilidad de Dios es casi como colocar un cartel que diga: "¡No habrá servicio esta noche!". Nadie quiere oír hablar de eso, supongo. Pero cuando se lo explican, usted encontrará que se ha topado con oro y diamantes, leche y miel.

Ahora bien, la palabra *inmutable*, por supuesto, es la forma negativa de *mutable*. Y *mutable* proviene del latín y significa "sujeto a cambio". *Mutación* es una palabra que usamos a menudo para decir "cambio de forma, naturaleza o sustancia". *Inmutabilidad*, entonces, significa "no sujeto a cambios".

Creo que obtenemos una mejor idea de lo que queremos decir con "mutable" si recordamos el poema de [Percy Bysshe] Shelley, "La nube", que quizás estudió en la escuela. Comienza con una nube y dice:

Soy la hija de la tierra, soy la hija de las aguas
Soy el retoño de los cielos;
Atravieso los poros del mar y sus riberas;
Puedo cambiar, morir no puedo.

Así es como es una nube: hoy es nube; lluvia mañana; niebla al día siguiente. Después vuelve a ser nube, nieve al día siguiente, y al siguiente, hielo. Está hirviendo un día, pero al siguiente está fresca. El día siguiente está vaporizada y se vuelve a convertir en nube. Constantemente está cambiando, "atravesando los poros del mar y sus riberas". Cambia porque es mutable. Pero no puede morir.

Ahora bien, en Dios no hay mutación posible. Como dice en Santiago "en el cual no hay mudanza, ni sombra de variación" (1:17): no hay variación debida a cambios. Y además hay un versículo en Malaquías: "Porque yo Jehová no cambio" (3:6).

No se podría ser más claro que eso; no hay un vestigio de poesía, ni figura retórica, ni metáfora. Esto es tan categórico y prosaico como si yo dijera: "Es 12 de febrero de 1961, punto". No hay otra manera de "interpretar" eso; usted no va a un erudito y le dice: "¿Qué significa esto?". No es necesario. "Yo soy Jehová, ¡yo no cambio!".

Por cierto, Él es el Único en el universo que puede decir eso. ¡Y Él lo *dijo*! Simplemente dice que Él nunca cambia, que no hay cambio posible en Dios. Dios nunca difiere de sí mismo. Si usted capta esto, le puede ser un ancla en la tormenta, un refugio en el peligro. No hay posibilidad de cambio en Dios. Y Dios nunca difiere de sí mismo.

Uno de los dolores más nocivos que conocemos en nuestras vidas es cómo la gente cambia. Los hombres le sonríen un día y dos semanas después le dan vuelta la cara. A un amigo a quien solía escribirle una vez por semana, no le ha escrito en cinco años, porque ha ocurrido un cambio. Ellos han cambiado, usted ha cambiado, las circunstancias han cambiado.

Y los bebés pequeñitos: son cosas suaves y chiquitas que usted puede levantar, pero déles tiempo y cambiarán. Sus padres que los adoran, sostienen en sus brazos estas cositas tiernas admirándolos y amándolos hasta que el amor se convierte en dolor adentro. Ellos estarán atónitos, confundidos y un tanto satisfechos uno de estos días al ver que ese cuerpito gordo comienza a estirarse y esas rodillitas con hoyuelos se transforman, se vuelven lisas y se ponen huesudas. Y esa tendencia a aferrarse a mamá desaparece. El pequeñito se pondrá las manos en las caderas y retrocederá: ¡él es *alguien* ahora! Y eso es un cambio.

Mi esposa y yo sacamos fotos de la familia de vez en cuando y las miramos. Eran unos pequeñitos tan lindos y tan encantadores. Pero ahora son unos individuos estupendos, grandes, delgados, desgarbados, altos y bronceados; no como eran antes. Y eso no es lo peor: denles unos cuarenta años más y no serán como ahora. Siempre hay cambio, cambio y decadencia en todo lo que vemos. El poeta inglés dijo:

¡Oh Señor! Mi corazón está cansado
Cansado de este cambio eterno:
Y la vida pasa tediosamente rápida
En su agitada carrera y su variado alcance:
El cambio no halla semejanza en ti,
Ni despierta ecos en tu muda eternidad.[1]

Únicamente Dios no cambia. "Y todas las cosas, al cambiar, proclaman al Señor, eternamente igual".[2] Eso es un hecho teológico. Eso es algo sobre lo que usted puede edificar. Eso es verdad revelada: no necesita apoyarse en la poesía o en la razón. Pero una vez que una verdad ha sido declarada y establecida, me gusta razonarla. Para citar a Anselmo: "No busco entender para creer, sino que creo para entender".[3] Y así me gustaría mostrarle, tan brevemente como pueda, tres razones por las cuales Dios no puede cambiar. Eso es razonar dentro de las Escrituras.

Ahora bien, para que Dios se altere o cambie de algún modo, para ser diferente de sí, tienen que ocurrir tres cosas:

1. Dios debe ir de mejor a peor, o
2. Debe ir de peor a mejor, o
3. Debe cambiar de una clase de ser a otra.

Ahora, eso es tan claro que cualquiera puede comprenderlo; no hay nada profundo en eso. (Ocasionalmente alguien dice que yo predico por encima de sus cabezas. Todo lo que puedo decir es que ¡deben de tener sus cabezas terriblemente bajas!) ¿No es razonable suponer que si algo cambia tiene que hacerlo de mejor a peor, de peor a mejor, o de una clase de cosa a otra?

Una manzana en un árbol cambia de verde a madura: eso es de peor a mejor. Ahora, si un niño la come cuando está verde, como yo solía hacerlo, se enferma. Lo hacía una o dos veces al año en la granja cuando era niño, y me iba a la cama con dolor de barriga. Cuando madura ha cambiado de peor a mejor, desde nuestro punto de vista. Pero dejémosla colgando allí el tiempo suficiente y cambiará de mejor a peor. Se pudrirá y caerá, y así se vuelve peor desde su mejor estado como se había vuelto mejor desde su peor estado. Cualquiera puede entender eso. Si usted no puede, ¡sacuda la cabeza y vea si puede despertar las neuronas que tiene adentro!

Por lo tanto, si Dios va a cambiar, tiene que mejorar o empeorar o ser diferente. Pero Dios no puede ir de lo mejor a lo peor, porque Dios es un Dios santo. Como Dios es santidad eterna, nunca podrá ser menos santo de lo que es ahora. Y, por supuesto, nunca podrá ser más santo de lo que es ahora, porque es perfecto así como está. Nunca habrá cambios en Dios: ¡no es necesario ningún cambio!

El cambio es necesario en las cosas creadas, pero no es necesario en Dios; por lo tanto Dios no cambia. Y Dios, al ser el Dios eterno y santo, no puede cambiar. No irá de mejor a peor. Usted no puede pensar que Dios sea menos santo de lo que es ahora, menos justo de lo que es ahora. Dios debe permanecer infinitamente santo, inalterable, inmutable por siempre en santidad. Él no puede ir de peor a mejor, por la sencilla razón de que Dios, al ser absolutamente santo, no puede ir más allá de sí mismo. Él no puede volverse más santo de lo que es ahora, ni ir de "menos bueno" a mejor.

Usted y yo, en cambio, sí podemos. ¡Gracias a Dios que podemos! "El que es santo, santifíquese todavía", dice Apocalipsis 22:11. Y creo que como somos criaturas y pasibles de mutación hacia la imagen de Dios, nos volveremos más santos, más sabios y mejores a medida que pasen las eras. Pero recuerde que al volvernos más santos, mejores y más sabios, solamente estaremos avanzando hacia la perfecta semejanza de Dios, quien ya es totalmente sabio y bueno y santo. Dios no puede volverse mejor de lo que ya es.

Estas palabras que usted y yo usamos —más santos, más sabios, mejores— las usamos respecto de nosotros mismos. Un hombre es un buen hombre, otro hombre es un mejor hombre. Pero usted no puede decir "mejor" respecto de Dios, porque Dios ya es el ápice, la fuente, la cima. No hay grados en Dios. Hay grados en los ángeles, supongo. Hay ciertos grados en las personas también. Pero no hay grados en Dios.

Es por esa razón que usted no puede aplicarle a Dios palabras tales como "mayor". Dios no es "mayor". Dios es grande. "Mayor" es una palabra aplicada a las criaturas que están tratando de ser como Dios. Pero usted no puede decir que Dios es mayor, porque lo pondría en una posición en que estaría compitiendo con alguien que fuera grande. Dios es sencillamente Dios.

Usted no puede decir que Dios es menos, Dios es más, Dios es más anciano, Dios es más joven. No puede decir que Dios es más anciano porque Él tiene todo el tiempo en su seno. El tiempo no le hace sombra a Dios y no lo cambia en absoluto. Dios no vive de acuerdo al tictac del reloj o a la revolución de la tierra alrededor del sol. Dios no observa estaciones o días. Él nos permite hacerlo porque nosotros estamos capturados por la corriente del tiempo. El sol se pone en la noche y sale por la mañana; y la tierra que gira alrededor del sol en 365 días siempre nos dicen dónde nos hallamos en el tiempo. Pero Dios no. Dios permanece eternamente el mismo, absolutamente el mismo.

Todas las palabras de "dirección" que nos aplicamos a nosotros mismos —atrás, abajo, arriba, y palabras similares— no pueden aplicarse a Dios. Dios no puede "volver", porque Él ya está allí, por ser omnipresente. No puede ir "adelante", porque ya está allí. Dios no puede ir a "izquierda" o "derecha" porque Él ya está en todas partes. "Los cielos y los cielos de los cielos no pueden contenerlo" (2 Crónicas 2:6). De modo que no decimos: "Dios viene de", o "Dios va a". Podemos usar estas palabras respecto de Dios, pero no le damos el mismo significado que respecto de nosotros mismos. Las palabras que indican dirección no tienen nada que ver con Dios.

Después del lunes próximo voy a subir a un avión y viajaré a Chicago por una semana, luego subiré a otro y viajaré a Wichita. Después subiré a un automóvil e iré a Newton, Kansas, donde sea que esté. Predicaré un tiempo allí en una conferencia bíblica. Estaré yendo a un lugar, estaré allí, y luego me moveré hacia otro lugar. Pero Dios no está en un lugar moviéndose hacia otro porque Él llena todos los lugares. Y sea que usted esté en la India, Australia, Sudamérica, California o en cualquier parte del mundo, o hasta en el espacio exterior, Dios ya está allí. "Si subiere a los cielos, allí estás tú; y si en el Seol hiciere mi estrado, he aquí, allí tú estás. Si tomare las alas del alba y habitare en el extremo del mar, aun allí me guiará tu mano, y me asirá tu diestra" (Salmo 139:8–10).

De modo que estas palabras —mayor, menor, atrás, adelante, abajo, arriba— no pueden aplicarse a Dios. Dios, el Dios eterno, permanece inalterado e inalterable; es decir, Él es inmutable.

Dios no puede cambiar de mejor a peor, o de peor a mejor. Hay, sin embargo, una tercera manera de cambiar. Una criatura puede pasar de una clase de ser a otra. Esa mariposa hermosa de la cual se regocija en primavera, vaya, hace solo un ratito era un gusano peludo y miserable; usted no lo habría tocado. Pero ahora dice: "¿No es hermosa?". Hubo un cambio de una clase de criatura a otra.

También pueden ocurrir cambios morales. Un hombre bueno puede cambiar y ser un hombre malo. Y luego, gracias a Dios, un hombre malo, por la gracia de Dios, puede cambiar y ser un hombre bueno. A veces cantamos las canciones de John Newton. ¿Sabía que John Newton fue, por su propia confesión, uno de los hombres más viles que jamás haya vivido? ¿Sabía usted que John Bunyan [autor de *El progreso del peregrino*] fue, por su propia confesión, uno de los hombres más viles que hayan vivido jamás? ¿Sabía que el apóstol Pablo, según su propio testimonio, era el peor de los pecadores? (1 Timoteo 1:15, NTV). Pero estos hombres se convirtieron en santos de Dios.

Ellos cambiaron. Es posible cambiar. En su vida puede haber habido un tiempo en que usted se habría aburrido hasta las lágrimas escuchando todo esto acerca de Dios. ¡Pero usted ha cambiado! Ha habido transformación. Gracias a Dios, usted no es inmutable; es capaz de cambiar. Usted cambió de peor a mejor. Pasó de una clase de criatura a otra. Pero no puede pensar eso de Dios. Dios no puede hacer eso; es inimaginable. El Dios perfecto, absoluto e infinito no puede convertirse en ninguna otra cosa sino en lo que Él es.

Al enseñar la doctrina de la encarnación, no decimos que Dios se convirtió en hombre, en el sentido de que Dios dejó su deidad y tomó la humanidad. Jesucristo fue tanto Dios como hombre, pero su humanidad y su deidad, aunque misteriosamente fusionadas, nunca se sobrepasan una a la otra. El antiguo Credo de San Atanasio lo deja muy en claro. Dice que Dios se convirtió en hombre, no por degradación de su deidad en hombre, sino por el surgimiento de su humanidad en Dios.

Aunque Cristo es Dios y estuvo con el Padre antes de que el mundo existiera, cuando Jesús nació de la virgen María, Él tomó un tabernáculo sobre sí pero su deidad no se convirtió en humanidad. Su deidad se unió a su humanidad en una persona para siempre. Pero el Dios eterno e increado nunca puede convertirse en creado.

Aquello que no es Dios, no puede convertirse en Dios. Y aquello que es Dios, no puede convertirse en lo que no es Dios. Dios puede venir y morar íntimamente dentro de sus criaturas, sin embargo, usted no se convierte en Dios cuando Él viene a su naturaleza y lo llena de sí mismo. Y Dios no se convierte en usted. Eso es panteísmo. Dios es su Padre, y usted es su hijo; Él mora en su corazón, y experiencialmente ustedes son uno. Pero real y metafísicamente usted y Dios siguen siendo dos seres.

Los budistas enseñan que morimos hacia un Nirvana, en un mar eterno de deidad y cesamos de ser, como una gota de agua en el océano. ¡Yo no estaría esperando eso ansiosamente! Si estuviera en mi lecho de muerte y algún sacerdote viniera y dijera: "Bueno, hermano Tozer, está a punto de morir; su personalidad dejará de ser y usted se perderá y se fundirá en la vasta personalidad que es Dios", yo diría: "No estoy esperando eso. Voy a aferrarme a mi propia personalidad tanto tiempo como pueda porque me gustan mis sueños y mis recuerdos, mis pensamientos y mi adoración, mi felicidad. Me gusta ver, oír y sentir. Me gusta ser humano y estar vivo; me gusta tener mi propia personalidad". Nunca podría estar esperando ser disuelto en Dios y ser olvidado.

Pero nunca seré olvidado. Dios siempre me mantendrá como un individuo, capaz de tener recuerdos, imaginación, pensamientos, de llegar a conclusiones, capaz de adorar.

Siempre el mismo

Dios es el mismo siempre. Como dijo el poeta Faber:

"Tu propio ser por siempre llenando
Con flama encendida por ti,
¡En ti mismo estás destilando
Unciones sin nombre!
Sin adoración de criaturas
Sin velar tus facciones,
¡Dios siempre el mismo!"[4]

Y cuando digo que Dios es el mismo siempre, estoy hablando de las tres Personas de la Divinidad. Usted recordará que el Credo de San Atanasio dice:

> Así como es el Padre, así el Hijo, así el Espíritu Santo.
> Increado es el Padre, increado el Hijo, increado el Espíritu Santo.
> Incomprensible es el Padre, incomprensible el Hijo, incomprensible el Espíritu Santo.
> Eterno es el Padre, eterno el Hijo, eterno el Espíritu Santo.
> Y, sin embargo, no son tres eternos, sino un solo eterno; como también no son tres incomprensibles, ni tres increados, sino un solo increado y un solo incomprensible.

Usted puede recorrer toda la gama de atributos de Dios y lo que dice del Padre puede decirlo del Hijo sin modificación. Lo que dice del Padre y del Hijo lo puede decir del Espíritu sin modificación, pues hay una sola sustancia que está unida para ser adorada y glorificada. De modo que cuando decimos que Dios es el mismo, estamos diciendo que Jesucristo es el mismo y el Espíritu Santo es el mismo. Todo lo que Dios fue alguna vez, lo sigue siendo. Todo lo que Dios era y es, siempre lo será.

Si usted recuerda esto, le será de ayuda en la hora de la prueba. Le será de ayuda en la hora de la muerte, en la resurrección y en el mundo venidero, el saber que todo lo que Dios siempre fue, Dios lo sigue siendo. Todo lo que Dios era y es, siempre lo será. Su naturaleza y sus atributos son eternamente inmutables. He predicado acerca de la increada autosuficiencia de Dios; nunca he tenido que cambiarlo o editarlo en modo alguno. Vuelvo a algunos de mis antiguos sermones y artículos, y me pregunto por qué los escribí así. Podría mejorarlos ahora. Pero no puedo mejorar la declaración de que Dios siempre es el mismo: Él es autosuficiente, existente por sí mismo, eterno, omnipresente e inmutable. No habría razón de cambiar eso porque Dios no cambia. Su naturaleza, sus atributos, son eternamente inmutables.

Lo que Dios sentía acerca de algo, lo sigue sintiendo. Lo que fuera que pensara acerca de alguien, lo sigue pensando. Lo que fuera que Él aprobara, lo sigue aprobando. Lo que fuera que Él condenara, lo sigue condenando. Hoy tenemos lo que llaman relativismo moral. "Bueno, usted no puede ser tan duro con la gente", dicen. "Después de todo, correcto e incorrecto son términos relativos. Lo que es correcto en Timbuktú puede ser incorrecto en Nueva York. Y lo que es incorrecto en Nueva York puede ser totalmente correcto en Buenos Aires". Pero recuerde esto: Dios nunca cambia. La santidad y la justicia son la conformidad a la voluntad de Dios. Y la voluntad de Dios nunca cambia para las criaturas morales.

El propósito de Dios es que las criaturas morales sean siempre como Él: justas, santas, puras, auténticas, siempre, eternamente. Sin embargo, Dios a veces, "pasó por alto" el pecado en tiempos antiguos (Hechos 17:30) porque los hombres eran ignorantes y el plan de salvación aun no estaba revelado. Dios incluso soporta algunas cosas en nosotros hoy, porque aun somos niños y no sabemos y todavía no podemos comprender sus propósitos eternos para nosotros. Él no lo está justificando: sencillamente nos soporta con paciencia hasta que venimos a la verdad. Pero Dios aborrece el pecado.

Si usted quiere saber cómo es Dios lea la historia de Jesucristo. "El que me ha visto a mí, ha visto al Padre" (Juan 14:9). De modo que, lo que Jesús sentía respecto de algo, Dios sentía lo mismo. Como Jesús levantaba a un bebé y ponía las manos sobre su cabeza para bendecirlo, esa es la manera en que Dios siente respecto de los bebés. Pero cuando trajeron los niños a Él, los discípulos dijeron: "¡Saquen esos niños de aquí! ¡No saben que esto es una escuela de teología! ¡Llévense esos bebés!". Pero el Señor dijo: "Dejad a los niños venir a mí, y no se lo impidáis; porque de los tales es el reino de los cielos" (Mateo 19:14).

En la ciudad de Chicago había una escuela dominical entre los inmigrantes italianos. Una niñita se había memorizado este versículo. Ella vivía en las calles, y su lenguaje no era el mejor. Un domingo le pidieron que citara el pasaje que había aprendido el domingo anterior y dijo: "Dejen que los niñitos venga a mí, y no les digan que no pueden, porque ellos pertenecen *junto a mí*". Ella lo entendió bien, ¡aunque no tenía la versión Reina Valera!

El Señor ama a tales niñitos; los sigue amando. Y Él sigue sintiendo lo mismo que antes por la ramera arrepentida. Él sigue pensando lo mismo del hombre de buen corazón que busca la vida eterna. Él no cambió, no cambia, y no puede cambiar.

Estamos en medio de un mundo que cambia de continuo. Y en lo que a mí respecta, me alegra que esté cambiando. Me alegra que el tiempo cambie, ¿a usted no? Nos alegramos de que el informe meteorológico diga que va a hacer un poquito más de calor, a menos que sea agosto, ¡y entonces no queremos ni oírlo! En el mundo natural, apenas necesito mencionar que una semilla produce una planta, la planta produce flor, la flor produce semillas y así continúa el ciclo eterno. ¡Las cosas están cambiando!

Dios permite que las cosas cambien para poder establecer lo que no puede cambiar. El libro de Hebreos tiene esta tesis. El altar cambió del altar temporal al altar eterno; el sacerdocio cambió del sacerdocio temporal de Aarón al sacerdocio eterno de Cristo; el tabernáculo cambió del tabernáculo temporal de Jerusalén al tabernáculo eterno en los cielos; el sacrificio de sangre cambió de la sangre que se derramaba repetidamente a la sangre derramada una vez y para siempre y que no necesita repetirse. Las cosas cambiaron hasta que se perfeccionaron y entonces ya no cambiaron más. "Y todas las cosas al cambiar, proclaman al Señor eternamente el mismo".

Ahora bien, ¿qué significa esto para usted y para mí? Significa que mi pobre, indefenso y dependiente yo, encuentra un hogar en Dios. ¡Dios es nuestro hogar! Espero ansioso no tanto al cielo como mi hogar, sino que Dios es mi hogar, en su cielo y en la eternidad de Dios. Nosotros, pobres víctimas del tiempo que pasa, hemos hallado al Eterno. Cuando predico, observo que algunas personas miran sus relojes. Somos víctimas del tiempo, contando nuestro pulso, quitando la página del calendario que nos dice que terminó otro mes.

Pero hay Uno que contiene al tiempo en su seno: el Eterno, que caminó desde la eternidad hacia el tiempo, en el vientre de la virgen María, quien murió y resucitó y vive para nosotros a la derecha de Dios. Él nos invita a su seno donde el tiempo no existe más. Y, en vez de envejecer, permanecemos jóvenes en Jesucristo.

¿Conoce esa canción: "Ahora descansa, mi corazón tanto tiempo dividido; inalterable en este centro dichoso, ¡descansa!"?[5] ¿Qué quería decir? "Y si una casa está dividida contra sí misma, tal casa no puede permanecer" (Marcos 3:25), dijo nuestro Señor. Hay confusión, revolución y tumulto hasta que hallamos descanso en Cristo. ¿Qué es ese centro dichoso? No es otro que el Hijo de Dios hecho carne, crucificado y resucitado. Y Él nos invita a descansar en su seno. Hay un real sentido el cual nadie conoce el descanso de la mente y el corazón hasta que lo halla en Jesucristo nuestro Señor. "Dios nos ha hecho para sí, y no hallamos descanso hasta que lo encontremos en ti", dijo Agustín. Una antigua canción que solíamos cantar dice:

> Vengan pecadores al que Vive
> Es el mismo Jesús
> Que resucitó al hijo de la viuda,
> El mismo Jesús.
>
> Dense un festín con el pan vivo,
> Es el mismo Jesús.
> Que cuando alimentaba multitudes,
> El mismo Jesús.
>
> Ven y dile tus penas y temores,
> Es el mismo Jesús
> Que cuando derramó esas lágrimas de amor,
> El mismo Jesús.
>
> Sea la calma en medio de las olas de pesar,
> Él es el mismo Jesús
> Que cuando calmó al rugiente mar
> El mismo Jesús.[6]

Y usted hallará que Él es el mismo ayer y hoy y por siempre. Él no se ha desvanecido en el pasado histórico. Es hoy el mismo que fue antes. Es el mismo Jesucristo el Señor. Y si usted vuelve a Él ahora, como María se volvió hacia Él, como el joven gobernante rico se volvió hacia Él, como Jairo y tantos otros se volvieron a Él, Él lo llenará. Él no es visible a nuestros ojos, pero "he aquí yo estoy con vosotros todos los días, hasta el fin del mundo" (Mateo 28:20).

Si usted se vuelve a Él buscando mayor comprensión, encontrará que es el mismo Jesús que cuando daba vista a los ciegos: el propio Jesús. Él lo alimentará como alimentó a la multitud, lo calmará como calmó el mar. Lo bendecirá así como bendecía a los niños. Él lo perdonará así como perdonó a la mujer que cayó a sus pies avergonzada. Él le dará vida eterna como dio vida eterna a su pueblo. Lo lavará así como lavó los pies de ellos, allí antes. ¡Él es el mismo! El Dios que predicamos es el mismo Dios, invariable e inmutable, por siempre y para siempre.

Le recomiendo a Jesucristo, Aquel inmutable. Le recomiendo las respuestas de Dios a sus preguntas, la solución de Dios para sus problemas, la vida de Dios para su alma agonizante, la purificación de Dios para su espíritu maldecido por el pecado, el descanso de Dios para su mente agitada, y la resurrección de Dios para su cuerpo moribundo. Se lo recomiendo para que sea su abogado arriba. Encontrará que Él es todo lo que siempre fue: el mismo Jesús.

CAPÍTULO 6

LA OMNISCIENCIA DE DIOS

Su entendimiento es infinito.

—Salmo 147:5

Y no hay cosa creada que no sea manifiesta en su presencia; antes bien todas las cosas están desnudas y abiertas a los ojos de aquel a quien tenemos que dar cuenta.

—Hebreos 4:13

Este texto dice que el entendimiento de Dios es infinito, que su conocimiento es perfecto, y que no hay ninguna criatura en el universo que no esté claramente visible a los ojos de Dios. Nada está cerrado ante los ojos de Dios. Eso es lo que se llama omnisciencia divina, uno de los atributos de Dios. Un atributo, como dije antes, es algo que Dios ha declarado verdadero acerca de sí mismo.

Dios ha declarado por revelación divina que Él es omnisciente, que lo sabe todo. La mente humana queda estupefacta ante esta verdad cuando consideramos cuánto hay para saber y qué poco sabemos. Ralph Waldo Emerson dijo, por ejemplo, que si un hombre comenzara a leer los libros de la Biblioteca Británica el día en que naciera, y leyera día y noche durante setenta años, sin tomar tiempo para comer o dormir, solamente podría leer una pequeña porción de los libros de esa colección.

Incluso los que saben muchísimo, saben muy poco. El Dr. Samuel Johnson, el gran lexicógrafo inglés, era conocido como el hombre más erudito de Inglaterra. Cuando estaba compilando el primer diccionario inglés, definió corvejón (articulación de la pata trasera de un caballo) como una rodilla (articulación de la pata delantera de un caballo). Tiempo después, en una fiesta en alguna parte, una dama de sociedad se volvió hacia el gran doctor y pensó que iba a fastidiarlo.

Le dijo: "Dr. Johnson, ¿por qué definió un corvejón como una rodilla de caballo?".

Él respondió: "Ignorancia, Señora, pura ignorancia".

Él era el hombre más erudito de toda Inglaterra, pero admitió que era ignorante de algunas cosas. Will Rogers dijo: "Todos somos ignorantes, solo que en diferentes cuestiones".[1] Y en lo que respecta a saber algo, me desanimo mucho cuando voy a una biblioteca. Salgo sintiendo que no sé absolutamente nada de nada, lo cual, a decir verdad, ¡es mucho más cercano a la realidad que lo que yo quisiera admitir!

Cuando recibí uno de los títulos honoríficos que me han sido otorgados, dije: "Lo único que es erudito en mí es este par de anteojos". Si un hombre tiene el cabello peinado hacia atrás y un par de anteojos que le dan aspecto de instruido, lo llaman doctor. No sabemos mucho, realmente, y cuando consideramos al gran Dios que sabe todo lo que hay que saber con perfección de conocimiento, quedamos estupefactos ante eso. El peso de la verdad es demasiado para nuestras mentes. Cuando Sir Isaac Newton, el gran científico inglés, era anciano, alguien le dijo: "Doctor Newton, usted debe tener un tremendo bagaje de conocimientos".

Él respondió: "Me recuerdo como un niño pequeño caminando por la playa juntando caracoles. El niño tiene un puñado de caracoles en su manita, pero alrededor de él hay una vasta playa que se extiende en todas direcciones tan lejos hasta donde alcanza su mirada. Todo lo que sé es simplemente un puñado de caracoles, pero el vasto universo de Dios está lleno de conocimiento que yo no poseo".

Cuando hablamos de que Dios lo conoce todo, hablamos de una aproximación racional a Dios. Hay dos maneras de aproximarse a Dios: teológica y experiencialmente. Usted puede conocer a Dios experiencialmente y no saber mucha teología, pero es bueno conocer de ambos modos. Cuanto más sepa de Dios teológicamente, mejor lo conocerá experiencialmente.

Una aproximación racional a Dios es lo que puedo meter en mi cabeza. En realidad, usted no puede meter demasiado en su cabeza. Y lo que puedo meter en mi cabeza acerca de Dios por cierto no es mucho. Pero esa es una manera de aproximarse a Dios: por medio de la teología, por medio de su intelecto, por medio de la doctrina. Pero el propósito de la doctrina es el de llevarlo a ver y a conocer a Dios experiencialmente, conocer a Dios mismo, por usted mismo. Pero hasta que conozcamos a Dios teológicamente, no es probable que lo conozcamos muy bien experiencialmente.

La razón puede pensar mejor en Dios mediante negaciones. En otras palabras, como solían decir los antiguos escritores místicos de devocionales, podemos pensar mejor en Dios considerando lo que Él no es. Siempre podemos saber lo que Dios no es, pero nunca podemos saber bien lo que Dios es. La grandeza de la mente de Dios deja atrás todos nuestros elevados pensamientos. Dios es inefable (incapaz de ser expresado en palabras), inconcebible e inimaginable.

¿Qué quiere decir *inimaginable*? Simplemente significa que usted no puede pensar cómo es Dios. Un hombre del cual oí, solía arrodillarse frente a una silla y decir: "Jesús, toma asiento". Y entonces imaginaba a Jesús en la silla. No me ha interesado esa clase de cosas. Tampoco me he interesado mucho en pinturas religiosas. Me horroriza siempre que veo la pintura de la creación de Miguel Ángel. El Dios todopoderoso representado por un hombre calvo que yace en una nube, apuntando su dedo ardiente hacia Adán, cuando Adán cobra vida. ¿Puede imaginarse concebir a Dios como un anciano calvo? Creo que el artista nos habría hecho un favor a todos si hubiera dejado sus pinceles con reverencia y nunca hubiera intentado pintar una imagen de Dios.

Nosotros no sabemos cómo es Dios. Si usted puede pensarlo, eso no es Dios. Si usted puede pensarlo, eso es un ídolo de su propia imaginación. Si no cree lo que estoy diciendo, lea lo que dijo el Espíritu Santo en 1 Corintios 2:7–11:

> Mas hablamos sabiduría de Dios en misterio, la sabiduría oculta, la cual Dios predestinó antes de los siglos para nuestra gloria, la que ninguno de los príncipes de este siglo conoció; porque si la hubieran conocido, nunca habrían crucificado al Señor de gloria. Antes bien, como está escrito: Cosas que ojo no vio, ni oído oyó, ni han subido en corazón de hombre, son las que Dios ha preparado para los que le aman. Pero Dios nos las reveló a nosotros por el Espíritu; porque el Espíritu todo lo escudriña, aun lo profundo de Dios. Porque ¿quién de los hombres sabe las cosas del hombre, sino el espíritu

del hombre que está en él? Así tampoco nadie conoció las cosas de Dios, sino el Espíritu de Dios.

Y usted nunca sabrá de lo que hablo sin la iluminación del Espíritu Santo. Cuando desplazamos al Espíritu Santo de la Iglesia y en su lugar tomamos otras cosas, nos sacamos nuestros propios ojos. La Iglesia está llena de ciegos que no pueden ver porque el Espíritu Santo nunca les ha abierto los ojos. Lidia no pudo creer en Cristo hasta que el Señor le hubo abierto los ojos. Esos discípulos no podían creer en Cristo allí en el camino de Emaús hasta que Él le hubo abierto los ojos. Nadie puede ver a Dios ni creer en Dios hasta que el Espíritu Santo haya abierto sus ojos. Cuando contristamos y apagamos el Espíritu Santo, cuando lo dejamos de lado, lo desplazamos y lo sustituimos por otras cosas, nos hacemos ciegos nosotros mismos.

Debemos venir a Dios con reverencia, de rodillas. Usted siempre ve a Dios cuando está de rodillas. Nunca ve a Dios cuando está parado atrevidamente, con plena confianza de que llegará a ser algo. Dios es inimaginable, inconcebible; usted no puede meter en su cabeza cómo es Dios, o visualizar el ser de Dios. La regla es: si usted puede pensarlo, Dios no es así.

Dios no es como nada que usted conozca, excepto el alma de un hombre. Fue el anciano Meister Eckhart, el santo alemán, quien dijo que el alma de un hombre es más semejante a Dios que cualquier otra cosa del universo. Él hizo al hombre a su imagen; usted no puede ver el alma de un hombre y por lo tanto nunca ha visto nada que sea como Dios. Nunca ha oído ni tocado nada que sea como Dios, excepto en su propio corazón. Dios se halla más allá de nuestros pensamientos, los sobrepasa, escapa a ellos, y los confunde en terrible e incomprensible terror y majestad.

Como dije, somos impulsados a usar declaraciones negativas al hablar de Dios. Cuando hablamos de la autoexistencia de Dios, decimos que Dios no tiene origen. Cuando hablamos de la eternidad, decimos que no tiene comienzo. Cuando hablamos de la inmutabilidad de Dios, decimos que Dios no tiene cambios. Cuando hablamos de la infinitud de Dios, decimos que Dios no tiene límites. Cuando hablamos de la omnisciencia de Dios, decimos que Dios no tiene maestros y no puede aprender. Todas estas son declaraciones negativas.

Acortaríamos la extensión de muchas oraciones si reconociéramos que Dios no puede aprender nada. El diácono promedio de una iglesia puede tomar veinte minutos cada domingo dándole clases a Dios. Pero Dios no puede aprender porque Él ya sabe todo lo que hay que saber. Él sabe lo que usted está tratando de decirle y lo sabe de manera más completa que usted.

Ahora bien, la Escritura también adopta este método negativo. La Escritura dice que el Señor "no desfallece, ni se fatiga" (Isaías 40:28), y que Él "no miente" (Tito 1:2). Dice: "Yo soy el Señor y no cambio "(Malaquías 3:6, NTV). Dice: "Porque nada hay imposible para Dios" (Lucas 1:37). Y dice que Dios "no puede negarse a sí mismo" (2 Timoteo 2:13). Y todas esas cosas son, por supuesto, negativas. Ahora, en caso de que alguien me acuse de ser negativo en mi punto de vista, permítame leer lo que nuestro Señor Jesucristo dijo aquí en el undécimo capítulo de Mateo:

> En aquel tiempo, respondiendo Jesús, dijo: Te alabo, Padre, Señor del cielo y de la tierra, porque escondiste estas cosas de los sabios y de los entendidos, y las revelaste a los niños. Sí, Padre, porque así te agradó. Todas las cosas me fueron entregadas por mi Padre; y nadie conoce al Hijo, sino el Padre, ni

al Padre conoce alguno, sino el Hijo, y aquel a quien
el Hijo lo quiera revelar (11:25–27).

No puedo saber con mi cabeza pero lo puedo tener revelado en mi espíritu, por el Espíritu Santo. Mi conocimiento de
Dios no es el conocimiento al cual se refería Pablo cuando dijo:

> Así que, hermanos, cuando fui a vosotros para anun-
> ciaros el testimonio de Dios, no fui con excelencia de
> palabras o de sabiduría. Pues me propuse no saber
> entre vosotros cosa alguna sino a Jesucristo, y a éste
> crucificado. Y estuve entre vosotros con debilidad, y
> mucho temor y temblor; y ni mi palabra ni mi predi-
> cación fue con palabras persuasivas de humana sabi-
> duría, sino con demostración del Espíritu y de poder,
> para que vuestra fe no esté fundada en la sabiduría
> de los hombres, sino en el poder de Dios.
> —1 Corintios 2:1–5

Recuerde, esa era una ciudad griega; pensaban en el contexto de la filosofía griega. Pablo también era un pensador, un
filósofo. Pero les dijo: "Cuando vine a ustedes, no vine usando grandes palabras; vine decidido a no saber nada excepto a
Jesús y a este crucificado".

¿Comprende? Si su fe se afirma en argumentos humanos,
alguien que sea un mejor argumentador se los puede rebatir.
Pero cuando el Espíritu de Dios revela la verdad a su corazón y Dios manifiesta esa verdad a su corazón, nadie le puede
rebatir ese argumento. Si usted conoce a Dios por medio de
Jesucristo el Señor, nadie le puede rebatir ese argumento.

Cuando andaba por los veinte, solía leer más filosofía
que teología. Leía libros de psicólogos y filósofos, montones
de ellos. Trataba de estar al tanto de lo que habían pensado

las grandes mentes de los siglos. Y a veces me topaba con alguien con un argumento que yo no podía responder, y hacía quedar mal a la Biblia y a mí. Entonces me arrodillaba y decía con gozo en mi corazón: "Señor Jesús, este hombre llegó demasiado tarde. Te he encontrado a ti, y aunque no puedo responder sus argumentos, te tengo a ti y te conozco a ti". Y tenía un gozoso tiempo de adoración de rodillas. Mi mente no podía entrar, pero mi corazón ya estaba adentro, de rodillas diciendo: "Santo, santo, santo es el Señor Dios todopoderoso".

Desde entonces aprendí que nadie sabe lo bastante como para contradecir exitosamente la Palabra de Dios. Algunas personas piensan que ellas sí, pero no. Un hombre me dijo: "A veces me preocupan los fundamentos de mi fe. Pero cuando estoy preocupado por los fundamentos, me sumerjo profundamente en la Biblia y examino los fundamentos. Y siempre salgo, me sacudo el agua del cabello y canto: "¡Cuán firme fundamento, oh santos del Señor, yace para su fe en su excelsa Palabra!". Usted puede estar seguro de que nadie sabe tanto como para contradecir la Palabra de Dios.

Dios se conoce a sí mismo

La omnisciencia divina significa, entre otras cosas, que Dios se conoce a sí mismo. Según Pablo "nadie conoció las cosas de Dios, sino el Espíritu de Dios" (1 Corintios 2:11). Dios, por tanto, se conoce a sí mismo. Y ya que Dios es la fuente y el autor de todas las cosas y contiene todas las cosas, se infiere que Dios lo sabe todo. En un acto sin esfuerzo, Dios sabe instantánea y perfectamente todas las cosas que pueden ser sabidas.

A veces es bueno estar rodeado de personas que pueden hacer cosas con facilidad. No tienen que esforzarse hasta que los músculos les sobresalen del cuello. Por ejemplo, me encanta oír a alguien que ejecuta una nota alta y la mantiene. Tenemos un disco de una gran soprano italiana; ¡parece no haber ningún límite para su voz! Ella se eleva sobre el elenco, sobre el libreto, hasta el techo y así amenaza remontarse hasta el cielo. Y nunca parece forzar músculo alguno.

Es agradable conocer a alguien que puede hacer cosas sin esfuerzo. A la mayoría de nosotros nos resulta difícil hacer cosas. He escrito varios libros y me costó sudor y sangre. Pero cuando se trata de Dios, Él hace todo sin esfuerzo. Dios nunca se esfuerza. Nunca dice: "Oh, ¡esto va a ser difícil!". ¡Jamás! Dios es capaz de hacerlo tan fácilmente como puede hacer cualquier otra cosa.

De la misma manera, Dios, en un acto sin esfuerzo, sabe instantáneamente (no de a un poco a la vez, sino instantánea y perfectamente) todas las cosas que pueden saberse. Por esa razón es que digo que Dios no puede aprender. Como dije antes, si nos diéramos cuenta de que Dios no puede aprender, acortaríamos un poco nuestras oraciones e intensificaríamos su poder. ¡No hay razón por la cual debamos decirle a Dios las cosas que Él sabía antes de que usted naciera!

Dios conoce el final desde el principio y lo sabía mucho antes de que ocurriera. Mucho tiempo antes de que sus padres se conocieran, Dios sabía lo que usted estaría haciendo en este preciso momento. Antes de que sus abuelos se conocieran, antes de que Inglaterra fuera una nación, o antes de que el Imperio Romano se disolviera, o antes de que el Imperio Romano fuera formado, Dios sabía todo acerca de nosotros. Él lo sabe todo de nosotros: cada cabello de nuestra cabeza, nuestro peso, nuestro nombre, nuestro pasado. Y Él lo sabe desde antes de que usted naciera.

Él lo sabe desde antes que Adán existiera. Y cuando Adán caminaba por el jardín con Dios, Dios sabía todo sobre Adán, todo sobre Eva, todo sobre sus hijos, todo sobre la raza humana. Dios nunca se asombra, no está atónito, ni se sorprende, porque Él ya sabe. Usted puede caminar por la calle, dar vuelta a la esquina, y llevarse la sorpresa de su vida. Pero Dios nunca da vuelta a la esquina y se sorprende, por la sencilla razón de que Dios ya estaba a la vuelta de esa esquina antes de doblar por allí. ¡Dios ya sabía antes de averiguar! Dios sabe todas las cosas.

Es lindo sentarse y discutir las cosas con Dios. Los salmos están llenos de eso, así como los relatos de los santos. Es bueno hablar con Dios, aunque estemos hablando con Él de cosas que ya sabe. Pero esa idea de darle una conferencia a Dios, nunca creí mucho en eso.

Me encanta oír a las personas orar, pero no me gusta oírlas orar las mismas oraciones día tras día. Es por eso que no voy a todas las reuniones de oración que podría. De todos modos, ya sé lo que van a decir, así que por qué no hacer simplemente como el vaquero cuando escribió su oración en una tarjeta y la fijó en la cabecera de su cama. Cuando se iba a la cama decía: "Señor, esos son mis sentimientos" ¡y se iba a dormir! No sé por qué tendría que ir y pasar media hora sobre mis huesudas rodillas escuchando a algún anciano diácono darle a Dios una clase de tres cuartos de hora. ¡Dios ya sabe! Él no puede aprender.

Si hubiera algo que Dios pudiera aprender, significaría que antes no lo sabía. Si antes no lo sabía, entonces no sabía todo. Y si no supiera todo, Él no sería perfecto, y si no es perfecto entonces no es Dios. El Dios que puede aprender algo no es Dios. Dios ya sabe todo lo que puede aprenderse, todo lo que hay para saber, y lo sabe al instante y perfectamente y sin esfuerzo o inseguridad. Él lo sabe todo. Eso es lo que Pablo quería decir en Romanos 1:33–36:

¡Oh profundidad de las riquezas de la sabiduría y de la ciencia de Dios! ¡Cuán insondables son sus juicios, e inescrutables sus caminos! Porque ¿quién entendió la mente del Señor? ¿O quién fue su consejero? ¿O quién le dio a él primero, para que le fuese recompensado? Porque de él, y por él, y para él, son todas las cosas. A él sea la gloria por los siglos. Amén.

Dice que Dios no tiene consejero: otra expresión negativa. Dios no tiene maestro. Él nunca fue a la escuela. ¿Quién le podría enseñar a Dios? ¿Dios podría llamar a un arcángel y decirle: "Arcángel, quisiera un poco de información sobre esto"? Sabemos que el presidente de los Estados Unidos tiene personas por todo el país con sus oídos contra el suelo, proveyéndole información. Los políticos siempre están tratando de averiguar lo que el público está diciendo. Y tan pronto como un político averigua lo que dice el público, se levanta y anuncia: "¡Estas son mis convicciones!". Y logra ser elegido. Pero fue elegido por averiguar lo que el público quería que él supiera.

¿Puede imaginarse a Dios llamando a un serafín y diciéndole: "Hay una galaxia por allí a muchos miles de millones de años luz que parece estar fuera de mi alcance; quisiera que fueras a visitarla y me trajeras información para saber cómo manejar mi universo"? Yo no podría adorar a un Dios como ese; tendría lástima de Él. Yo diría: "¡Qué universo grande y maravilloso, pero que dios tan pequeño!". No, Dios jamás envía a nadie a buscar información. Dios la tiene instantánea, perfecta y fácilmente. Dios sabe todo lo que hay. Él nunca descubre nada y nunca averigua nada. Él nunca anda por allí buscando información.

Un desafío a esto que puede venir a la mente es ese pasaje de Génesis: "Descenderé ahora, y veré si han consumado su obra según el clamor que ha venido hasta mí; y si no, lo sabré" (ver 18:21). ¿Sabe usted por qué Dios dijo eso? Dios —quien había hecho a Sodoma, quien sabía el fin desde el inicio— sabía lo que era verdad, pero estaba tratando con las personas. A veces nuestro Señor les hace preguntas a las personas, pero Él no busca información, "porque conocía a todos...él sabía lo que había en el hombre" (Juan 2:24–25).

Él preguntaba solo para que el hombre se expresara, lo mismo que si usted le dijera a un niño de cinco años: "Johnny, ¿quién fue el primer presidente de los Estados Unidos?" ¡Usted no le está preguntando para obtener información! Me recuerda a un niño que comenzó su primer día de escuela. Volvió a su casa y anunció que no iba a regresar.

"¿Por qué?", preguntó la madre.

"Bueno", respondió, "la maestra es la mujer más tonta que he visto en mi vida. No sabe absolutamente nada. ¡Tiene que preguntarme todo a mí!".

Así que Dios dijo: "Descenderé ahora, y veré" e hizo una pregunta. Jesús nuestro Señor les hacía preguntas a sus discípulos, pero Él ya conocía las respuestas. ¡Así que Dios sabe!

Es un gran consuelo para mí que Dios conozca instantánea, fácil y perfectamente toda cuestión y todas las cuestiones, toda ley y todas las leyes, todo espacio y todos los espacios, todos los principios y cada principio, todas las mentes, todos los espíritus y todas las almas. Dios sabe todas las causas y todas las relaciones, todos los efectos y todos los deseos, todos los misterios y todos los enigmas, todas las cosas desconocidas y escondidas. No existen misterios para Dios.

Hay muchas cosas que son misterios para usted y para mí. "E indiscutiblemente, grande es el misterio de la piedad: Dios fue manifestado en carne" (1 Timoteo 3:16). Los teólogos a través de los siglos han intentando reverentemente descubrir cómo el Dios infinito e inimitable pudo condensarse en la forma de un hombre. Eso es un gran misterio. No sabemos, pero Dios sabe y no está preocupado al respecto. Por esa razón yo puedo vivir una buena y tranquila vida cristiana, aunque no soy un hombre que tome las cosas con calma.

No estoy preocupado por los satélites que están lanzando alrededor de la tierra. No estoy preocupado por Kruschev (el anterior líder de la Unión Soviética) ni por el resto de esos individuos de allí cuyos nombres ni puedo pronunciar. Porque Dios está manejando su mundo y Él sabe todo al respecto. Él sabe cuándo morirán esos hombres, Él sabe dónde serán enterrados, y sabe cuando serán sepultados. Dios sabe todas las cosas escondidas; "habita en luz inaccesible; a quien ninguno de los hombres ha visto ni puede ver" (6:16).

Y Él también conoce a su pueblo. Usted que ha corrido hacia Él, Jesucristo el Señor, buscando refugio, Él lo conoce, y usted nunca estará huérfano. Un cristiano nunca está perdido, aunque él mismo piense que sí. Puede estar en los bosques del norte cazando ciervos y perderse, pero no está perdido; el Señor sabe dónde está. El Señor sabe todo de él. El Señor sabe acerca de su salud y sabe acerca de sus negocios. ¿No es un consuelo para usted saber que nuestro Padre lo sabe todo?

> Él sabe, Él sabe
> Las tormentas que pueden oponerse a mi camino
> Él sabe, Él sabe,
> Y calma todo viento que sopla.[2]

¿No es eso un consuelo para usted? Para mí lo es. Me resulta un consuelo saber eso.

Yo no sé dónde se alzan sus islas
Sus palmeras con hojas al aire;
Solo sé que no puedo escaparme
Fuera de su amor y su cuidado.[3]

¿Se le sube la presión sanguínea? ¿Está preocupado? Tal vez usted no sabe qué hacer y piensa que nadie más sabe. Bueno, tengo noticias para usted. ¡El que es perfecto en conocimiento está con usted y Él sabe! Si confía en Él, Él lo ayudará a salir bien. Él es perfecto en conocimiento y lo guiará hasta el fin. Y cuando usted salga bien sabrá que todo lo que Dios hizo estuvo bien.

"Bien lo ha hecho todo" (Marcos 7:37). ¿Lo cree? ¿Cree que el trato de Dios con usted está bien? Tal vez la persona con la que se casó no resultó ser el ángel que usted pensaba. Bueno, Dios sabe todo sobre usted. Y Él sabe que aunque haya sido un error, es un error que Dios puede cancelar. Dios puede tomar la nada y hacer algo con ella. Dios puede tomar sus errores y depurarlos.

¿Ha oído la antigua historia acerca de una hermosa ventana de una catedral que fue vandalizada? Algunos niños le arrojaron piedras y estaba toda agrietada. Enviaron a buscar a uno de los mejores artistas del país y le preguntaron: "¿Qué puede hacer?".

Él dijo: "Déjemelo a mí". Y fue a trabajar con su delicado cincel y comenzó a cortar el vidrio. Hizo líneas artísticas en donde había fisuras, transformando cada grieta en algo hermoso. Cuando terminó, el sol brilló en una de las más hermosas obras de vitrales del mundo. Recuerdo ese pasaje del libro de los Salmos que dice: "Bien que fuisteis echados entre los tiestos, seréis como alas de paloma cubiertas de plata, y sus plumas con amarillez de oro" (Salmo 68:13). Ahora bien, ¿qué significa? Muestra la imagen de una pobre paloma que cayó entre latas viejas y cacerolas rotas, el lugar donde se arroja la basura. Tal vez alguien arrojó una flecha, golpeó a esta palomita, y fue girando hasta caer allí. No estaba muerta, pero estaba mal. Así que tomó algo de sol y picoteó algunas semillas aquí y allá, esperando que la naturaleza sanara su ala. Y un día el sol estaba brillante y los otros pájaros andaban por el aire. Así que ella probó su máquina, aceleró su motor y despegó.

Mientras daba vueltas en círculo alguien dijo: "¡Oh, miren esa hermosa paloma, que brilla como la plata!".

"Sí", dijo otro, "mira el oro en los bordes de su ala".

Ella había estado en la pila de basura un tiempo antes, pero ahora surgió por la gracia de Dios a la luz del sol. Esa era la manera de David de decir que Dios puede tomar la nada, puede tomar los pobres restos de usted y de mí, y puede cambiarnos y hacernos palomas con alas de plata y oro.

Dios conoce a los no salvos

Dios incluso conoce a los hombres que no son benditos, al hombre sin Dios. Si estuviera hablando con un hombre no salvo, lo primero que le diría es: Dios lo conoce por su nombre. Isaías 45:4, dice: "Te llamé por tu nombre…aunque no me conociste". Dios conoce su nombre y lo conoce a usted completamente. Según el Salmo 139, Él sabe por qué usted está rechazando a su Hijo. Él conoce sus pecados secretos.

Usted sabe, una persona con un pecado secreto puede escaparse por mucho tiempo. Leí en el periódico acerca hombres que durante veinte años han estado robando bancos. Usted puede robar bancos o compatibilizar sus libros, pero una persona lo sabe, y ese es Dios. Dios conoce sus excusas y sus verdaderas razones, esas que usted mismo apenas conoce. Él conoce su pasado con altibajos y su futuro.

Él sabe el último lugar adonde usted va a yacer. Él conoce el nombre del chofer del coche fúnebre que lo va a conducir hasta ese último lugar. Él sabe todo al respecto. Él sabe y ve lo que usted no sabe y no ve. Él sabe por qué usted no es cristiano, por qué no está siguiendo a su Hijo. ¿De modo que, por qué no ponerse a su cuidado ahora?

Hay un magnífico himno antiguo en latín cuyo escritor recuerda a Jesucristo (lo diré en mis propias palabras): "Señor Jesús, recuerda por qué viniste por este camino. Yo soy la razón". Ese es su ruego, no importa cuán malo sea usted, no importa qué deshonesto, engañoso y embustero, no importa cómo se ha integrado o desintegrado. Usted siempre puede ir a Jesucristo y el Señor mismo lo tomará y lo recibirá. ¡Que noticia maravillosa! "Este a los pecadores recibe, y con ellos come" (Lucas 15:2).

No podemos decirle a Dios nada que Él ya no sepa, y no podemos justificarnos por nada. Nuestras razones son casi transparentes y Dios ve a través de ellas. Pero a pesar de eso, Dios lo ama, Dios lo invita a usted y Dios lo recibirá. No hay ninguna razón por la cual usted no debiera venir.

CAPÍTULO 7

LA SABIDURÍA DE DIOS

Con sabiduría afirmó el SEÑOR la tierra, con inteligencia estableció los cielos.

—Proverbios 3:19

Dios hizo la tierra con su poder, y la preserva con su sabiduría. Con su propia inteligencia desplegó los cielos.

—Jeremías 20:12, NTV

Al único y sabio Dios, sea gloria mediante Jesucristo para siempre.

—Romanos 16:27

Con Dios está la sabiduría y el poder; suyo es el consejo y la inteligencia.

—Job 12:13

Que hizo sobreabundar para con nosotros en toda sabiduría e inteligencia.

—Efesios 1:8

Para que la multiforme sabiduría de Dios sea ahora
dada a conocer por medio de la iglesia a los princi-
pados y potestades en los lugares celestiales.

—Efesios 3:10

Usted notará que el idioma español ha tenido éxito en crear nuevas palabras uniendo una palabra con otra. Por ejemplo, tomamos la palabra *ciencia*, que significa "conocimiento" y la unimos a la palabra *omni*, que significa "todo" para crear omnisciencia. Tomamos la palabra *potente* y la unimos a la palabra *omni* para crear omnipotente. Pero cuando se trata de la palabra sabiduría, los creadores de palabras no se pusieron de acuerdo para formar una palabra tal. No tenemos una palabra tal como "omnisabiduría". El diccionario Webster tiene alrededor de 250 000 palabras, sin embargo, ¡cuando queremos una palabra tenemos que formarla! Así que yo no voy a crear una palabra nueva, sino que simplemente ¡diré que Dios es sabio! Y si Dios es infinito, entonces Dios es infinitamente sabio.

Se nos dice en Proverbios 3:19 y Jeremías 10:12 que el Señor fundó la tierra, y afirmó los cielos con poder, sabiduría, e inteligencia. Esos son dos de muchos versículos de la Biblia que nos hablan de la sabiduría de Dios.

La sabiduría de Dios es algo que debe ser tomado por fe. Anselmo nos dice, como mencioné antes, que no razonamos para creer, sino que razonamos porque ya creemos. Si tengo que razonar para entrar a la fe, luego razonando puedo volver a salir. Pero la fe es un órgano de conocimiento; sí yo conozco algo por fe, lo razonaré.

Por esta razón no intentaré probar la sabiduría de Dios. Si yo tratara de probar que Dios es sabio, el alma llena de amargura no lo creería, sin importar cuán completas y convincentes fueran las pruebas que pudiera brindar. Y el corazón devoto ya sabe que Dios es sabio y no necesita que se le pruebe. De modo que no intentaré probar nada, sino que sencillamente comenzaré con la afirmación de que Dios es sabio. Nosotros, además, no deberíamos pedirle a Dios que pruebe su sabiduría. Creemos que Dios es sabio porque Dios es Dios. Cualquier demanda de pruebas que pudiéramos hacerle a Dios sería una afrenta a la perfección de su deidad. Si usted se acercara a mí después de un servicio y me pidiera alguna prueba de algo que yo dije, no me ofendería, porque solamente soy un hombre y puedo cometer errores. Pero si le pedimos pruebas a Dios, afrentamos la Majestad que está en los cielos. Y menospreciar a Dios es la suprema degradación.

Es necesario para nuestra humanidad que concedamos a Dios al menos dos cosas: sabiduría y bondad. El Dios que se sienta en lo alto, que hizo los cielos y la tierra, tiene que ser sabio, o si no usted ni yo no podemos estar seguros de nada; tiene que ser bueno, o la tierra sería un infierno y el cielo, un infierno; y el infierno, un cielo. Tenemos que dar por sentadas la bondad y la sabiduría de Dios, o no tenemos lugar a dónde ir, ni roca donde afirmarnos, ni manera de tener ningún pensamiento, o razonamiento o creencia. Debemos creer en la bondad y en la sabiduría de Dios, o traicionamos eso que está en nosotros que nos diferencia de las bestias: la imagen del propio Dios.

De modo que comenzamos con la hipótesis —no una conjetura, ni una esperanza, sino un conocimiento— de que Dios es sabio. Pero alguien preguntará: "Si Dios es bueno y sabio, ¿cómo explica la polio, los campos de prisioneros, las ejecuciones en masa, las guerras y todos los demás males que están en el mundo? Muchas personas yacen en un lecho de sufrimiento, o andan con una sola pierna, o son sordos o ciegos.

Y si Dios es bueno y sabio", dice el crítico, "¿quisiera usted explicar cómo es posible esto?".

Permítame responder con una alegoría. Digamos que un hombre es muy, muy sabio y no solo sabio, sino rico al punto de tener todo el dinero del mundo. Y digamos que decide construir el más hermoso palacio que se haya construido en el mundo. Así que en un país pequeño, digamos de Europa, reúne a los mejores artistas y arquitectos, los mejores diseñadores que puedan hallarse. Rebusca en todas las naciones del mundo y compra los mejores cerebros y los mejores talentos del mundo, y los lleva allí.

Luego dice: "Tengo miles de millones de dólares para poner a su disposición. El dinero no es inconveniente. Quiero el edificio más hermoso de todo el mundo. Quiero que los pisos sean de oro, quiero paredes de jaspe, y el mobiliario de mármol esculpido. Quiero que esté cubierto de diamantes y rubíes. Quiero que sea el epítome de todo lo que es hermoso, de todo lo que es refinado, de todo lo que el genio puede crear. Cuando esté terminado, quiero que no se hable de otra cosa más que de eso en todo el mundo. Quiero que todos en todas partes —desde Broadway hasta Piccadilly Circus, hasta las selvas de África y Borneo— hablen de ese palacio. Ahora vayan a trabajar y denme lo mejor de ustedes".

Y, uniendo su sabiduría y su genio, ellos construyeron la más hermosa de las edificaciones: un edificio que hace que el Taj Mahal parezca un granero. Este palacio excedía toda belleza posible.

Bien, entonces, supongamos que, después de un año o algo así, la fortuna política cambia y un ejército conquistador entra y domina ese pequeño país. Los soldados entran y toman el control del palacio; grandes y rudos soldados bárbaros con borceguíes. No les importa la belleza, ni el arte, ni los diamantes ni el oro. Supongamos que hacen establos para sus caballos en el palacio, escupen en el piso, y arrojan latas de cerveza por todo el palacio y lo convierten en una pocilga. Finalmente el hermoso palacio está lleno de suciedad, viejos andrajos e inmundicia de toda clase; el dueño y los artistas que lo construyeron huyeron y se exiliaron.

Mientras los pies de los bárbaros hollan el pequeño país, un transeúnte le susurra a otro: "Allí está el gran palacio, la mayor concentración de belleza universal conocida en el mundo".

Y la otra persona dice: "Vaya, ¡a mí no me lo parece! ¡Ni huele como tal! ¡Es una pocilga! ¿Cómo puedes decir que es hermoso?".

"Solo espera un poco", responde el primer transeúnte, "Ha habido una guerra y este es un país ocupado. Los avatares de la guerra volverán a cambiar y el opresor será expulsado".

Y supongamos que estos hombres bestiales y brutales son expulsados. Entonces el hombre rico regresa desde un refugio muy lejano y dice a los artistas, arquitectos y escultores: "Empecemos a trabajar y limpiemos todo esto. Comenzaremos desde abajo y trabajaremos hasta la cima, y volveremos a poner todo esto en condiciones".

Tras más o menos un año de trabajo, el palacio se yergue una vez más, brillando al sol del mediodía: el epítome de toda belleza y la esencia de todo lo que el hombre posiblemente puede hacer. Y una vez más, todo el mundo, periódicos, y reporteros de TV y radio hablan de eso. Se lo ve una vez más como la cosa más hermosa del mundo.

Hubo una vez alguien llamado Dios: Dios el Padre todopoderoso, Creador del cielo y de la tierra. Él soltó su poderosa sabiduría para hacer al hombre. Él dijo. "Hagamos al hombre a nuestra imagen" (Génesis 1:26). Luego hizo un jardín al este en Edén y puso al hombre en él. Él dijo al hombre: "Le haré ayuda idónea para él" (Génesis 2:18). Hizo dormir al hombre y tomó una costilla de su costado e hizo una mujer y dijo: "Esta será tu compañera, tu esposa". Y él la llamó Eva. Luego entro Satanás al jardín y serpenteó entre las ramas del árbol de la vida. Comenzó a susurrar insinuaciones contra Dios. Y entonces los avatares de la guerra moral cambiaron; Satanás tomó el control y el hombre pecó, traicionando a Dios que lo había creado. El que era el más hermoso de todos los jardines y el más hermoso de todos los mundos, habitado por la más brillante de todas las criaturas, hecha a imagen de Dios, ahora se transformó en una pocilga y se hundió en las tinieblas.

Y así el crítico camina como el transeúnte junto al palacio. Y dice: "¿Me estás diciendo que un Dios sabio hizo esta pocilga?".

Pero yo digo: "Solo espera un minuto. Dios en su gran sabiduría y su trato providencial con este mundo ha permitido que lo ocupen soldados extranjeros. Y este epítome de toda belleza, esta esfera voladora llamada tierra, este glorioso hogar de la criatura hecha a imagen de Dios, ahora está bajo una nube, una sombra". Se nos dice en Romanos 8:19–22:

> Porque el anhelo ardiente de la creación es el aguardar la manifestación de los hijos de Dios. Porque la creación fue sujetada a vanidad, no por su propia voluntad, sino por causa del que la sujetó en esperanza; porque también la creación misma será libertada de la esclavitud de corrupción, a la libertad gloriosa de los hijos de Dios. Porque sabemos que toda la creación gime a una, y a una está con dolores de parto hasta ahora.

El sabio plan de Dios se llevará a cabo, pero Dios en su sabiduría ha permitido, por un poco de tiempo, esta ocupación foránea. El mundo en que vivimos, con sus ciclones, tornados, tempestades, maremotos y otras fuerzas de destrucción, está bajo ocupación. Los soldados del diablo marchan por todos lados con sus borceguíes, su ignorancia y su falta de valoración. Agarran la belleza de Dios y la destruyen.

El estado de Pensilvania, donde yo nací, tiene colinas ondulantes, arroyos intermitentes, cascadas, praderas, y hermosos bosques. Si usted ha conducido a través de él, sabe lo hermoso que es. Cerca del lugar donde yo vivía cuando era niño, hombres amantes del dinero han hecho lo que ellos llaman explotación a cielo abierto. En vez de cavar en la colina para sacar el carbón, desmontan la cima y obtienen el carbón desde arriba. Y el resultado es como si la naturaleza estuviera llorando, como si el mundo entero fuera un cementerio. He visto miles de acres de bonitas colinas, verdes y hermosas, que conocí de niño, que se hallan heridas y sangrando. Han usado las excavadoras, las roturadoras y otros instrumentos para desgarrar la naturaleza, solo para poder tener una piscina más grande y un gran yate.

Pero, ¿usted cree que el Dios Todopoderoso se ha rendido y se ha ido para siempre? ¡No! Dios dice: "Estoy conduciendo la creación, aunque esté gimiendo bajo el arado y la excavadora, bajo el pie del enemigo". Y uno de estos días el gran Dios todopoderoso va a enviar a su Hijo "con voz de mando, con voz de arcángel, y con trompeta de Dios, descenderá del cielo; y los muertos en Cristo resucitarán primero. Luego nosotros los que vivimos, los que hayamos quedado, seremos arrebatados juntamente con ellos en las nubes" (1 Tesalonicenses 4:16–17). Seremos cambiados, resucitados, glorificados y hechos a la imagen de Dios. Él va a limpiar la casa por aquí, y habrá paz desde el río hasta lo último de la tierra. Donde está el dragón, habrá rosas en flor, y el fruto del paraíso. Entonces comprenderemos que Dios era sabio. Pero tendremos que ser pacientes y andar con Dios por un tiempo, porque estamos bajo ocupación.

La sabiduría definida

¿Qué es sabiduría? Es la capacidad de obtener los fines más perfectos por los medios más perfectos. Tanto los medios como los fines tienen que ser dignos de Dios. La sabiduría es la capacidad de ver el final desde el principio, de ver todo en la relación apropiada y en la perspectiva completa. Es juzgar en vista de los fines últimos y supremos, y trabajar hacia esos fines con impecable precisión.

El Dios todopoderoso debe ser impecablemente preciso. Dios no balbucea. Los británicos solían decir de sí mismos: "Nosotros nos las arreglamos", queriendo decir que de algún modo lo solucionan, tocando de oído, esperando lo mejor y sacando ventaja de las situaciones. Lo han hecho bien durante los últimos mil años. Esa es la manera en que nosotros tenemos que hacerlo, pero Dios nunca obra así. Si Dios obrara de esa manera probaría que no sabía nada más que nosotros acerca de las cosas. Pero Dios obra con impecable precisión porque Dios ve el fin desde el principio, y nunca necesita retroceder.

¿Notó alguna vez que, nuestro Señor Jesucristo, cuando caminaba en la tierra, nunca pidió perdón? Él nunca se levantó a la mañana y dijo: "Perdonen, muchachos. Ayer cuando estaba hablando me confundí y dije esto, pero no era lo que quería decir". ¡Jamás! Porque Él era la sabiduría divinamente encarnada en la voz de un hombre. Y cuando hablaba, lo decía bien la primera vez. Nunca tuvo que pedir perdón.

Yo he tenido que levantarme y explicarme a mí mismo algunas veces. Incluso en algunas ocasiones he tenido que levantarme públicamente y decirles a las personas que me había puesto en ridículo. Soy solo un hombre, como usted sabe. Pero Jesucristo ni siquiera una vez dijo: "Perdón, pero ayer dije algo equivocado; no quise dejarles esa impresión".

Siempre lo dijo bien, porque Él era Dios. Él nunca pidió perdón, nunca tuvo que aclarar nada. Decía: "Esto es así", y ellos lo tomaban o lo dejaban. Y si no lo tomaban, Él les decía algo más, pero nunca se retractó de nada de lo que dijo, porque Él es Dios.

La sabiduría de la Biblia es diferente de la sabiduría de la tierra, en que la sabiduría bíblica tiene una connotación moral. Es elevada y santa, llena de amor y pureza. La idea de astucia nunca se halla en la Escritura excepto cuando se la atribuye a Satanás o a los hombres malos. Pero la sabiduría, cuando es atribuida a Dios, a los hombres buenos, o a los ángeles, siempre significa la capacidad de situarse en un nivel elevado, puro y bondadoso. Nunca hay nada de astucia en ella.

La sabiduría de Dios es infinita

Ya que Dios es sabio, tiene que ser completamente sabio. Él no puede ser un poquito sabio. Si yo pensara que Dios es solamente un poquito sabio, o incluso un noventa por ciento sabio, no podría dormir esta noche. Si escuchara las noticias de las 10 en punto y oyera lo que están haciendo en el Congo y en Laos, si oyera que los soldados enemigos han penetrado las líneas; si supiera esas cosas y creyera que Dios solo tiene razón en parte, no podría dormir, me preocuparía hasta entrar en estado de choque. Pero yo creo que Dios es infinitamente sabio, absolutamente prudente. "Con sabiduría afirmó el Señor la tierra, con inteligencia estableció los cielos". (Proverbios 3:19, NVI). No tenemos que preocuparnos al respecto, porque Dios es sabio, infinitamente sabio.

La sabiduría de Dios es vista en su creación y en su redención, en que Dios ha planeado el supremo bien para el mayor número por el mayor tiempo. Detesto la palabra *oportunista*. No detesto personas. Detesto cosas. No detesto a un predicador servil, indigno y oportunista. No podría detestarlo y ser cristiano. Pero detesto la forma servil, despreciable, y falsa en que vive. Y no me gusta el oportunismo, porque es una actitud que no piensa en el año próximo, ni muchos menos en la eternidad; solo le importa la próxima vez: la próxima vez que envíen un informe al cuartel, o la próxima vez que sean llamados a otro lugar. Los oportunistas trabajan solo para el ahora.

Dios, por su parte, siempre piensa en el mayor bien, para el mayor número, por el mayor tiempo. Dios siempre piensa en términos de eternidad. Cuando Dios planea bendecir a un hombre, toma en su mano a esa criatura pobre, pequeña y maldecida por el tiempo, y dice: "Hijo mío, soplo eternidad e inmortalidad en ti; te permito compartir mi infinitud". ¡Si usted realmente supiera cuánto tiempo tendrá el privilegio de vivir y estar con Dios, se regocijaría! El Dios todopoderoso ha planeado que usted no solo disfrute de Él ahora, sino por todas las eternidades venideras. Y es para el mayor número y el sumo bien.

A veces las iglesias y los consejos directivos de gobierno hacen cosas para obtener un poco más de dinero o algunos miembros más, pero no por el mayor bien de las personas. Todas las iglesias deberían ser conducidas para el sumo bien del mayor número de personas, aunque parezcan fracasar. Esa es la manera en que Dios planeó las cosas.

La sabiduría de Dios revelada

Mientras consideramos donde es revelada la sabiduría de Dios, recuerde la alegoría del hermoso palacio; recuerde que puede ser cuestionada por hombres incrédulos. Ellos caminarán por el hermoso palacio que ahora es una pocilga y dirán: "Usted no puede probarme que el Dios que hizo esto es sabio y bueno; hay demasiado dolor, crimen, pecado y suciedad". Repito: El Dios todopoderoso está rigiendo su mundo; vendrá el día en que Dios quitará una nube de este mundo y se reunirán admirados de todas partes y dirán cuán maravilloso es Dios:

> Señor, digno eres de recibir la gloria y la honra y el poder; porque tú creaste todas las cosas, y por tu voluntad existen y fueron creadas…Digno eres porque tú fuiste inmolado, y con tu sangre nos has redimido para Dios, de todo linaje y lengua y pueblo y nación; y nos has hecho para nuestro Dios reyes y sacerdotes, y reinaremos sobre la tierra…El Cordero que fue inmolado es digno de tomar el poder, las riquezas, la sabiduría, la fortaleza, la honra, la gloria y la alabanza.
> —Apocalipsis 4:11; 5:9–10, 12

Y seremos admirados y Dios será admirado en nosotros.

Observe que cuando Dios realiza sus obras más terribles y majestuosas, siempre lo hace en la oscuridad. En la creación, puede usted recordar que dice: "En el principio creó Dios los cielos y la tierra. Y la tierra estaba desordenada y vacía, y las tinieblas estaban sobre la faz del abismo…Y dijo Dios: Sea la luz; y fue la luz" (Génesis 1:1–3). Allí en la oscuridad, Dios estaba haciendo cosas maravillosas, magníficas, terribles, gloriosas, como si dijera: "No quiero que ni siquiera los ángeles, serafines o arcángeles vean lo que estoy haciendo".

Y cuando Dios se encarnó en su Hijo, lo trajo al mundo como un hombre; no lo envió desde el cielo brillando como un meteoro para dejar atónito al mundo. Él lo formó en la dulce oscuridad del vientre de una virgen, no visto por ojos mortales. Los huesos fueron formados en el vientre de la que estaba encinta. Fue como si Dios dijera: "En mi infinita sabiduría, estoy encarnando mi Palabra Eterna en la forma de un Hombre, y nadie verá mi misterio". ¡Y nunca lo vieron!

Y cuando fue clavado en la cruz, colgado allí en agonía por usted y por mí, las tinieblas cubrieron la tierra, como una nube sobre Él, como si Dios estuviera diciendo: "No pueden verlo; ni siquiera los dejaré verlo morir. Estoy haciendo mis maravillas de la expiación en la oscuridad". Y cuando se realizó la expiación y Él dijo: "Consumado es" (Juan 10:30), Dios levantó la noche y ellos lo bajaron y lo pusieron en la tumba.

Y cuando vinieron a verlo resucitar, Él ya había resucitado. Vinieron mucho antes del amanecer, cuando todavía estaba oscuro, pero Él no estaba allí; ¡había resucitado! Cada cosa magnífica que Dios ha hecho, la ha hecho en el silencio y la oscuridad porque su sabiduría es tal que ningún hombre podría comprenderla en manera alguna.

En la redención Cristo fue crucificado: "Cristo poder de Dios, y sabiduría de Dios...Mas hablamos sabiduría de Dios en misterio, la sabiduría oculta, la cual Dios predestinó antes de los siglos para nuestra gloria" (1 Corintios 1:24; 2:7). En la salvación, Dios requiere que nos arrepintamos y creamos. Esto es hecho por el sabio consejo de Dios: "Pues ya que en la sabiduría de Dios, el mundo no conoció a Dios mediante la sabiduría, agradó a Dios salvar a los creyentes por la locura de la predicación" (1:21). Y en la consumación, también vemos la sabiduría de Dios: "Para que la multiforme sabiduría de Dios sea ahora dada a conocer por medio de la iglesia a los principados y potestades en los lugares celestiales" (Efesios 3:10). De modo que en todo esto, la absoluta sabiduría de Dios es revelada.

El quid de la cuestión de su vida se halla aquí. No importa si usted conoce o no esta pequeña brizna de teología sistemática; ese no es el punto. El punto es que debe o ser la sabiduría de Dios o la suya. Es a la manera de Dios o a la suya. Todo aquello para lo cual usted y yo hemos vivido, hemos esperado o soñado en lo profundo de nuestro corazón, depende de si usted va a aceptar o no la suprema sabiduría del Dios trino, como está revelada en las Escrituras y en su obra providencial en la humanidad. ¿O va a ir por su propio camino?

La definición de pecado más completa que conozco es la que se da en Isaías 53:6: "Todos andábamos perdidos, como ovejas; cada uno seguía su propio camino" (NVI). Apartarse por el propio camino es la esencia del pecado. Yo me aparto por mi propio camino porque creo que es más sabio que el camino de Dios.

Dios podría decirle a algún empresario: "Da el diezmo de tu ingreso este año".

El empresario puede decir: "Oh Dios, ¡yo no puedo hacer eso!"

Dios dice: "Da el diezmo, hijo".

Y él dice: "No puedo hacerlo, porque si lo hago, no podré pagar los impuestos".

Dios dice: "Da el diezmo, hijo".

Pero él todavía le responde: "No puedo hacerlo, Dios", y no lo hace. Y al año siguiente, él no prospera tanto y su negocio decae.

¿Por qué? Porque él no está obedeciendo a Dios.

La jovencita de ojos ingenuos mira a ese individuo grande a quien ama y a quien quiere tanto, pero él es un pecador y no tiene intención de ser otra cosa más que un pecador, mientras que ella es una cristiana nacida de nuevo. Así que ella cae de rodillas ante Dios y llora: "¡Oh, Dios! ¿Qué voy a hacer?".

La voz en su interior le dice: *Tú sabes lo que debes hacer:* "*No os unáis en yugo desigual con los incrédulos; porque ¿qué compañerismo tiene la justicia con la injusticia? ¿Y qué comunión la luz con las tinieblas?*" (2 Corintios 6:14).

Pero ella se pone de pie de un salto y dice: "No Dios, no puedo pagar ese precio; es demasiado". Así que se compromete; toma su propia sabiduría en vez de la sabiduría de Dios y se casa con el individuo. Después él se rehúsa absolutamente a ir a la iglesia, y desde ese momento en adelante hace de la vida de ella un infierno. Cinco años y dos o tres hijos después, su esposo la ha dejado. Ella viene a su pastor con un corazón quebrantado y dice: "¿Pastor, qué puedo hacer?".

Por ser un pastor decoroso, y por no querer herir los sentimientos de ella, él no le recuerda la vez en que la sabiduría de Dios le dijo: "No te cases con él", y ella dijo: "Yo sé más que tú, Dios".

Ese es el quid de la cuestión de nuestra vida. Esta es la diferencia entre avivamiento y una iglesia muerta. Esta es la diferencia entre una vida llena del Espíritu Santo y una vida llena del ego. ¿Quién la está dirigiendo? ¿Quién es el jefe? ¿La sabiduría de quién está prevaleciendo: la sabiduría de Dios o la sabiduría del hombre?

En todos los tratos providenciales de Dios conmigo, yo debo tomar posición y decidir que la manera de Dios es la correcta. Cuando las cosas parecen andar mal para mí, en vez de creer que andan mal, creo que andan bien. Tomo por fe Romanos 8:28: "Y sabemos que a los que aman a Dios, todas las cosas les ayudan a bien, esto es, a los que conforme a su propósito son llamados".

Yo tengo que decidir si voy a ir por mi camino o voy a confiar ciegamente en la sabiduría de Dios. Si confío ciegamente en la sabiduría de Dios, Él promete: "Y guiaré a los ciegos por camino que no sabían, les haré andar por sendas que no habían conocido; delante de ellos cambiaré las tinieblas en luz, y lo escabroso en llanura. Estas cosas les haré, y no los desampararé" (Isaías 42:16). Dios me conducirá hasta el fin y "me probará, y saldré como oro" (Job 23:10). Y Dios me introducirá a un rico lugar y me enriquecerá con tesoros del cielo que nunca mueren.

Pero si un hombre prefiere su propio camino, el Señor lo dejará que siga su propio camino. Tenemos que decidir como cristianos si insistiremos en nuestros planes y ambiciones, o si tomaremos el camino de Dios. Si insistimos en nuestros planes y ambiciones, ponemos en peligro todo lo que tenemos, porque carecemos de la sabiduría para saber cómo hacerlo. No se atreva usted a manejar su vida.

En una ocasión subí a un vuelo que salía de Nueva York y al despegar estaba terriblemente ventoso. Un hombre sentado a mi lado había volado mucho, pero no le gustaba la turbulencia. "Bueno", dije yo, "cuando sobrevolemos la ciudad y ganemos altitud, se estabilizará". Y así fue. Pero cuando estábamos en esa turbulencia, no salté de mi asiento y corrí a la cabina y les dije a los pilotos: "Bueno, escuchen muchachos, déjenme tomar el mando". ¿Sabe lo que hubiera ocurrido si yo hubiese tomado el mando? Habríamos caído en picada en Times Square. No tomé el mando; dejé que los pilotos tuvieran el control.

No me preocupa una pequeña turbulencia cuando aterrizamos o despegamos, pero cuando estamos volando a 17 000 pies y se enciende la señal de "Ajuste su cinturón", me digo: "Oh, oh, ¿qué ocurre ahora?". Pero siempre he mantenido la calma, y nunca he ido adelante a la cabina a decir: "Ahora, ustedes dos, salgan de allí". ¡Nunca!

Y sin embargo, le estamos haciendo eso a Dios todo el tiempo. Vamos a la iglesia y oramos para entregar nuestro corazón al Señor; firmamos una tarjeta y estamos convertidos; nos unimos a la iglesia y nos bautizamos. Pero luego las cosas se ponen turbulentas y corremos y decimos: "Señor, ¡déjame manejar esto!". Es por eso que estamos tan confundidos en nuestra vida cristiana. No estamos listos para dejar que Dios maneje nuestro mundo por nosotros; que maneje nuestra familia, nuestros negocios, nuestro hogar, nuestro trabajo, nuestro todo.

El sabio Dios siempre piensa en el sumo bien de usted, por el mayor tiempo. Él siempre hace lo que hace con impecable precisión, viendo el fin desde el principio, sin cometer errores jamás y sin pedirle a usted nada que no pueda hacer o que no tenga. Él nunca hace demandas injustas, porque sabe que usted es carne y lo trata con un corazón compasivo. Cuando le ordena algo, siempre le da el poder para obedecer esa orden. Usted puede confiar en esta clase de Dios. La dificultad con nosotros es que no confiamos en Dios. Y por eso estamos en el aprieto en que estamos.

¿Va usted a entregarle todo al Infinito amor? Una vez oí a un gran predicador hablar de un hombre cuyo negocio había fracasado y otra persona había comprado su parte. Así que el viernes lo compraron y el lunes él estaba sentado en el escritorio ejecutivo. Y el hombre que lo había comprado, vino y dijo: "¿Quién es usted?".

Él respondió: "Soy el individuo que era propietario de este negocio".

"Sí, usted era el propietario", dijo el nuevo propietario, "pero lo llevó a la ruina y yo lo he tomado". Luego lo echó fuera de allí y tomó el mando.

Cuando Dios toma el mando de una vida humana en bancarrota, dice: "Tú estás endeudado hasta las orejas. Yo tomaré el mando. Yo pagaré tu fianza, yo pagaré tus deudas, yo lo arreglaré. Pero yo manejaré tu negocio". Entonces, después de ser bendecidos el domingo por la noche, el lunes por la mañana estamos otra vez en el escritorio. Y el Espíritu Santo nos dice: "¡Creí que anoche en oración habías salido de esa silla! Sal de ahí, déjame manejarlo". Dios quiere dirigir su negocio, su hogar, su esposa, su esposo, sus hijos, su escuela y todo. Él quiere hacerlo, y lo hará.

Tres clases de personas

La congregación promedio se divide en tres clases de personas: los no bendecidos, los no comprometidos y los comprometidos. Los no bendecidos son aquellos que no creen en la sabiduría de Dios lo bastante como para confiar en que Él dirija sus vidas. Nunca se han entregado a Jesucristo, porque saben que significa un compromiso que ellos no están dispuestos a asumir. Pueden creer en Dios; pueden creer que Jesús murió en la cruz por sus pecados, pero no están listos para rendirse y permitir que Dios gobierne su mundo. Están fuera del redil, no nacidos de nuevo, no bendecidos.

Luego están los no comprometidos. No son rebeldes contra Dios; ellos "aceptaron a Cristo", como decimos, y tuvieron alguna clase de experiencia espiritual, pero nunca han estado dispuestos a entregarle el mando de su vida. No están dispuestos a decirle a Dios: "Señor, gobierna tú mi vida desde ahora en adelante". Están tendidos en el medio. Son los que suben y bajan espiritualmente.

En el sur, tales personas pasan al altar cada vez que va un nuevo evangelista. Por allí tienen una especie de chiste irónico acerca de eso. Se dice de tal hombre: "¡La única manera de que llegue al cielo es que alguien le golpee la cabeza con una hacha justo después de convertirse!". Él está seguro de reincidir, porque no se compromete. Logra la "conversión" siempre que el evangelista pasa por allí, lo cual es dos o tres veces al año, luego, en el entretiempo, reincide.

Por supuesto, en el norte hemos tenido una mejor enseñanza bíblica, así que no hacemos eso. El no comprometido dice: "Soy salvo y eso es todo. Creo que soy salvo y soy guardado". Tienen todas las respuestas, pero son no comprometidos y están deprimidos.

Muchos estudiantes no están comprometidos con su educación. Juegan todo el tiempo en la escuela, y obtienen calificaciones bastante buenas preparándose intensivamente para los exámenes. Y hay cristianos que juegan en su camino por la vida, envejeciendo mientras juegan al cristianismo. Luego están los comprometidos: se han comprometido para siempre con la sabiduría de Dios. Están satisfechos con que Dios obre y que su sabiduría los gobierne desde ahora en adelante. No interferirán ni dejarán que su mente se entrometa. Comienzan a brillar como el sol. Usted siempre puede reconocerlos.

Hace una generación, en el Nyack College un hombre me dijo: "Sabe, hay algunos estudiantes que vienen aquí que son diferentes. Parecen tener algo. El resto de nosotros solo somos buenos tipos. Pero estos pocos parecen tener algo. Usted siempre lo puede decir". Y usted puede: ellos son los comprometidos, los que han ido a Dios y en efecto han dicho: "Padre mío, desde este momento en adelante gobierna mi vida. Manéjala tú; no voy a interferir. No me voy a quejar si es difícil, no me voy a desanimar si parece fallar, ni me voy a apropiar del crédito si parece tener éxito. Tuya sea la gloria, tuyo sea el honor. Me comprometo, Señor, con tu eterna sabiduría. No voy a deshonrarte dudando".

Usted puede tomar esa decisión. Es como casarse. Dos personas simplemente dicen: "Sí, quiero" y están casadas. No importa en qué dirección puedan ir las emociones, han establecido algo por medio de un voto. De la misma manera, usted puede ir ante Dios y traer su harapienta vida sin compromiso a un completo compromiso. Dios dice: "¿Quieres desde este día en adelante, dejar a todos los demás y tomarme a mí? ¿Confiarás en mi Hijo para que gobierne tu vida y no intentarás arruinarla tú mismo? Si es así, responde (Sí, quiero)".

Si usted responde: "Oh Dios, sí, quiero", eso llega a ser para usted lo que son los votos matrimoniales. Eso cambia el curso y la dirección y las relaciones de su vida.

¿Se atrevería a confiar en la eterna sabiduría de Dios? Si es así, entonces ore:

"Oh, Padre Dios, perdóname por dudar. Tú eres infinitamente sabio y yo necesito sabiduría infinita en mi ignorancia. Toma el control de mi vida y sé mi sabiduría, mi justicia mi santificación. Desde hoy en más, yo reconozco que tú eres eternamente sabio. Sé mi ancla y la estrella que me guíe".

Eso cambiará totalmente su vida.

CAPÍTULO 8

LA SOBERANÍA DE DIOS

Aprende pues, hoy, y reflexiona en tu corazón que Jehová es Dios arriba en el cielo y abajo en la tierra, y no hay otro.

—Deuteronomio 4:39

Ved ahora que yo, yo soy, y no hay dioses conmigo; yo hago morir, y yo hago vivir; yo hiero, y yo sano; y no hay quien pueda librar de mi mano. Porque yo alzaré a los cielos mi mano, y diré: vivo yo para siempre.

—Deuteronomio 32:39–40).

¿Qué cosa de todas estas no entiende que la mano de Jehová la hizo? En su mano está el alma de todo viviente, y el hálito de todo el género humano...Con él está el poder y la sabiduría; suyo es el que yerra, y el que hace errar. El hace andar despojados de consejo a los consejeros, y entontece a los

*jueces…¿Por qué contiendes contra él? Porque él
no da cuenta de ninguna de sus razones.*
—Job 12:9–10, 16–17; 33:13

*Pueblo de Israel, ¿acaso no puedo hacer con uste-
des lo mismo que hace este alfarero con el barro? —
afirma el Señor—. Ustedes, pueblo de Israel, son en
mis manos como el barro en las manos del alfarero.*
—Jeremías 18:6, NVI

*¡Cuán grandes son sus señales, y cuán potentes sus
maravillas! Su reino, reino sempiterno, y su señorío
de generación en generación… Todos los habitantes
de la tierra son considerados como nada; y él hace
según su voluntad en el ejército del cielo, y en los
habitantes de la tierra, y no hay quien detenga su
mano, y le diga: ¿Qué haces?*
—Daniel 4:3, 35

*El Señor es lento para la ira, imponente en su fuerza.
El Señor no deja a nadie sin castigo. Camina en el
huracán y en la tormenta; las nubes son el polvo de
sus pies.*
—Nahum 1:3

Decir que Dios es soberano es decir que Él es supremo sobre todas las cosas, que no hay nadie por encima de Él, que Él es Señor absoluto sobre la creación. Es
decir que su señorío sobre la creación significa que no hay
nada fuera de su control, nada que Dios no haya previsto
y planeado. Significa que aun la ira del hombre en última instancia alabará a Dios y Él reprimirá el resto de las

iras (Salmo 76:10). Significa que cada criatura en la tierra, en el cielo y en el infierno finalmente doblará la rodilla y confesará que Jesucristo es el Señor para gloria de Dios Padre (Filipenses 2:10).

La soberanía de Dios lógicamente implica su absoluta libertad para hacer todo lo que quiera hacer. La soberanía de Dios no significa que Él puede hacer cualquier cosa, sino que puede hacer cualquier cosa que desee hacer. La soberanía de Dios y la voluntad de Dios están íntimamente ligadas. La soberanía de Dios no significa que Dios pueda mentir, pues Dios no quiere mentir. Dios es verdadero y por lo tanto no puede mentir, pues Él no quiere mentir. Dios no puede romper una promesa, porque romper una promesa significaría violar su naturaleza, y Dios no quiere violar su naturaleza.

Por lo tanto es necio pensar que Dios pueda hacer cualquier cosa. Pero es bíblico decir que Dios puede hacer cualquier cosa que quiera hacer. Dios es absolutamente libre: nadie puede obligarlo, nadie lo puede estorbar, nadie lo puede detener. Dios tiene libertad para hacer como le plazca, siempre, en todo lugar y por siempre.

La soberanía de Dios significa que si en este vasto mundo de hombres pecadores hay alguien que debería estar tranquilo y con paz en un tiempo como este, deberían ser los cristianos. No deberíamos estar bajo la carga de la aprensión y la preocupación porque somos hijos de un Dios que es siempre libre de hacer como le plazca. No hay ni cuerda, ni cadena ni estorbo sobre Él, porque Él es absolutamente soberano.

Dios es libre para llevar a término sus propósitos eternos. Creo esto desde que me convertí en cristiano. Tuve buenos maestros que me lo enseñaron y lo he creído con creciente gozo desde entonces. Dios no toca de oído, ni hace garabatos, ni se guía por cualquier cosa que le venga a la mente, ni deja que ninguna idea le sugiera otra. Dios obra conforme a los planes que se propuso en Cristo Jesús antes de que Adán caminara en el jardín, antes de que fueran creados el sol, la luna y las estrellas. Dios, que ha vivido todos nuestras mañanas y lleva el tiempo en su seno, está llevando a cabo sus propósitos eternos.

Sus propósitos eternos no cambiarán, aunque los maestros proféticos puedan cambiar de opinión, o algún teólogo contemporáneo pueda decidir que es lo que es correcto creer. El Dios todopoderoso ya nos ha dado su teología, y no doy un chasquido de mis dedos por la teología contemporánea. Creo en la teología, que seguramente es contemporánea, pero también es tan antigua como el trono de Dios y tan eterna como las eternidades venideras. Y nosotros los cristianos estamos en este poderoso río, siendo llevados por los soberanos propósitos de Dios.

La soberanía de Dios comprende toda autoridad y todo poder. Creo que usted puede comprender al instante que Dios nunca podría ser soberano si no tuviera el poder para realizar su voluntad, o la autoridad para ejercer ese poder. Los reyes, presidentes y otros que gobiernan sobre los hombres deben tener la autoridad para gobernar y el poder para hacer el bien conforme a esa autoridad. Un gobernante no puede levantarse y decir: "Haga esto, por favor, si usted tiene ganas de hacerlo". Dice: "Hágalo", y tiene un ejército y una fuerza policial detrás de él. Tiene la autoridad para comandar y el poder para llevar a cabo sus órdenes. Y Dios debe tener ambos.

No puedo concebir a un Dios que tenga poder y no tenga autoridad. Sansón era un hombre que tuvo poder pero no tuvo autoridad, y no supo qué hacer con eso. Hay hombres que tienen autoridad, pero no poder. Las Naciones Unidas son un patético ejemplo de autoridad sin poder. En el Congo, por ejemplo, la ONU se levanta y dice: "Les ordenamos que hagan esto y aquello", pero los congoleses se ríen y dicen: "¿Tú y cuántos más?" y hacen como les place. La autoridad sin el poder para ejercer esa autoridad es una broma. El poder sin autoridad pone a un hombre en un lugar en que no puede hacer nada. Pero el Dios todopoderoso, para ser soberano, debe tener autoridad y poder.

Ya hemos discutido cómo Dios es infinito en sus perfecciones, una de las cuales es su poder absoluto. Dios es omnipotente: tiene todo el poder que existe. La siguiente pregunta es: ¿Dios tiene autoridad? Creo que hasta discutirlo es bastante tonto. ¿Puede alguien imaginar que Dios tenga que pedir permiso? ¿Puede alguien imaginar que el gran Dios todopoderoso, creador del cielo y de la tierra tenga que enviar un memo a una autoridad superior y pedir: "¿Podría yo correr esta estrella de allí, o hacer algo con esta galaxia?". ¿Puede imaginarlo apelando a una autoridad mayor? ¿A quién apelaría Dios? ¿Quién está más alto que el Altísimo? ¿Quién fue antes de que Él fuera? ¿Quién es más poderoso que el Todopoderoso? ¿Ante el trono de quién se arrodillaría Dios por autoridad? No, ¡no hay nadie más grande que Él! "Yo soy el primero, y yo soy el postrero, y fuera de mí no hay Dios" (Isaías 44:6).

Hay una religión, el zoroastrismo, que para mí es la mejor de las religiones no cristianas, no reveladas. Postula una dualidad teológica. Es decir, dice que hay dos dioses, uno bueno y uno malo. Es una manera ingeniosa de sortear las cosas, usted advierte. Ahura Mazda es el Dios bueno, que hizo todo bueno. Pero entonces había un dios granuja llamado Arimán. Por cada cosa buena que hizo Ahura Mazda, Arimán hizo algo malo. Ahura Mazda hizo la luz del sol, Arimán hizo la nieve. Ahura Mazada hizo el amor, Arimán hizo el odio. Ahura Mazda hizo la vida y Arimán hizo la muerte. Había dos dioses, ambos creando.

Ahora bien, el Dios todopoderoso declara que esto no podría ser, porque Él es el único Creador. La Biblia nos habla de Jesucristo nuestro Señor:

> Porque en él fueron creadas todas las cosas, las que hay en los cielos y las que hay en la tierra, visibles e invisibles; sean tronos, sean dominios, sean principados, sean potestades; todo fue creado por medio de él y para él. Y él es antes de todas las cosas, y todas las cosas en él subsisten (Colosenses 1:16–17).

"En el principio creó Dios los cielos y la tierra" (Génesis 1:1) y Dios hizo todas las cosas que en ella hay. No hubo ningún otro dios creador. Ese es un atributo que Dios no le dio a nadie más; Dios puede impartir algunos de sus atributos, tales como el amor, la misericordia, o la bondad. Pero no puede impartir los atributos que hacen que Él pueda crear. Solamente el Dios todopoderoso es el Creador; no hay dos dioses; solamente hay uno.

Pero el pecado está suelto en el universo y no entiendo esto. Se lo llama "el misterio de la iniquidad" (2 Tesalonicenses 2:7) y se dice que ya está en acción. Yo no comprendo este misterio de la iniquidad. No sé por qué un Dios santo puede permitir que esta cosa inicua esté suelta en el mundo. Pero sé que Dios lo retiene y sé que los planes de Dios lo toman en cuenta. Y sé que cuando Dios estableció sus planes para el cielo, la tierra y la creación de Adán, Él sabía del pecado y sabía de su salvaje, fugitiva presencia en el universo, de modo que lo tuvo en cuenta. Aunque este forajido llamado pecado esté ahora en los cielos, no puede cambiar los propósitos de Dios ni frustrar sus planes más que lo que un forajido escondido en los bosques de Canadá puede evitar la obra de esta nación.

La soberanía de Dios y el libre albedrío

Pero si Dios es soberano, ¿qué pasa con el libre albedrío del hombre? Sería mejor que su mente no se agite al respecto. Quizás sería mejor que descanse. Pero para citar a alguien, el oficio de un profeta de Dios es consolar a los afligidos y afligir a los cómodos. Si usted está cómodo, tal vez necesite ser afligido. Y una de las mejores maneras de afligirlo es lograr que piense en las cosas divinas.

La cuestión del libre albedrío versus la soberanía de Dios puede explicarse de esta manera: la soberanía de Dios significa que Él tiene el control de todo, que Él ha planeado todo desde el principio. El libre albedrío del hombre significa que él puede, en cualquier momento que quiera, tomar todas las decisiones que le plazca (dentro de sus limitaciones humanas, por supuesto). El libre albedrío humano puede aparentemente frustrar los propósitos de Dios y disponerse en contra de la voluntad de Dios. Ahora bien, ¿cómo resolvemos esta aparente contradicción?

A través de los años, dos divisiones de la Iglesia han intentado resolver este dilema de diferentes maneras. Una división enfatiza la soberanía de Dios, creyendo que Dios planeó todo desde el principio, que Dios ordenó que algunos sean salvos y otros se pierdan, que Cristo murió por aquellos que serían salvos, pero que no murió por los otros que no serían salvos. Eso es en realidad lo que creen los seguidores de Juan Calvino.

Por otro lado, están quienes dicen que Cristo murió por todos, y que el hombre es libre de tomar su decisión. Pero los que enseñan la soberanía de Dios en esta forma exclusiva dicen que si el hombre es libre de tomar una decisión, entonces Dios no es soberano. Porque si un hombre puede tomar una decisión que a Dios no le agrada, entonces Dios no obra a su manera.

He pensado mucho esto y he llegado a una manera de resolver este dilema. No conozco a nadie que haya expresado esta misma teoría en predicaciones o en escritos. Los teólogos pueden corregirme en esto si me equivoco. (Prediqué una vez esto en presencia del Dr. Martin Lloyd-Jones, una de las más grandes autoridades inglesas en teología, y él no lo cuestionó; solamente sonrió. No dijo que lo creyera, pero ¡no dijo que no lo creyera!). Pero me gustaría compartirlo con usted y ver qué piensa usted de esto.

La soberanía de Dios significa libertad absoluta, ¿no es así? Dios es absolutamente libre de hacer lo que desee o se proponga, en cualquier lugar, en cualquier momento, por siempre. Y el libre albedrío del hombre significa que ese hombre puede tomar cualquier decisión que quiera tomar, aun si toma una decisión contra la voluntad de Dios. Es allí donde se traban los cuernos de los teólogos como dos ciervos en el bosque y se revuelcan hasta morir. ¡Me rehúso a quedar atrapado en ningún cuerno de ese dilema! Aquí está lo que yo entiendo: El Dios todopoderoso es soberano, libre de hacer lo que le plazca. Entre las cosas que a Él le place hacer está el darme libertad para que yo haga lo que me place a mí. Y cuando hago lo que me place, estoy satisfaciendo la voluntad de Dios, no la estoy contradiciendo, ya que Dios en su soberanía me ha dado soberanamente la libertad de tomar una decisión libremente.

Aunque la elección que haga no sea la que Dios hubiera hecho por mí, su soberanía está satisfecha porque hice mi elección. Y puedo tomar la decisión porque la gran soberanía de Dios, que es completamente libre, me dijo: "En mi soberana libertad te confiero un poquito de libertad. Ahora (elige hoy mismo a quién servirás) (Josué 24:15, NTV). Sé bueno o sé malo como gustes. Sígueme o no me sigas, avanza o retrocede. Ve al cielo o al infierno".

La soberanía de Dios ha puesto la decisión en el regazo de usted y ha dicho: "Esto es tuyo; tú debes tomar la decisión". Y cuando tomo una decisión, estoy satisfaciendo su soberanía, en que Él soberanamente quiere que yo sea libre de tomar decisiones. Si elijo ir al infierno, eso no es lo que su amor hubiera elegido, pero no contradice ni anula su soberanía. Por tanto puedo tomar a Juan Calvino en una mano y a Jacobo Arminio en la otra caminando por la calle. (Ninguno de ellos caminaría conmigo, estoy seguro, porque Calvino diría que soy demasiado arminiano, ¡y Arminio diría que soy demasiado calvinista!).

Pero soy feliz en el medio. Creo en la soberanía de Dios y en la libertad del hombre. Creo que Dios es libre para hacer lo que le plazca, y creo que, en un sentido limitado, Él ha hecho libre al hombre para que este haga lo que le plazca, dentro de un cierto marco, pero no uno muy grande. Después de todo, usted no es libre de hacer muchas cosas. Es libre para tomar decisiones morales. Usted es libre para decidir el color de su corbata, qué alimentos comerá, y con quién se casará, si la persona está de acuerdo, por supuesto. Usted es libre de hacer pocas cosas, no muchas. Pero las cosas que usted es libre de hacer son regalos de Dios quien es absolutamente libre. Por lo tanto, cada vez que yo tomo una decisión, estoy satisfaciendo la libertad que Dios me dio, y por lo tanto satisfaciendo la soberanía de Dios y cumpliéndola.

Para ilustrar lo que estoy diciendo, suponga que un barco deja la ciudad de Nueva York con rumbo a Liverpool, Inglaterra, con mil pasajeros a bordo. Van a tener un bonito y tranquilo viaje y van a disfrutar. Alguien a bordo —por lo general el capitán— es la autoridad que lleva los papeles que dicen "Usted tiene que llevar este barco al puerto de Liverpool".

Después que dejan Nueva York y se despiden de la gente que queda en tierra, la próxima parada es Liverpool. ¡Eso es!

Están en el océano. Pronto pierden de vista la estatua de la libertad, pero todavía no han llegado a avistar la costa inglesa. Flotan en el océano. ¿Qué hacen? ¿Están todos encadenados, y el capitán camina alrededor con una vara para mantenerlos a raya? No. Por allí hay una pista de baile, por allá una cancha de tenis y una piscina. Por allí puede ver películas; por allá puede escuchar música.

Los pasajeros son absolutamente libres de andar por donde les plazca sobre la cubierta del barco. Está yendo a Liverpool sin importar lo que ellos hagan. Pueden saltar del barco si quieren, pero si permanecen a bordo, estarán yendo a Liverpool: nadie puede cambiar eso. Y sin embargo, son completamente libres dentro de los límites de ese barco.

De la misma manera, usted y yo tenemos nuestras pequeñas vidas. Nacemos y Dios dice: "Te he lanzado al mar desde la playa del nacimiento. Vas a ir al pequeño puerto que llamamos muerte. En el ínterin, eres libre de divertirte todo lo que quieras, solo recuerda que cuando llegues allí vas a responder por lo que hayas hecho". Despotricamos y hacemos demandas, declarando que podemos hacer como nos plazca. Nos jactamos de nuestra libertad. Tenemos un poco de libertad, está bien, pero recuerde que no podemos cambiar el curso del Dios todopoderoso. Dios dijo que todos los que sigan a Jesucristo y crean en Él serán salvos, y quienes lo rechacen serán condenados. Eso está establecido, eterna, soberanamente establecido. Pero usted y yo tenemos libertad, mientras tanto, de hacer lo que queramos. Y aunque muchas personas piensan muy poco al respecto, un día vamos a responder por eso, conforme a la soberana voluntad de Dios.

Dios tiene ciertos planes que va a llevar a cabo. "El Señor...camina en el huracán y en la tormenta; las nubes son el polvo de sus pies" (Nahum 1:3, NVI). Cuando Dios está llevando a cabo sus planes, se mueve en una cierta dirección.

Cuando el enemigo viene (ejercitando la poca libertad que Dios le ha dado de ser enemigo de Dios) e intercepta la voluntad y el propósito de Dios, entonces hay problemas. Mientras nos movamos en la voluntad de Dios, todo va bien. Pero cuando salimos de la voluntad de Dios, nos encontramos con problemas entre las manos.

Dios hizo el cielo y la tierra en Génesis 1:1, pero luego hubo una misteriosa brecha entre Génesis 1:1 y 1:2: "Y la tierra estaba desordenada y vacía, y las tinieblas estaban sobre la faz del abismo, y el Espíritu de Dios se movía sobre la faz de las aguas". ¿Qué había sucedido entre los versículos 1 y 2? Tal vez fue entonces cuando ocurrió la gran caída de los lugares celestiales. Quizás fue entonces cuando Satanás y sus legiones cayeron y trajeron tinieblas al mundo. Luego el Dios todopoderoso se movió sobre esa oscuridad y el Espíritu de Dios se cernió sobre la faz de las aguas. "Y dijo Dios: Sea la luz; y fue la luz" (1:3). Dios comenzó una obra de recreación; Él recreó la tierra, puso al hombre sobre ella y comenzó nuevamente todas las cosas.

Luego vino la caída y pareció como si el hombre estuviera perdido para siempre. Creo que John Milton tenía razón en *El paraíso perdido* cuando representa a Satanás diciendo: "Creo que puedo hacerle más daño a Dios hiriendo a su raza humana que lo que puedo hacer tratando de herirlo a Él". Entonces renunció a la idea de tomar el cielo por una embestida militar; en cambio, fue al jardín y tentó a la mujer. Después que la raza humana cayó, parecía como si los planes de Dios una vez más hubiera sido resistidos y que Dios ahora no pudiera llevar a cabo su plan de llenar su mundo con un pueblo hecho a su imagen.

Una vez oí a un predicador sureño describir al primer Adán como una rueda girando sobre un eje. Cuando la rueda voló fuera del eje Dios puso al último Adán. Esa es una buena manera de describirlo. Cuando el primer Adán fue contaminado, entró el segundo. En realidad, Él ha estado en el plan de Dios desde el principio de la creación. Dios se abrió paso en el torbellino y en la tormenta e hizo que las nubes de la historia fueran el polvo de sus pies.

Cuando los israelitas estaban en Egipto, Dios quiso llevarlos a la Tierra Prometida. Dios dijo: "Deja ir a mi pueblo" (Éxodo 7:16). Pero Egipto, ejerciendo esa poca autoridad que Dios le había permitido tener, se rehusó a dejarlos ir. Luego vinieron las nubes que eran el polvo de los pies de Dios: las diez terribles plagas que Dios envió del cielo, para derrotar a los diez dioses de Egipto. Y cuando todo acabó había un muerto en cada hogar de Egipto, pero Israel era libre, entonando un cántico en el decimoquinto capítulo de Éxodo. Eran libres al otro lado del mar Rojo, mientras que los terribles ejércitos enemigos eran todos hombres muertos.

Cuando la historia va junto con Dios, todo está bien. Cuando la historia va en contra de los caminos de Dios, entonces hay tormenta y diluvio y fuego. Cuando termina, Dios abre camino en el torbellino y la tormenta, y hace que las nubes sean el polvo de sus pies.

Cuando nació Jesucristo nuestro Señor, me gustaría pensar que era un bebé común que no podía sostener la cabeza levantada, que no podía hablar, no tenía dientes, y supongo, muy poco cabello, ¡pobre niñito desvalido! Si lo hubieran dejado solo aunque fuera un ratito, habría muerto. Él tenía la verdadera indefensión de un bebé. Y no hacía mucho tiempo que había nacido cuando Herodes emitió la orden de que todos los bebés de Belén debían ser asesinados (Mateo 2:16). Aquí, el Dios todopoderoso permitió, en la ironía de la historia, que ese diminuto trozo de humanidad, tan pequeño que para dormir tenía que ser acunado en el regazo de su madre, fuera preparado contra todo el Imperio romano.

¡Pero mire quién ganó! Antes de que hubieran pasado muchas décadas, el Imperio romano había caído en el polvo y la deshonra, pero el bebé Jesús creció hasta la edad viril, fue crucificado y resucitó de los muertos, Dios lo resucitó y lo sentó allí arriba, de modo que el bebé que una vez se opuso al Imperio romano ahora mira hacia abajo un imperio que ya no existe más.

Recuerdo que en los días de Stalin [uno de los primeros líderes de la Unión Soviética] se lo citaba diciendo: "Sacaremos del cielo a ese dios con barba". Pero el Dios que miró sobre el caos y dijo: "Sea la luz", que miró sobre Egipto y dijo: "Deja ir a mi pueblo", que miró al Imperio romano y dijo: "No pueden matar a mi Hijo" sino que permitió que ese imperio se destruyera a sí mismo, ese Dios miró hacia abajo tranquilamente a Stalin y lo oyó decir "Sacaremos del cielo a ese dios con barba". Pero ese gran Dios todopoderoso todavía está en el cielo.

Stalin, en cambio, está muerto. Lo embalsamaron y lo pusieron en exhibición en el Kremlin, al que "iba a sacar del cielo a ese Dios con barba". Pero el Dios que hace que los torbellinos de la historia sean el polvo de sus pies mira con una sonrisa de lástima a uno de los peores hombres que jamás hayan existido. En el libro de Apocalipsis dice (cómo me gusta este pasaje; es hermoso para mí, aunque no tengo que saber todo lo que significa):

> Después de esto miré, y he aquí una puerta abierta en el cielo; y la primera voz que oí, como de trompeta, hablando conmigo, dijo: Sube acá, y yo te mostraré las cosas que sucederán después de estas. Y al instante yo estaba en el Espíritu; y he aquí, un trono establecido en el cielo, y en el trono, uno sentado. Y el aspecto del que estaba sentado

era semejante a piedra de jaspe y de cornalina; y había alrededor del trono un arco iris, semejante en aspecto a la esmeralda (Apocalipsis 4:1–3).

Un arco iris es la mitad de un círculo: comienza en el horizonte, se arquea y se detiene en el horizonte. Pero este arco iris hacía un círculo perfecto, como si Dios dijera: "El arco iris esmeralda, que significa inmortalidad e infinitud, rodea mi trono". Nadie puede destruir a Dios.

La soberanía y la crucifixión

La soberanía de Dios se ve en la muerte de Jesús. Él había vivido su vida en la tierra entre los hombres. Tenía treinta y tres años y llegó el tiempo en que debería ser el rey de Israel; así pensaba la gente. Incluso intentaron hacerlo rey por la fuerza (Juan 6:15), pero Él se negó. Así que lo agarraron y lo clavaron en la cruz.

Una vez oí decir a un predicador galés —y creo que tiene razón— que los discípulos nunca pensaron que alguien podría clavar a Jesús en el madero, que ellos nunca creyeron que Jesús podría morir. Ellos creían que este Hombre, este Hombre maravilloso que podía aquietar las olas, sanar a los enfermos, echar fuera al diablo, y hacer ver a los ciegos, no podía morir. O si moría, creían que inmediatamente resucitaría en majestad y sería rey de Israel. Y sin embargo, allí estaba, colgando de una cruz. Fueron y lo bajaron. Con gran tristeza y lágrimas lo envolvieron en su sudario. Usaron ungüentos para tratar de darle una especie de embalsamamiento y lo pusieron en la tumba nueva de José.

Unos pocos días después, dos hombres andaban solos por el camino a Emaús. Y mientras caminaban, se les acercó un Hombre y les dijo (estoy parafraseando aquí): "¿Por qué se ven tan tristes? ¿Por qué bajan tanto la voz? ¿Por qué parecen tan deprimidos?"

Ellos respondieron: "Tú debes ser extranjero en Jerusalén. ¿No sabes que se levantó un gran profeta y creímos que era el Hijo de Dios? Y no creíamos que pudiera morir, o si moría, creíamos que resucitaría. Este es ya el tercer día y nada ha ocurrido y todas nuestras esperanzas se han derrumbado. No hay nada sino un sombrío desaliento ante nosotros".

Y Él les comenzó a hablar. Mientras hablaba, Él actuaba como si fuera a seguir, así que ellos lo invitaron a quedarse a comer. Cuando Él partió el pan, vieron las marcas de los clavos en sus manos, entonces se miraron y Él desapareció de su vista. Se pusieron de pie de un salto y dijeron: "¿No ardía nuestro corazón...?" (Vea Lucas 24:13–32).

El Dios todopoderoso vino e hizo el maravilloso milagro de todos los milagros: Él resucitó de la muerte a un Hombre que había muerto y lo glorificó. Y así el Dios Soberano abrió una vez más camino en el torbellino y la tormenta.

Hoy estamos entrando en un período de la historia como nunca hubo desde que se enfrentaron Jesucristo y el Imperio romano. El Dios que vivió entonces vive hoy. De modo que no tengo temor ni duda; puedo dormir tranquilamente porque creo que Dios tiene sus planes y los llevará a cabo.

¿Cuáles son los planes de Dios? Por un lado, están las promesas de Dios a Abraham y a Israel. Dios las hizo y Dios las cumplirá. Dios dijo a Abraham que sus descendientes tendrían la tierra. Y le dijo a Israel que Él reinaría sobre la casa de Jacob para siempre. Yo creo que Dios cumplirá sus promesas a Abraham y a Israel. Y no creo que exista ninguna posibilidad de evitar que Dios lo haga.

Dios también ha decretado que una compañía de redimidos será llamada y glorificada. Después de la Segunda Guerra Mundial, los misioneros comenzaron a decir que quedaban solamente tantos años más para la actividad misionera. Los jóvenes que sentían el llamado al campo misionero no iban porque decían: "¿Qué sentido tiene prepararse para el campo misionero? Parece como si las puertas se estuvieran cerrando, una tras otra".

Pero usted puede estar absolutamente seguro de que Dios es perfectamente libre, en todo lugar, en todo tiempo, de hacer todo lo que Él está dispuesto a hacer, de cumplir sus propósitos. Y uno de sus propósitos es dar a luz un pueblo redimido de toda lengua, pueblo, tribu, nación, color, raza y origen étnico de todo el mundo (Apocalipsis 5:9). Los hará semejantes a su santo Hijo, y serán la novia de su Hijo. Jesucristo, el Hijo de Dios, los presentará al Padre —rescatados, redimidos y purificados— pues son vírgenes y caminan con el Cordero. Yo creo esto.

No creo que las divisiones de la Iglesia, o los falsos "ismos" que están diseminados por todas partes vayan a cambiar o estorbar el propósito de Dios. Él abrirá camino en el torbellino y la tormenta, y las nubes serán el polvo de sus pies.

Él también ha decretado que los pecadores serán quitados de la tierra (Salmo 104:35). Los pecadores están bastante arraigados ahora. El crimen organizado opera en los Estados Unidos de costa a costa. Los criminales están tan bien organizados que las autoridades, incluso el FBI, no pueden hacerles frente. Si los arrestan, la Suprema Corte los libera por evidencia insuficiente. El pecado está muy arraigado en el mundo; está organizado como un cáncer que ha comenzado a obrar en el cuerpo de un hombre.

He oído del cáncer que se disemina por todo el cuerpo de una persona hasta que sus raíces están en todas partes, como un pulpo. Por supuesto, ese paciente no dura mucho tiempo. Si no fuera porque el Dios soberano gobierna el mundo, esta raza humana no podría durar mucho tiempo. El cáncer de la iniquidad, como una vil enfermedad, tiene sus raíces en todas partes. Pero Dios dice que Él va a sacar de la tierra a los pecadores. Habrá "cielos nuevos y tierra nueva, en los cuales mora la justicia" (1 Pedro 3:13). Dios ha ordenado que la tierra sea renovada y los pecadores sean quitados.

Nada ni nadie puede detener a Dios. Usted puede decir: "Dios es bienintencionado, y tiene poder y autoridad, pero alguna circunstancia imprevista puede desbaratar sus planes". Pero, ¡para Dios no existen las circunstancias imprevistas! Cuando usted comienza una caminata por la manzana, un gato negro puede correr enfrente de usted; un policía puede llamarlo a un lado; usted puede caerse muerto; un automóvil puede subir sobre la vereda y quebrarle una pierna. Usted nunca sabe. Las circunstancias imprevistas están en todas partes rodeándolo a usted y a mí, pero el Dios soberano no sabe de circunstancias imprevistas. Él ha visto el fin desde el principio. Nunca necesita preguntar lo que hay en un hombre; Él conoce a todos los hombres. De modo que no puede haber circunstancias imprevistas.

Además no hay accidentes a los ojos de Dios, porque la sabiduría de Dios previene un accidente. Usted puede estar conduciendo por la autopista a cuarenta millas por hora. Un neumático explota y usted cae a una zanja. Alguien no hizo muy bien el neumático y no encajaba. (Solía hacer neumáticos en una fábrica de caucho en Akron, Ohio; con algo de trabajo los poníamos dentro; ¡es un milagro que no explotaran antes de salir de la fábrica!) Pero la sabiduría del Dios todopoderoso nunca tiene un reventón. El Dios todopoderoso sabe lo que está haciendo; Él es absolutamente sabio y no puede haber accidentes. Nadie puede darle una contraorden.

Se dice que una de las mayores dificultades durante la Segunda Guerra Mundial fueron las contraórdenes. Tenían generales tan obstinados —Montgomery, Alexander,

Eisenhower— y estos hombres estaban muy ocupados. Uno daba una orden y otro la contrarrestaba. Usted puede leer registros de eso aquí y allá. Un individuo comienza a hacer algo y otro dice: "¡Espera un momento! Tengo una orden de Fulano de Tal, cancelando eso". Entonces el otro compañero decía: "Tengo una orden de otra persona diciéndome que lo haga". Corrían en círculos dando vuelta y vueltas.

Pero le pregunto, ¿quién puede contrarrestar una orden dada por el gran Dios todopoderoso? Cuando el Dios soberano dice que tiene que ser de esta manera, es de esa manera ¡y nadie lo puede cambiar!

Algunos pueden preguntarse si Dios puede fallar por debilidad. Pero el Dios omnipotente no puede ser débil, porque Dios tiene todo el poder que existe. Las bombas de hidrógeno, las bombas de cobalto, las bombas atómicas y todas las demás, ¡no son nada! Son las canicas con las cuales Dios juega. Dios en su infinita fuerza, sabiduría, autoridad y poder, abre camino en el torbellino y la tormenta. Eso es lo que significa la soberanía.

¿Qué significa esto para usted y para mí? Significa que si usted se va de la iglesia contrariando la voluntad de Dios y su camino, Dios no quiere que usted haga eso, pero quiere que sea libre de hacerlo. Y cuando usted libremente elige caminar contra la voluntad de Dios, elige libremente ir por el camino de la perdición. Eso se refiere al cielo y al infierno: nadie está en ese lugar por accidente. El infierno está poblado de gente que eligió ir allí. Pueden no haber elegido el destino, pero eligieron ese camino. Ellos están allí porque les gusta el camino que conduce a la oscuridad. Y fueron libres de tomarlo porque el Dios soberano les concedió toda esa libertad.

Todo el que está en el cielo está allí porque eligió ir allí. Nadie se despierta encontrándose en el cielo por accidente, diciendo: "Nunca proyecté venir aquí". ¡No! Se dice que el hombre rico murió y en el infierno levantó sus ojos; el hombre pobre y bueno murió y fue al seno de Abraham (Lucas 16:22–23). Cada uno de ellos fue a donde pertenecía. Cuando Judas murió fue "a su propio lugar" (Hechos 1:25). Y cuando Lázaro murió, fue a su lugar: los lugares que habían escogido. Así que recuerde esto: Quienquiera que no esté del lado de Dios está del lado del perdedor.

Todo esto se aplica al tema de la consagración y de la vida profunda, de obediencia al Señor. Sonreímos y nos encogemos de hombros y lo hacemos parecer como si fuera opcional; algo que podemos hacer o no, según nos plazca. Pero la consagración a la voluntad de Dios es una necesidad absoluta, si usted va a estar del lado de Dios. Si usted está del lado de Dios, no puede perder; si está del otro lado, no puede ganar. Es tan fácil como eso. No importa qué agradables podamos ser, qué rectos, cuánto demos a las misiones, qué morales seamos, si nos estamos oponiendo a Dios no podemos ganar. Pero si nos rendimos y vamos al lado de Dios, no podemos perder.

Un hombre que esté con Dios, no puede perder, porque Dios no puede perder. Dios es el Dios soberano que está abriendo su camino en el torbellino y la tormenta. Y cuando la tormenta acabe y el torbellino de la historia se haya disipado, el Dios que se sienta en el trono con el arco iris alrededor, seguirá estando sentado en ese trono. A su lado estará una compañía de redimidos que eligieron seguir el camino de Dios; el cielo no estará lleno de esclavos.

No habrá conscriptos marchando en los ejércitos del cielo. Todos estarán allí porque ejercieron su soberana libertad de elegir creer en Jesucristo y rendirse a la voluntad de Dios.

El domingo pasado por la noche hablé con un hombre que dijo algo al respecto: "No puedo decirle sí a Dios. No puedo rendirme". Él es un joven refinado, agradable, e inteligente. Pero no pudo decirle sí a la parte ganadora. Así que le estaba diciendo sí a la parte perdedora. Si usted le dice sí a Dios, no puede perder. Y si usted le dice no a Dios, no puede ganar. Si ese es su problema, usted está luchando con Dios. Pregunta: "¿Por qué no soy lleno del Espíritu Santo?". Es porque está luchando con Dios. Dios quiere que vaya por este camino, pero usted va parte del camino y después se desvía. Siempre hay una controversia allí entre usted y Dios.

¿Está del lado de Dios, completa, enteramente, para siempre? ¿Le ha dado todo a Él: su hogar, su negocio, su escuela, su elección del compañero o compañera de su vida? Elija el camino de Cristo, porque Cristo es Señor y el Señor es soberano. Es tonto elegir cualquier otro camino. Es una locura tratar de pasarse de listo con Dios, tratar de luchar contra Él. "¿Por qué contiendes contra él?" (Job 33:13).

CAPÍTULO 9

LA FIDELIDAD DE DIOS

Por siempre cantaré de las misericordias del SEÑOR; con mi boca daré a conocer tu fidelidad a todas las generaciones...en los cielos mismos establecerás tu fidelidad tu fidelidad en la asamblea de los santos...Oh SEÑOR, Dios de los ejércitos, ¿quién como tú, poderoso SEÑOR? Tu fidelidad también te rodea Con él estarán mi fidelidad y mi misericordia, y en mi nombre será exaltado su poder.

—Salmo 89:1, 2, 5, 8, 24, LBLA

Si confesamos nuestros pecados, él es fiel y justo para perdonar nuestros pecados, y limpiarnos de toda maldad.

—1 Juan 1:9

Si fuéremos infieles, él permanece fiel; Él no puede negarse a sí mismo.

—2 Timoteo 2:13

Fiel es el que os llama, el cual también lo hará.

—1 Tesalonicenses 5:24

Dios nunca está desactualizado. Cualquiera que sea la época del año, siempre es apropiada para predicar a Dios. La fidelidad divina es uno de los atributos del Dios altísimo de quien somos y a quien afirmamos servir. Los versículos precedentes son solo unos pocos de los textos que dicen que Dios es fiel. Intentaré definir la fidelidad y luego tratar de aplicarla y mostrar lo que significa para nosotros.

La fidelidad es eso en Dios que garantiza que Él nunca será o actuará de modo inconsecuente consigo mismo. Usted puede establecer esto como un axioma. Eso es bueno para usted ahora y será bueno para usted cuando esté agonizando. Será bueno recordarlo cuando usted se levante de la muerte y bueno por todos los eones y milenios por venir. Dios nunca cesará de ser lo que es y quien es. Lo que Dios dice o hace debe estar siempre de acuerdo con su fidelidad. Él siempre será fiel a sí mismo, a sus obras y a su creación.

Dios es su propio estándar. Dios no imita a nadie ni es influido por nadie. Eso puede ser difícil de entender en esta edad depravada, en que hemos implantado la idea del V.I.P. (siglas en inglés que significan persona muy importante), del hombre influyente. Y se dice, bastante crudamente: "La cuestión no es lo que usted sabe sino a quién conoce". Pero usted no puede influenciar a Dios de una forma ni de otra. Y Dios no imita a nadie: Él nunca está forzado a actuar en desacuerdo con su carácter. Nada puede forzar a Dios a actuar de otra manera que con fidelidad a sí mismo y a nosotros: ni personas ni circunstancias, nada.

Si yo puedo imaginar a alguien que pueda influenciar a Dios tan fuertemente como para cambiar su pensamiento o compelerlo a hacer algo que no había planeado, o ser algo que no es, entonces habré pensado en alguien mayor que Dios, lo cual obviamente no tiene sentido. ¿Quién puede ser más grande que el Mayor, más alto que el Altísimo o más poderoso que el Omnipotente?

La fidelidad de Dios garantiza que Dios nunca cesará de ser quien es y lo que es, así como lo garantiza su inmutabilidad. Usted recordará lo que dije acerca de la inmutabilidad de Dios: que si Dios cambia de alguna manera, debe hacerlo en una de tres direcciones: de lo mejor a lo peor, de lo peor a lo mejor o de una forma de ser a otra. Como Dios es absoluta, completamente santo, no puede ser menos que santo, así que no puede cambiar de mejor a peor. Y Dios no puede llegar a ser más santo de lo que es, así que no puede cambiar de peor a mejor. Además Dios, siendo Dios y no una criatura, no puede cambiar la forma de ser que es. La perfección de Dios asegura eso. La fidelidad de Dios también asegura eso, porque Dios no puede cesar de ser quien es y lo que es.

Esto puede sonar un poco árido, pero si usted lo capta y lo medita, se alegrará de saberlo la próxima vez que se encuentre en una situación difícil. Usted puede vivir entre nubes y volutas de mal entendida teología hasta que la presión apriete. Y cuando la presión apriete, usted querrá saber a qué clase de Dios está sirviendo.

Esta es la clase de Dios a quien usted está sirviendo: todo lo que Dios dice o hace debe concordar con todos sus atributos, incluyendo el atributo de su fidelidad. Cada pensamiento que Dios piensa, cada palabra que Dios habla, cada acto de Dios deben ser acordes con su fidelidad, sabiduría, bondad, justicia, santidad, amor, veracidad y todos sus otros atributos.

Magnificar una fase del carácter unitario de Dios y disminuir otra es siempre erróneo. El hombre de Dios que se para en un púlpito debe corregir siempre este error tanto como le sea posible. Debe procurar que veamos a Dios en su íntegra plenitud, en toda su perfección y gloria. Si magnificamos un atributo para disminuir otro, tenemos un concepto asimétrico de Dios, un Dios desbalanceado, es decir, nosotros lo vemos desbalanceado.

Si usted mira un árbol, que es fuerte y alto, a través de lentes inadecuados, lo verá torcido. Y puede verlo a Dios torcido, pero la torcedura está en su ojo, no en Dios. Por ejemplo, si hace que nuestro Dios sea todo justicia, tenemos un dios de terror y huimos de él asustados. Hubo un tiempo en que la Iglesia agitaba el infierno, el juicio, el pecado y todo eso. Temblamos cuando pensamos en ese periodo en que todo lo que la Iglesia hablaba era acerca de la justicia de Dios. Dios era considerado un tirano y el universo como una suerte de estado totalitario, con Dios a la cabeza, rigiéndolo con vara de hierro. Si solamente pensamos en la justicia de Dios, este es el concepto que tendremos.

Del otro lado, como una reacción contra eso, vino el tiempo en que solo se pensaba a Dios como siendo amor. "Dios es amor" (1 Juan 4:16) es ahora nuestro texto magno. Ya no tenemos un dios de terror, sino un dios sentimental, sin carácter: el dios de la Ciencia Cristiana. Dios es amor y el amor es dios y todo es amor y todo es dios y dios es todo. Pronto ya no nos queda nada. Es como el caramelo de algodón que se compra en el circo: todo cuanto usted tiene es dulzura y nada más que dulzura. Hemos magnificado el amor de Dios sin recordar que Dios es justo.

O si hacemos a Dios todo bueno, entonces tenemos al débil sentimental de los modernistas y liberales. El dios de los liberales y de los modernistas no es el Dios de la Biblia, porque para obtener el dios que ellos tienen deben deshacerse de casi todo lo que Dios hizo en el Antiguo Testamento. Dios no podría haber detenido el sol y no podría haber enviado fuego sobre Sodoma y Gomorra. Dicen que fueron meros hechos naturales. Dios no podría haber enviado un diluvio universal sobre los impíos. Dicen que fue solamente una pequeña inundación, como la que hubo en Texas tiempo atrás. Así que para dar cabida a un dios que no es nada más que bueno, que simplemente se sienta allí en un gran globo de bondad, tienen que deshacerse de casi todo lo que Dios hizo por vía de la justicia.

Si hacemos un dios de gracia y nada más, como algunas iglesias evangélicas hicieron en los pasados cincuenta años, tenemos un dios que no ve diferencias morales. Es por eso que la Iglesia ha sido incapaz de ver diferencias morales. En lugar de una Iglesia santa, separada, tenemos una iglesia que está tan entrelazada con el mundo que usted no puede distinguir uno del otro. Se dijo de cierto gran predicador inglés que predicó la gracia de tal manera que bajó los estándares morales de Inglaterra. Es enteramente posible predicar gracia en la Iglesia hasta que lleguemos a ser tan arrogantes y desvergonzados como podamos ser, olvidando que la gracia es uno de los atributos de Dios, pero no todos. Aunque Dios es un Dios de gracia, también es un Dios de justicia, santidad y verdad. Nuestro Dios siempre será fiel a su naturaleza, porque Él es un Dios fiel.

La infidelidad es una de las mayores fuentes de dolor y miseria del mundo. Dios nunca será infiel; no puede serlo. Volviendo al libro de Génesis, dice:

> Y edificó Noé un altar a Jehová, y tomó de todo animal limpio y de toda ave limpia, y ofreció holocausto en el altar. Y percibió Jehová olor grato; y dijo Jehová en su corazón: No volveré más a maldecir la tierra por causa del hombre; porque el intento del corazón del hombre es malo desde su juventud; ni volveré más a destruir todo ser viviente, como he

hecho. Mientras la tierra permanezca, no cesarán la sementera y la siega, el frío y el calor, el verano y el invierno, y el día y la noche.

—Génesis 8:20–22

Por consiguiente, no preste atención a esa gente que anda diciendo que el mundo va a ser barrido por una bomba atómica o de hidrógeno. No preste atención a las advertencias de que la raza humana marcha hacia la aniquilación. Dios dice: "Mientras la tierra permanezca, no cesarán la sementera y la siega, el frío y el calor, el verano y el invierno, y el día y la noche" (v. 22). Y "No volveré más a maldecir la tierra por causa del hombre" (v. 21). Dios ha dicho eso aquí. Más adelante, dice:

Y habló Dios a Noé y a sus hijos con él, diciendo: He aquí que yo establezco mi pacto con vosotros, y con vuestros descendientes después de vosotros; y con todo ser viviente que está con vosotros; aves, animales y toda bestia de la tierra que está con vosotros, desde todos los que salieron del arca hasta todo animal de la tierra. Estableceré mi pacto con vosotros, y no exterminaré ya más toda carne con aguas de diluvio, ni habrá más diluvio para destruir la tierra. Y sucederá que cuando haga venir nubes sobre la tierra, se dejará ver entonces mi arco en las nubes. Y me acordaré del pacto mío, que hay entre mí y vosotros y todo ser viviente de toda carne; y no habrá más diluvio de aguas para destruir toda carne. Estará el arco en las nubes, y lo veré, y me acordaré del pacto perpetuo entre Dios y todo ser viviente, con toda carne que hay sobre la tierra.

—Génesis 9:8–11, 14–16

Dios escribió eso mucho antes de que hicieran esa pequeña bomba por ahí en la Universidad de Chicago. Dios hizo ese pacto antes de que el hombre hiciera ciencia y yo descanso perfectamente en ese pacto. No espero que mis hijos, nietos, biznietos, tataranietos o tataratataranietos dejen de ser. Y no espero que se transformen en hombres verdes con un ojo en la mitad de la frente. Yo espero que Dios cumpla su promesa, porque Dios no puede dejar de hacerlo. Dios debe ser fiel a sí mismo, y cuando Dios hace una promesa debe cumplirla. Dios hizo esa promesa incondicionalmente y se encargará de que se cumpla.

Seguiremos teniendo verano e invierno. No tenemos el clima de Florida en todo el mundo. Siempre tendremos nieve en el invierno. Dios dijo que invierno y verano, sementera y siega siempre estarán aquí así que usted puede esperar eso. Dios lo dijo y yo lo creo.

Dios dice en los Salmos que "se acordó para siempre de su pacto; de la palabra que mandó para mil generaciones" (Salmo 105:8). Y nuestro Señor dijo: "Hasta que pasen el cielo y la tierra, ni una jota ni una tilde pasará de la ley, hasta que todo se haya cumplido" (Mateo 5:18). Usted puede contar con eso.

Este es el hecho: ¡Dios es fiel! Él se mantendrá fiel porque no cambia. Él es perfectamente fiel, porque Dios no es nada parcialmente. Es perfectamente todo lo que es y no es parcialmente nada de lo que es. Usted puede estar seguro de que Dios siempre será fiel. Este Dios fiel, que nunca quiebra una promesa y jamás viola un pacto, que nunca dice una cosa queriendo decir otra, que nunca pasa por alto nada ni olvida nada, es el Padre de nuestro Señor Jesús y el Dios del evangelio. Este es el Dios que adoramos y el Dios que predicamos.

Fidelidad de Dios con los pecadores

Veamos ahora las aplicaciones de la fidelidad de Dios. Cómo se aplica a los pecadores: si usted está perdido y lo sabe, Dios ha declarado que proscribirá de su presencia a todos los que aman el pecado y rechazan a su Hijo. Dios ha prometido eso; lo ha declarado; lo ha advertido y amenazado, y así lo hará. Que nadie confíe en una desesperada esperanza basada en la creencia de que Dios amenaza pero no cumplirá. No, ¡Dios espera para tener piedad! A veces Él se demorará para darnos otros treinta días, otros sesenta días para que nos decidamos. Pero tan seguro como que los molinos de Dios muelen, las almas de los hombres caen en ellos y son molidas muy finamente. Dios se mueve con lentitud y es muy paciente, pero ha prometido que proscribirá de su presencia a quienes amen el pecado, a quienes rechacen a su Hijo y rehúsen creer.

Este es el mensaje para el pecador que no quiere venir, que ama su pecado. Pero hay otra clase de pecador que los escritores antiguos llaman el pecador que vuelve. En la Biblia, el máximo ejemplo de un pecador que vuelve es, por cierto, el Hijo Pródigo. ¿Recuerda lo que dijo ese muchacho? "Padre, dame la parte de los bienes que me corresponde" (Lucas 15:12). Él quiso su parte de la herencia antes de que el anciano hubiera muerto. ¡Y su padre se la dio! Él la tomó y se fue, y cuando se quedó sin nada, emprendió el regreso.

¡Aquí tenemos a un pecador que vuelve! Él seguía siendo un pecador: seguía teniendo sus harapos sobre sí, seguía hediendo como los cerdos, pero era un pecador que volvía. Y nuestro Señor les dice a los pecadores que vuelven: "¡Venid a mí!" (Mateo 11:28). Las promesas e invitaciones del Señor son tan válidas como el carácter de Dios.

D. L. Moody encontró que si le ofrecía un dólar a un chico pobre, frecuentemente el chico retrocedía y rehusaba tomarlo.

El chico no confiaba en Moody lo suficiente para creer que Moody esperaba que lo tomara. Cuando Dios promete algo, usted debe estar seguro de que Dios espera hacerlo. Pero en la iglesia prácticamente hemos llegado a no creer nada de nada. Aunque Marta creía que su hermano podría volver a levantarse en el último día, seguía sin creer que el Señor pudiera levantarlo ya mismo (Juan 11:24). Nosotros también, posponemos todo para el futuro ¡y lo llamamos escatología! Sabe, esa es una gran palabra para la incredulidad. Debo decir que escatología es una palabra teológica para las cosas de los tiempos finales, y eso debería ser perfectamente correcto. Pero he observado que la escatología es un cubo de basura en el cual barremos todas las cosas que no queremos creer.

Creemos en milagros, pero creemos en ellos escatológicamente, esto es, que sucederán alguna vez allá lejos. Creemos que el Señor sanará al enfermo, pero lo hará allá lejos. Creemos que el Señor se manifestará a los hombres, pero lo hará mañana o al día siguiente o en el próximo milenio. Y así, lo barremos bajo la alfombra y seguimos con nuestros asuntos. ¡Eso es escatología!

Creemos que Dios bendecirá a los judíos en los días por venir. (He observado que ahora algunos cristianos están cada vez más lejos de eso; no creen en ningún futuro para Israel; ¡pero yo sí!) Creemos que el Señor bendecirá a la Iglesia al final cuando Él vuelva. Pero ¿pensar en que dé cualquier bendición ahora? Nos cuesta bastante pensar en esto.

En un sermón dije una vez que la incredulidad es una de las cosas más resbaladizas del mundo. La incredulidad siempre dice: "En cualquier lugar, pero no aquí; en cualquier otro tiempo, pero no ahora; a cualquier otra gente, pero no a nosotros". Eso es incredulidad. Defendemos los milagros del Antiguo Testamento, pero no creemos que hoy pueda suceder un milagro. Creemos en milagros mañana o ayer, pero nos

instalamos en un intervalo entre milagros. Yo creo que si tenemos fe, veremos milagros ahora, ¡aunque no creo que debamos oficiar milagros poniendo grandes tiendas de campaña y
proclamando que vamos a hacer un milagro!

No creo en publicitar milagros porque Dios no va a permitir
ser publicitado. Dios no está haciendo una liquidación. El Señor
nunca da milagros baratos. Él nunca expresa su gloriosa, misteriosa voluntad para complacer a santitos carnales. Sin embargo,
el Señor está perfectamente deseoso de hacer lo imposible cuando su pueblo osa creer que Él es un Dios fiel y que hará lo que
dijo. ¡Pero nosotros no le tomamos la palabra a Dios!

Pero si usted es un pecador que vuelve y deja atrás sus
harapos y viene al Señor, encontrará que cuando el Señor dice:
"Venid a mí…, y yo os haré descansar" (Mateo 11:28) ¡quiere
decir exactamente eso! La poeta inglesa Frances Havergal dijo
que llegó a un punto en el cual creyó que el Señor quería decir
exactamente lo que dijo. Cuando dijo: "Si confesamos nuestros pecados, él es fiel y justo para perdonar nuestros pecados,
y limpiarnos de toda maldad" (1 Juan 1:9), ella encontró que
el Señor quería decir exactamente lo que había dicho.

¿Por qué no comienza a leer su Biblia con el pensamiento
de que Dios quiere decir exactamente lo que dijo allí? Estamos
recibiendo tantas traducciones ahora, pero me parece que son
congruentes respecto a las mismas cosas. Es una de las mayores
falacias, uno de los mayores engaños posibles, imaginar que si
lo dice de otra manera significará más. La gente imagina que si
obtiene una nueva traducción que le dice un poco mejor lo que
significa, eso será maravilloso. En realidad, eso no será más
que una gran decepción. Lo sé porque yo soy el primer engaña-
do por una nueva traducción. Cada vez que sale una, corro a
obtenerla. El otro día fui a la librería y compré el último Nuevo
Testamento. Está todo bien, pero eso no me da más fe, no me
hace a Dios más real y no me trae el cielo más cerca.

Cuando lee su Biblia, en lugar de andar preguntando al respecto, dígase a sí mismo: "Dios escribió esto y Dios es fiel; Dios no puede mentir". Por ejemplo, lea 1 Juan 1:7: "Pero si andamos en luz, como él está en luz, tenemos comunión unos con otros, y la sangre de Jesucristo su Hijo nos limpia de todo pecado". Esta es una verdad maravillosa y alentadora, si usted es un cristiano que ha pecado.

He oído decir a algunos: "Yo no creo en cristianos pecadores". ¡Yo tampoco, pero conozco un montón de ellos! No pienso que los cristianos deban pecar y no pienso que le debamos quitar importancia a eso. Pienso que cuando un cristiano peca, está haciendo una cosa mortal, peligrosa y terrible. Pero también sé que el Espíritu Santo dice: "Hijitos míos, estas cosas os escribo para que no pequéis; y si alguno hubiere pecado, abogado tenemos para con el Padre, a Jesucristo el justo" (1 Juan 2:1). Y también dice: "Si confesamos nuestros pecados, él es fiel y justo para perdonar nuestros pecados, y limpiarnos de toda maldad" (1:9).

Ahora bien, aquí hay algo que tal vez usted no haya observado: "Él es fiel *y justo* para perdonar nuestros pecados, y limpiarnos de toda maldad". Dios prometió que perdonaría y es fiel para hacerlo. Pero dice que es fiel *y justo* para perdonar. ¡La *justicia* está ahora de nuestro lado! En vez de que la justicia esté contra nosotros y la gracia por nosotros, la sangre de Jesucristo obra ante el trono de Dios y ante la presencia del hombre el asombroso milagro de que ahora la justicia viene a ponerse del lado del pecador que vuelve. Y cuando el pecador vuelve a casa, no hay nada que se interponga entre él y el corazón de Dios. Todo ha sido barrido por la sangre del Cordero.

Así que si algún antiguo recuerdo viene a su mente, o el diablo o algún predicador le dice que la justicia está contra usted, recuerde lo que dice la Escritura: "Él es fiel *y justo* para perdonar". La justicia ha venido a ponerse del lado del cristiano, porque Jesucristo está del lado del cristiano. Así que si usted confiesa sus pecados, Dios los tirará a la basura y usted quedará libre.

Fidelidad de Dios con quien es tentado

Dios también es fiel al que es tentado. Primera de Corintios 10:13 dice: "No os ha sobrevenido ninguna tentación que no sea humana; pero fiel es Dios, que no os dejará ser tentados más de lo que podéis resistir, sino que dará también juntamente con la tentación la salida, para que podáis soportar". La fidelidad de Dios también está operando para librarnos de las tentaciones que nos estorban.

Algún pobre, sufriente cristiano dice: "Me siento sin salida, como si hubiera un muro alrededor de mí". Alguien ha dicho que cuando usted no puede escapar por la derecha, la izquierda, adelante o atrás, siempre puede hacerlo por arriba. La fidelidad de Dios es el camino de salida, porque es el de subida, usted puede estar seguro de eso. Su tentación es común a todos. Si usted está en el límite de la vida victoriosa y dice: "En la situación que estoy viviendo, no puedo lograrlo", recuerde que Dios dice que su tentación nos es común a todos.

Mi padre era un robusto granjero inglés. Yo estaba orgulloso de la fortaleza de mi padre. Pero cuando se pescó un catarro, se convirtió en el bebé más grande del mundo. Decía que nadie había tenido un catarro como ese. Mi pobre, anciana madre alemana podía estar tan enferma que andaba cojeando, pálida y cansada, pero tenía que seguir adelante. Pero cuando mi vigoroso, robusto padre se enfermó, se acostó y la llamó y ella tuvo que atenderlo. Él pensaba que la clase de catarro que tenía era única, pero solamente tenía inflamada la nariz.

Del mismo modo, solemos pensar que somos más tentados que otros. Deberíamos recordar, sin embargo, que hubo santos que debieron cruzar el zarzal donde ahora estamos nosotros, y lo hicieron muy bien. Si creemos en Dios, también nosotros lo haremos.

Algunos hombres tienen esposas que son gatas monteses —con las que es difícil llevarse bien— y piensan que son tentados más que todos los demás. John Wesley estaba casado con una gata montés, y que ni siquiera tenía recortadas las garras. Pero Dios sacó adelante a John Wesley. Él acostumbraba arrodillarse y orar en latín para que su esposa no pudiera saber lo que estaba diciendo. ¡Y mientras él oraba ella le arrojaba zapatos viejos a la cabeza! No es un trato de familia muy agradable, pero esa era la forma en que se llevaban.

Llegó un momento en que John Wesley le dijo adiós a su esposa y se fue a predicar, aunque ella no quería que lo hiciera. Nunca volvieron a juntarse mucho después de eso, aunque él se ocupó de que ella estuviera bien. Ella se quedó en casa y se quejó mientras él iba por todos lados predicando el evangelio y transformando a Inglaterra. Luego, un día él iba en su caballo, meditando u orando, mirando al cielo. Alguien corrió a su lado y le dijo: "Señor Wesley, su esposa ha muerto". Él bajó la mirada y dijo: "¡Oh! ¡Ha muerto?". Y volvió a alzar la mirada. Wesley hizo las cosas bien, a pesar de la esposa que tenía.

Hay también algunas preciosas mujeres que aman a Dios con todo su corazón pero están casadas con cerdos: hombres que rehúsan ser otra cosa que carnales, vulgares y están lejos de ser lo que sus esposas habrían esperado. Esas mujeres piensan: *"Nadie está atrapado como yo estoy"*.

Conozco una piadosa mujer de oración cuyo esposo, Dios lo bendiga, era un borracho. Su estómago no aguantaba la comida, por lo que solía volver a casa con la ropa sucia hasta los pies. Me temo que sé lo que yo habría hecho con él, pero ella no. Ella oraba, lo limpiaba y lo metía en la cama. Cuando se despertaba a la mañana siguiente con resaca, le prometía a ella cualquier cosa. Pero luego volvía a salir con los mucha-chos y volvía a casa balanceándose de lado a lado, cubierto de suciedad. Y ella atravesaba las mismas cosas una y otra vez. Ella oró durante años por ese hombre. Yo no sé cómo la pobre mujer lo aguantaba. Pero ella seguía orando. Era una de esas cristianas felices, un rayito de mujer.

Un día su borracho esposo vino a la iglesia, pasó al frente, cayó de rodillas y gritó como grita un borracho: mitad auto-compasión, mitad alguna otra cosa. Pero Dios lo salvó. Él se convirtió en un cristiano modelo y después vivió algunos años para Dios. Y ella estaba orgullosa de él como un águila que ha empollado otra. Ella lo trajo a Dios: empolló a su cónyuge con oración y paciencia.

Me imagino que habrá habido veces cuando lo escuchaba roncar en el rincón en su sueño de borracho en que ella habrá deseado no verlo nunca más. Y supongo que habrá habido veces en que sintió compasión de sí misma y dijo: "Dios, ¿cómo espe-ras que soporte esto?". Pero Dios susurraba en su corazón: *Las tentaciones que enfrentas en tu vida no son distintas de las que otros atraviesan, pero yo soy fiel, y no te dejaré caer.* El resultado fue que no solo él llegó a convertirse, sino también muchos de los miembros de su familia. Y ellos estarán en el cielo con sus padres uno de estos días. Solo estoy mostrando que cuando Dios dice que es fiel y que usted no sufrirá una tentación mayor de la que pueda resistir, Él quiere decir exactamente eso.

Fidelidad de Dios con los que están en luchas

¿Es usted una persona ansiosa y temerosa, que no puede creer que todo esté bien entre usted y Dios? Oiga lo que Dios le ha dicho:

Por un breve momento te abandoné, pero te reco-geré con grandes misericordias. Con un poco de ira escondí mi rostro de ti por un momento; pero con misericordia eterna tendré compasión de ti, dijo Jehová tu Redentor. Porque esto me será como en los días de Noé, cuando juré que nunca más las aguas de Noé pasarían sobre la tierra; así he jurado que no me enojaré contra ti, ni te reñiré.

—Isaías 54:7–9).

Fue maravilloso el día en que le creí esto a Dios. Creo que aunque Dios me haya corregido y castigado, nunca volverá a enojarse conmigo, por lo que Jesucristo hizo a mi favor, por sus promesas y por su fidelidad. Él ha jurado que no se enojará conmigo ni me reñirá. "Porque los montes se moverán, y los collados temblarán, pero no se apartará de ti mi misericordia, ni el pacto de mi paz se quebrantará, dijo Jehová, el que tiene misericordia de ti" (54:10). Esta es su palabra para el ansioso.

Luego están los cristianos que han sido infieles al Señor durante años. "Si fuéremos infieles, él permanece fiel; El no puede negarse a sí mismo" (2 Timoteo 2:13).

También están los desalentados. "Fiel es el que os llama, el cual también lo hará" (1 Tesalonicenses 5:24). Usted puede haber estado sirviendo al Señor bastante tiempo, pero siente que en vez de mejorar está empeorando. ¿Sabe lo que le está pasando? ¡Que está aprendiendo a conocerse mejor! Hubo un tiempo en que no se conocía mucho y pensaba que estaba bastante bien. Ahora, por la gracia de Dios, Él le está mostrando cómo es, y eso lo impacta y desalienta. Pero no debe desalentarlo, porque fiel es el que lo llama y Él también lo hará. Dios va a terminar el trabajo.

Frecuentemente me he preguntado qué sentirá una gallina para sentarse tres semanas sobre un huevo. Mi madre siempre ponía trece huevos bajo una gallina y esta se quedaba allí sentada. Podía salir a tomarse un descansito de vez en cuando, pero volvía al nido. Durante la primera semana, eso era una novedad. Dos semanas de eso lo podía aguantar, pero esa última semana debe haber sido una tortura: tener que sentarse allí sin que pasara nada.

Pero hacia el mediodía del día veintiuno, el primer pío pío experimental se escuchaba bajo sus alas. Y ella sonreía como solo puede sonreír una gallina, y decía: "Gracias, Dios, aquí están". Después todo era cuestión de tiempo. Uno tras otro, los pollitos iban saliendo de sus cáscaras. Yo solía caer sobre mis manos y mis rodillas como un muchacho para mirarlos salir. Cuando recién aparecían estaban desaliñados, pero tras unos diez minutos al sol eran maravillosamente suaves y hermosos a la vista. Pero solo llegaban tras veintiún días de espera.

A veces Dios nos hace esperar. Hizo que los discípulos esperaran en Jerusalén al Espíritu Santo (Hechos 1:4) y puede hacerlo esperar a usted. Pero recuerde: Dios, que lo llamó, es fiel, y también cumplirá. Este es nuestro fiel Dios. Le recomiendo que retire su esperanza de un mundo cambiante, traicionero y falso y ponga su confianza en Jesucristo. Él es fiel y cumplirá.

Padre, ayúdanos a creer. Perdónanos por dudar. Quita nuestra incredulidad, nuestra inseguridad, nuestra torpeza para creer. Ayúdanos a poner nuestra confianza en ti y arrojarnos sobre ti tan confiadamente como un niño a los brazos de su padre. Que podamos creer en ti. Oramos por el desalentado, por el pecador, por el cristiano que te ha fallado, por quienes están en el límite de la desesperación y quienes están viviendo en circunstancias extremadamente difíciles de sobrellevar. Tú, oh Dios, eres fiel y no permitirás que fracasemos. Tú nos guardarás y nos sostendrás y nos bendecirás. Necesitamos mucho que nos levantes y nos ayudes a través de Cristo nuestro Señor. Amén.

CAPÍTULO 10

EL AMOR DE DIOS

Amados, amémonos unos a otros; porque el amor es de Dios. Todo aquel que ama, es nacido de Dios, y conoce a Dios. El que no ama, no ha conocido a Dios; porque Dios es amor. En esto se mostró el amor de Dios para con nosotros, en que Dios envió a su Hijo unigénito al mundo, para que vivamos por él. En esto consiste el amor: no en que nosotros hayamos amado a Dios, sino en que él nos amó a nosotros, y envió a su Hijo en propiciación por nuestros pecados. Amados, si Dios nos ha amado así, debemos también nosotros amarnos unos a otros. Nadie ha visto jamás a Dios. Si nos amamos unos a otros, Dios permanece en nosotros, y su amor se ha perfeccionado en nosotros. En esto conocemos que permanecemos en él, y él en nosotros, en que nos ha dado de su Espíritu. Y nosotros hemos visto y testificamos que el Padre ha enviado al Hijo, el Salvador del mundo. Todo aquel que confiese que Jesús es el Hijo de Dios, Dios permanece en él, y él en Dios. Y nosotros hemos conocido

y creído el amor que Dios tiene para con nosotros.
Dios es amor; y el que permanece en amor, perma-
nece en Dios, y Dios en él. En esto se ha perfec-
cionado el amor en nosotros, para que tengamos
confianza en el día del juicio; pues como él es, así
somos nosotros en este mundo. En el amor no
hay temor, sino que el perfecto amor echa fuera el
temor; porque el temor lleva en sí castigo. De don-
de el que teme, no ha sido perfeccionado en el amor.
Nosotros le amamos a él, porque él nos amó pri-
mero. Si alguno dice: Yo amo a Dios, y aborrece
a su hermano, es mentiroso. Pues el que no ama a
su hermano a quien ha visto, ¿cómo puede amar a
Dios a quien no ha visto? Y nosotros tenemos este
mandamiento de él: El que ama a Dios, ame tam-
bién a su hermano.

—1 Juan 4:7–21

El amor de Dios es el más difícil de exponer de todos sus atributos. Tal vez usted no entienda el amor de Dios por nosotros. Yo mismo no lo sé. Estamos tratando de comprender lo incomprensible. Es como tratar de tomar el océano entre sus brazos, o abrazar la atmósfera, o elevarse hasta las estrellas. Nadie puede hacer eso, así que creo que debo hacer lo mejor que pueda y confiar en que el Espíritu Santo compense la limitación humana.

El texto arriba citado dice: "Dios es amor", pero esa no es una definición de Dios. Es muy importante entender esto. Hay gran cantidad de necios poetas y gente religiosa que andan diciendo que Dios es amor, así que el amor es Dios y por consiguiente todo es amor, y todo es Dios. Esas personas están ocupadas y felices por el momento. Pero están muy muy confundidas en su teología.

Cuando las Escrituras dicen "Dios es amor", no están definiendo a Dios. No nos dicen lo que Dios es en su ser metafísico. En primer lugar, la Biblia nunca nos dice lo que Dios es en su ser profundo, esencial. Nadie (excepto Dios mismo) puede concebir lo que Dios es, porque Dios es inconcebible. Aunque alguien pudiera concebirlo, no lo podría expresar porque Dios es inefable. Y si pudiera ser expresado, no podría ser comprendido porque Dios es incomprensible.

Sin embargo, equiparar el amor con Dios es ir más lejos en su teología. Si Dios es amor en su ser metafísico, entonces Dios y amor son iguales el uno al otro: idénticos. ¡Podríamos adorar al amor como Dios! Entonces estaríamos adorando un atributo de la personalidad y no la Persona misma, destruyendo de este modo el concepto de personalidad de Dios y rechazando de un plumazo todos los otros atributos de la deidad. No olvidemos que también dice: "Dios es luz" (1 Juan 1:5) y "Este es el verdadero Dios, y la vida eterna" (5:20), ¡pero no tratamos de limitar su naturaleza a la luz o a la vida!

Cuando se dice: "Dios es amor", significa que el amor es un atributo esencial del ser de Dios. Significa que en Dios está la suma de todo amor, así que todo amor viene de Dios. Y significa que el amor de Dios, podríamos decir, condiciona todos sus otros atributos, de modo que Dios no puede hacer nada si no lo hace en amor.

Creo que al final de los tiempos, cuando conozcamos como somos conocidos (vea 1 Corintios 13:12), se hallará que aun la condenación de un hombre es una expresión del amor de Dios tan ciertamente como la redención del hombre. Dios no puede separarse a sí mismo en partes y hacer una cosa con un atributo y otra cosa con otro. Todo lo que Dios es determina todo lo que Dios hace. Así, cuando Dios redime a un hombre en amor, o condena a otro hombre en justicia, no se contradice a sí mismo, porque la justicia y el amor están obrando juntos en el ser unitario de Dios.

Lo que queremos decir cuando decimos "Dios es amor" es lo que queremos expresar cuando decimos de un hombre que "es la bondad misma". No queremos significar que la bondad y el hombre son equivalentes e idénticos, sino que el hombre es tan bueno que la bondad sobresale en él y condiciona todo lo que hace. Así cuando decimos "Dios es amor", queremos decir que el amor de Dios es tal que permea su ser esencial y condiciona todo lo que Él hace. Nada de lo que Dios hace, o hizo o hará es hecho separadamente del amor de Dios.

Cuando veo lo que el amor es, me recuerda algo que dijo mi amigo Max Reich (hijo de un rabino, graduado en Oxford y un gran santo). Una vez le dije: "Dr. Reich, ¿qué piensa de la obra de Rottherham sobre los Salmos?"

"Hermano Tozer", me dijo, "Rottherham (botanizó) los Salmos. Un botánico toma una flor y la divide en partes para analizar y dar nombre a cada una. Cuando termina usted no tiene una flor, usted tiene botánica. Rottherham toma los Salmos y los analiza, clasifica, parte y desgarra. Cuando él termina, usted no tiene los Salmos de David, ¡usted tiene teología!".

Pensé que era bastante bueno, pero ahora me siento un poco cohibido cuando trato de predicar sobre el amor de Dios. Me preocupa poder estar (botanizando): arrancando los pétalos para descubrir lo que son. Pero tendré el cuidado de volver a juntarlos, para que usted no vaya a quedarse con un pétalo pensando que tiene el jardín entero.

El amor es buena voluntad

Ante todo, el amor es el principio de la buena voluntad. Los ángeles cantaban: "¡buena voluntad para con los hombres!"

(Lucas 2:14). El amor siempre quiere lo bueno para su objeto y nunca le desea ningún daño. Si usted ama a alguien, realmente lo ama, querrá ser bueno para él y hacerle bien. Querrá que nada lo dañe, si usted puede ayudarlo. Es por eso que Juan dice: "En el amor no hay temor, sino que el perfecto amor echa fuera el temor" (1 Juan 4:18). Si sé que alguien me ama, no tengo temor de él. Si no estoy seguro de que lo haga, puedo tener alguna reserva respecto a él. El amor echa fuera el temor, porque cuando sabemos que somos amados no tenemos temor. Si alguno tiene el perfecto amor de Dios, para él el temor está fuera del universo.

Todo temor real se va cuando sabemos que Dios nos ama, porque el temor viene cuando estamos en las manos de alguien que no quiere nuestro bien. Un muchachito perdido en unos grandes almacenes llegará al paroxismo del temor histérico; los rostros de la gente le resultan extraños, incluso los de quienes quieran ser amables con él. El chico tiene miedo de poder estar en manos de alguien que lo quiera dañar. Pero cuando ve el familiar rostro de su madre, corre sollozando hacia ella y se arroja en sus brazos. Él nunca tiene miedo en los brazos de su madre, porque la experiencia le ha enseñado que su madre quiere su bien. El perfecto amor echa fuera el temor. Cuando la madre no está allí, el temor llena el corazón del niñito, pero el rostro amable, sonriente, entusiasta de su madre echa fuera el temor.

Hemos nacido en un mundo donde hay muchas cosas que están contra nosotros: el pecado, Satanás, accidentes y muchas otras cosas. Si estamos en manos de accidentes, del diablo, del pecado, tenemos algo a lo cual temer. La gente ha escrito libros sobre cómo vencer el miedo; pienso que son de lo más ridículos. Le dicen que se siente y se diga a sí mismo: "No hay nada a lo que debas temer. El cielo te sonríe. El viento es tuyo y el sol también". Y en ese momento, usted cae con un ataque al corazón, o es afectado por alguna enfermedad, o recibe un telegrama diciendo que su hijo murió en un accidente automovilístico, o alguien le ha declarado la guerra a algún otro. Es simplemente ridículo decir "No temas".

Un hombre sentado en las vías de un tren puede decirse a sí mismo que no tiene nada que temer, pero cinco minutos más tarde tendrán que levantarlo en una cesta. ¡Por supuesto que hay cosas a las cuales temer! Si usted cree que está en las manos del azar, por supuesto que hay cosas que debe temer, y sería un tonto si no las temiera. Si usted es un pecador no arrepentido y parece que una espada pende sobre su cabeza, por supuesto que hay cosas que debe temer. Si usted ha pecado contra Dios y no se ha arrepentido, hay "una horrenda expectación de juicio" (Hebreos 10:27) y es lógico y natural que la haya.

Pero cuando, por la puerta abierta de la cruz y el nombre y el poder de Jesucristo, me encomiendo al corazón del Padre, entonces Dios cancela todo mi pasado, acepta todo mi presente, proclama su santo nombre sobre todo mi futuro, el amor de Dios se apodera de mí. Entonces el temor se va de mi corazón, porque el amor ha entrado. Ya no estoy en las manos de los hombres.

Dije hace años, en una convención denominacional: "No estoy en las manos de esos delegados. Ellos no pueden elegirme y no pueden derribarme; no pueden ponerme y no pueden sacarme". Más tarde, otro pastor vino a decirme: "Usted se sorprenderá de lo rápido que pueden".

Pero la verdad fue que ¡no pudieron! Yo estoy en las manos de Dios. Y apelo, no a delegados o a cualquier otro ser humano, sino al Dios altísimo. Dios es mi amigo por medio de Jesucristo y él quiere que yo prospere. Por lo tanto no temo; me pongo en sus manos sin temor. El amor echa fuera el temor. El amor es el principio de la buena voluntad y Dios quiere ser nuestro amigo.

El amor es emocional

El amor es también una fijación emocional. Esto es, se identifica emocionalmente con su objeto. Esto puede sonar un poco tonto, pero ¿ha notado que si usted realmente ama a alguien, ama incluso sus ropas? El poeta Ben Jonson escribió versos acerca de un ceñidor que usaba su amada. Si usted es un anciano circunspecto podría reírse de esto. ¡Pero lo cierto es que hubo un día en que usted también sintió mariposas en su corazón y en que le bastaba ver la letra de ella para sentirse transportado todo el día!

Nosotros también amamos a nuestros hijos y queremos su bien. Pienso en nuestra hija: cumplirá veintidós años este verano, pero sigue siendo nuestra niñita. Si ella sufriera una enfermedad mortal y yo pudiera salvarla con una transfusión de sangre —una transfusión de sangre que me costara la vida— no dudaría un segundo. ¡Y no soy un héroe, soy solamente un padre! El amor se identifica emocionalmente con su objeto. Si sé que ella yace en un hospital a punto de morir y que dándole mi sangre yo moriría y ella podría vivir muchos años, no dudaría ni un segundo. Moriría con una sonrisa. Cualquier padre que ama a sus hijos lo haría. El amor siempre se identifica emocionalmente con su objeto.

¿Alguna vez ha visto a una joven madre, delgada como una brizna, tambaleándose con un bebé grande, gordo? La madre está siendo literalmente consumida; el bebé se va haciendo gordo y feliz, mientras la madre realmente sufre en el proceso. Y sin embargo, ¿se queja esa madre? ¡De ninguna manera! Ella mira esa carita que ama y le daría dos veces, diez veces más, porque está identificada emocionalmente por completo con ese bebé.

¿Por qué, entre el calvario y la resurrección, Pedro, Juan, Bartolomé y los discípulos caminaban, comían, bebían y dormían, viva y saludablemente, mientras Jesús estaba muerto y en la tumba? Porque Él se había identificado emocionalmente con esos discípulos y con los que Él llamó el mundo. Morir por ellos no fue una tarea difícil. Es por eso que nunca me interesaron las canciones lastimeras que muestran a Jesús llorando, autocompadeciéndose y diciendo: "¡Oh, qué gran héroe soy y tú no lo aprecias! ¡Eso es demasiado malo para mí!". Las canciones como esa son nocivas. Las escriben hombres que necesitan tratamiento psiquiátrico.

Jesucristo nunca fue a decirles a sus discípulos: "Miren, yo morí por ustedes. ¿No recuerdan mis sufrimientos y mis lágrimas, y mis gemidos y mi sangre?". ¡No! Él dijo: "María", y María se volvió y dijo "¡Raboni!" (Juan 20:16). Él nunca le dijo: "Yo morí por ti", sencillamente le dijo "María". Esa es la diferencia entre el Nuevo Testamento y un montón de libros religiosos. Los libros religiosos suelen ser nocivos, y en el esfuerzo por llegar a ser espirituales se hacen todavía más nocivos.

Quiero ser un cristiano saludable. Creo que es la voluntad de Dios que tengamos mentes saludables. Jesús fue el hombre más saludable, y Pablo el discípulo más saludable. Debemos ser hombres y mujeres saludables. Es por eso que no voy mucho a los servicios del Viernes Santo en que la gente se sienta entre quejidos y gemidos, tratando de seguir a Jesús a través de las estaciones de la cruz. Es como tratar de seguir a una madre a través de las largas horas de trabajo de parto. Es suficiente decir: "¡Gracias, mamá, aquí estoy!".

Jesús dijo que cuando una mujer ha dado a luz, "ya no se acuerda de la angustia, por el gozo de que haya nacido un hombre en el mundo" (16:21), si tiene una mente saludable. Si no, escribe poemas y llora autocompadeciéndose. Ella debe ir a un doctor y hacerse examinar la cabeza. Pero si es saludable, se identifica emocionalmente con su hijo. En cuanto su hijo prospere prospera ella; lo que le duela a su hijo le duele a ella. Dios se identificó emocionalmente tanto con la raza humana que el diablo supo que la única manera en que podía tocar a Dios era a través de la raza humana.

Milton entendió esto cuando escribió *El paraíso perdido*. Este clásico no es una escritura inspirada y en él hay mucho que no es escritural. Pero su núcleo es bastante escritural y Milton era lo bastante teólogo para saberlo. En *El paraíso perdido* Milton muestra al demonio tramando con sus horribles demonios cómo podían tocar a Dios.

"Nos han dado una completa paliza y no hay nada que podamos hacer", dijeron los demonios (los estoy parafraseando aquí, por supuesto). "Las poderosas maquinarias de Dios han tronado y estamos perdidos. No podemos esperar jamás tomar por asalto el trono de Dios. ¿Qué haremos?".

Bien, el demonio, siendo el demonio, dijo: "Me parece que lo tengo. Se dice que Dios va a crear un pueblo que después será su imagen y como Él. Los ama más que a ninguna otra cosa en el universo. Si puedo agarrarlos y arruinarlos, le causaré a Dios más dolor que si derroco su dominio".

Así que él asechó a Adán y Eva y comenzó a tentarlos. Y cuando acarreó la caída de la raza humana, causó daño al corazón de Dios, porque Dios ama a la raza humana hecha a su propia imagen. Nuestros pecados son una herida emocional en el corazón de Dios.

Dice Hebreos 2:6, citando Salmo 8:4: "¿Qué es el hombre, para que te acuerdes de él?". La palabra griega para "*te acuerdes*" significa "fijar en la mente".[1] Estamos fijados en la mente de Dios. Y la única maravillosa, extraña excentricidad del gran Dios libre es que él se permite a sí mismo estar emocionalmente identificado conmigo, que cuanto me dañe lo dañe a Él. Lo que me duele le duele; lo que sufro, lo sufre. Las Escrituras dicen: "Jehová...[mullirá nuestra] cama en [nuestra] enfermedad" (Salmo 41:3). Dios se sienta junto a nosotros y se aflige cuando nos afligimos.

El amor también se complace con su objeto. Dios es feliz en su amor. Cuando las personas se aman unas a otras son muy felices. Cuando era Presidente de los Estados Unidos, Woodrow Wilson se enamoró de una viuda, la señora Galt Wilson. Como usted recordará, él era un hombre distinguido de cara larga y con un par de gruesos anteojos. Había sido profesor y presidente de una universidad. Él era tan circunspecto que necesitaba una producción tan solo para aclararse la garganta. Pero un verano conoció a la señora Galt y quedó sumamente impresionado. Y dijo: "Bueno, me voy a casar". Y entonces pegó un salto e hizo unos pasos de danza alrededor del piso presidencial.

¡Imagine un presidente haciendo una cosa así! ¿Qué le había sucedido al viejo? Le había llegado el amor. Él pensaba que la nieve en su techo significaba que el fuego se había apagado en el horno, pero seguía habiendo algo de emoción allí. Y él estaba feliz de haberlo encontrado. El amor siempre hace feliz a la gente.

Una joven madre siempre está feliz respecto a su bebé. Nunca he visto una que no lo sea. Algunas veces una madre puede enojarse un poco cuando el hijo crece lo suficiente para empujar las cosas, pero la mayor parte del tiempo el amor es algo muy placentero. Y Dios es feliz en su amor hacia todo lo que ha hecho.

Acabo de releer los primeros capítulos del Génesis, y no cabe duda del hecho de que Dios sintió placer en su creación. Dios hizo la luz, sacudió su cabeza y dijo: "¡Eso es bueno!". ¡Le gustó! Luego hizo que apareciera la tierra seca y puso el mar en un lugar y dijo: "¡Eso es bueno!". Después hizo el sol, las estrellas y la luna para regir la noche y el día, y dijo: "¡Eso es bueno!". Después hizo al hombre y dijo: "¡Eso es muy bueno!" (Lea Génesis 1).

Dios era un artista, y cada vez que terminó un cuadro, sacudió su cabeza y dijo: "¡Eso es bueno!"; se complació en lo que había hecho. Y esa es la clase de Dios que predico: no un Dios lejano, deshidratado, ácido, oculto en algún palacio imperial. Yo predico un Dios amigable, que es feliz con su obra. Fue el pecado lo que trajo la maldición, el dolor y la aflicción, y entonces también envió a su Hijo a tratar con la cuestión del pecado. Dios se refiere a su obra y a todo lo que ha hecho como deleitoso. Dice en Salmo 104:31: "¡El SEÑOR se deleita en todo lo que ha creado!" (NTV). Y en Sofonías 3:17 (pienso que nadie cree este maravilloso pasaje de la Escritura; si lo hiciéramos, actuaríamos como el presidente Wilson y daríamos unos pasos de danza de pura alegría), dice: "Jehová está en medio de ti, poderoso, él salvará; se gozará sobre ti con alegría, callará de amor, se regocijará sobre ti con cánticos".

¡El Dios todopoderoso está en medio de nosotros! ¡Nos salvará y se gozará sobre nosotros con alegría! Dios es feliz como nadie y descansa en su amor. "Se regocijará sobre ti con cánticos": ¡el eterno Dios está cantando! Es por esto que quiero que nuestras congregaciones canten. No les pido que sean entonados, solo que canten con gozo y entusiasmo.

No me importa que el piano desafine, o si uno canta un poco más bajo que el otro: eso no me interesa. Pero la falta de calor y entusiasmo hacen que me cuestione la vida experiencial de los cristianos. La Iglesia Cristiana tiene a Dios en ella y dondequiera que Dios esté, Dios se regocija sobre su pueblo con cánticos. El canto de la Iglesia refleja al gran Dios cantando entre su pueblo.

Veo que Jesucristo nuestro Señor dice de su Iglesia en el Cantar de los Cantares 4:9: "Prendiste mi corazón, hermana, esposa mía; has apresado mi corazón con uno de tus ojos". Cuando el Señor dice esto de su Iglesia, solo puede decir una cosa: Él siente hacia su Iglesia lo que un novio hacia su novia, lo que una madre hacia su hijo, lo que un enamorado hacia el objeto de su afecto. Y hay un amor altamente satisfactorio contenido en el verdadero cristianismo si usted va a suficiente profundidad. ¡El problema es que no vamos a suficiente profundidad!

D. L. Moody habla de un hombre que jamás había dormido en una cama de plumas. Él encontró una pluma, se acostó sobre ella toda la noche, y dijo: "¡Si una pluma es tan dura no puedo imaginar lo que será una cama entera hecha de ellas!". Moody estaba bromeando, pero ilustraba algo. Tenemos suficiente religión para hacernos sentir miserables. Si seguimos adelante, encontraremos el amor de Dios.

Todo lo que alguna gente sabe del cristianismo es que usted no puede hacer ciertas cosas. Un hombre le dijo cierta vez a Spurgeon: "No puedo beber, no puedo fumar, no puedo decir malas palabras, no puedo ir al teatro".

Spurgeon le respondió: "¿Usted come heno?".

Él dijo: "No, claro. ¿Qué me quiere decir?".

Y Spurgeon le dijo: "Tenía la esperanza de que hiciera algo. Hasta ahora usted no ha hecho nada".

Y para mucha gente, el cristianismo es solo lo que usted no hace. ¡Eso no es cristianismo! Los monjes no hacen mucho; el hombre de la India que anda desnudo y duerme sobre clavos tampoco hace mucho. Solo dan vueltas sin hacer nada y se pudren. Pero eso no es cristianismo.

Hay un amor contenido en el cristianismo. Y dejando de lado todas las cosas irresponsables que la gente hace, hay sin embargo en el cristianismo un contenido profundo, sanador, emocional. Es por eso que la Biblia llama a la Iglesia la Esposa y a Cristo el Esposo. Eso significa que su pueblo debe conocer el amor divino y que debemos sentirlo y experimentarlo. Estoy tratando de analizar el amor, pero usted no puede describir el amor: tiene que sentirlo. Así es con el amor de Dios.

Dice en Oseas 2:16 que vendría un tiempo en que ellos no llamarían a Dios *Baali* [un nombre rechazado por Dios], sino *Ishi*, que significa "esposo". Eso significa que Dios quiere ser para nosotros lo que un esposo es para una recién casada. Él quiere alojarnos y cuidarnos y amarnos y acariciarnos.

A menudo me he preguntado por qué las mujeres quieren cambiar sus apellidos cuando se casan. Cuando Marcia Smith se casa con Mortimer Jones, una de las primeras cosas que él le dirá a ella mientras corren con el cabello lleno de granos de arroz es: "Bueno, señora de Jones, ¿cómo está?". Y ella soltará una risita: le deleita tomar el nombre de él. Conozco a un esposo recién casado que había pedido localizar a su esposa en el hotel —"Localice a la señora de Mortimer Jones"— y ella dijo: "¡Oh, eso es maravilloso!". Ella tomó gustosamente el nombre del hombre que amaba.

Bueno, su apellido de soltera era Adán, no olvide eso. Pero el Señor quiso darle a usted un nuevo nombre. Él dijo: "Yo seré tu esposo y tú serás llamado cristiano o cristiana". El amor de Dios nos ha hecho cristianos y nos ha unido a Él en el calor del afecto.

¡Qué cuestión mecánica puede ser el matrimonio si no hay amor en él! ¡Qué cuestión mecánica sería la crianza de los hijos! ¿No sería terrible levantarse cinco veces por la noche para darles un vaso de agua que no necesitan, curarles chichones que no deberían haber tenido, mirar esos horribles boletines de notas? Formar una familia sería terrible, si no fuera por una cosa: la lubricación del amor.

Dondequiera que haya amor, todo está bien. Hay una pequeña historia de una chica muy joven que acarreaba en su espalda un bebé muy grandote. Un hombre que pasaba le dijo: "Bueno cariño, es una carga bastante pesada la que llevas". Y ella le dijo: "¡No es una carga, es mi hermanito!". Lo que usted ama no es una carga. Dios no tiene ninguna carga.

Por eso no me junto con la gente que se compadece de Dios. ¡Nunca! ¡Dios es feliz de hacer lo que hace! Él es amor y el amor es feliz.

Si tratara de hablar de la grandeza del amor solo podría dar vueltas en círculo, porque no puedo hablar de lo que no puede ser hablado. Pero tomando un pedacito, ese amor de Dios es un atributo divino, lo cual significa que es eterno, inmutable e infinito. Nunca comenzó y nunca podrá terminar; nunca cambia y no tiene límites.

> Porque el amor es más amplio
> Que la medida de la mente del hombre,
> Y el corazón del Eterno
> Es más maravillosamente bueno.[2]

Cada vez que Dios piensa en usted, piensa amorosamente. Incluso si debe castigarlo, o permitir que le vengan dificultades, es amor lo que permite que vengan y amor lo que las envía. Y nunca debemos temer el amor, porque el amor echa fuera el temor.

Hablamos del amor, pero Dios prueba su amor. "Mas Dios muestra [es decir, prueba] su amor para con nosotros, en que siendo aún pecadores, Cristo murió por nosotros" (Romanos 5:8). Hebreos 7:25 dice: "Por lo cual puede también salvar perpetuamente a los que por él se acercan a Dios, viviendo siempre para interceder por ellos". El mismo amor que nos creó es el amor que nos redime y ahora nos guarda.

El mejor conservante del mundo es el amor de Dios. Alguna gente cree en la seguridad de los santos por sus bases teológicas. Lo toman de ciertos textos. Yo creo en la seguridad de los santos porque Dios es amor y Él siempre guarda lo que ama. Nosotros siempre guardamos lo que amamos; siempre.

Odio encarar el otro lado, pero debo decir esto: el alma que puede despreciar un amor infinito, emocional, ardiente como este, el alma que puede pisotearlo, alejarse de él y despreciarlo, nunca entrará en el cielo de Dios: nunca. Esa alma nunca sería feliz en el cielo. El alma que ama el odio y odia el amor, el alma que cultiva el odio y desprecia el amor de Dios, nunca sería feliz arriba en el cielo. Algunas veces cuando muere un malvado viejo sinvergüenza, el predicador trata de predicar que estará en el cielo, no sabiendo que la peor cosa que él podría esperar sería ir al cielo.

Una vez leí la historia de un hombre muy rico que encontró a un pilluelo durmiendo en un viejo barril vacío tirado junto al mar. El chico estaba vestido con harapos y recogía lo que encontraba por la calle y donde fuera que alguien le diera una limosna. El hombre rico decidió llevarlo a su casa. Lo llevó a una mansión donde una sala llevaba a otra, cada una más grande y más lujosa que la anterior. Al tímido, tembloroso muchachito se le dieron ropas de una calidad que nunca había visto. Su padre adoptivo lo llevó a su habitación. Había sábanas de seda y cobertores, una lámpara de noche y todas las bellezas que la riqueza puede poner en el dormitorio de un niño. A la mañana siguiente la mucama le llamó para que desayunara. Comió alimentos que no sabía que existieran, en bellos platos con exquisitos cubiertos de plata.

Una mañana el muchacho tomó todo lo que pudo y cuando fueron a buscarlo no encontraron allí más que sus buenas ropas. Buscaron los viejos harapos que le habían sacado y no los encontraron. Él se había sacado las ricas ropas que lo hacían sentir miserable y había vuelto a sus viejos harapos. Él estaba psicológicamente condicionado a la suciedad y los harapos; estaba acostumbrado a comer cáscaras de banana y costras de pan. No estaba condicionado para camas de seda, ropas finas y una casa rica y lujosa. ¡Él era miserable allí! De la misma manera, el cielo no sería cielo para el hombre que no tiene el cielo en su corazón.

El cielo no será cielo para el hombre que no tiene el amor de Dios en su corazón. El cielo será un lugar al que el amor de Dios llena como la atmósfera llena una sala y la cubre de un aire delicioso y vivificante. El cielo está lleno de amor y quien no conozca el amor de Dios en la tierra no será feliz en el cielo. Ciertamente tampoco será feliz en el infierno. Ese es el horror de esto: él no será feliz en ninguna parte.

Años atrás escuché a un gran predicador canadiense predicar sobre el texto: "Aconteció que murió el mendigo, y fue llevado por los ángeles al seno de Abraham; y murió también el rico, y fue sepultado. Y en el Hades alzó sus ojos" (Lucas 16:22–23). Preguntó por qué esto era así y finalmente arribó a la conclusión: el hombre pobre no había ido al seno de Abraham porque fuera pobre, y el hombre rico no había ido al infierno porque fuera rico. Cada hombre fue al lugar que correspondía a su condición. El seno de Abraham era el lugar adonde pertenecía Lázaro, porque Lázaro tenía el amor de Dios en su corazón. Cuando murió, el amor lo llevó a donde pertenecía. El hombre rico no fue al infierno por causa de haber comido opíparamente y vivido en una buena casa. Fue al infierno porque no tenía el amor de Dios en su corazón. Cuando murió, fue a su lugar. Hay un lugar para cada uno.

Y el amor ha abierto la puerta para que los pecadores entren al cielo. Pero espere un minuto: ¿me estoy contradiciendo? ¿No acabo de decir que la gente pecadora, la gente del mundo que no tiene el amor de Dios, no sería feliz en el cielo? Por supuesto que no lo serían. Pero cuando usted es salvo, Dios cambia su corazón.

Las Escrituras dicen: "las cosas viejas pasaron; he aquí todas son hechas nuevas" (2 Corintios 5:17). Dios puso su semilla divina en nosotros y nos convertimos en hijos de Dios.

Somos bautizados en el reino de Dios y entonces nos vamos aclimatando y condicionando psicológicamente al reino de Dios. A usted le gustan los grandes himnos, le gusta cantar, le gusta orar, le gusta hablar reverentemente acerca de Dios, le gusta el sonido de los himnos y el sonido de la Escritura cuando es leída. Y nada le complace más que levantarse por la mañana y leer su Biblia. Nada le complace más que tener tiempo con Dios en oración, todo el que pueda. Si usted vive en la presencia de Dios usted será feliz en el cielo, porque está condicionado para eso. Dios ya ha hecho del cielo su hábitat natural.

El gran himno de Bernardo de Cluny "The Celestial Country" (La patria celestial), hablando de los peregrinos que lucharon en su camino al cielo, dice que ellos fueron al cielo porque el cielo los demandaba.[3] El cielo los demandaba porque ellos pertenecían al cielo. El infierno es un lugar adonde la gente va porque pertenece allí. Dios no se enfada y dice: "¡Sal de aquí y vete al infierno!". No, ellos van a donde pertenecen por naturaleza. La atracción gravitacional de sus vidas morales es hacia el infierno. Quienes mueren y van al cielo van allí porque la atracción gravitacional de sus vidas morales es hacia el cielo, por la sangre de Jesús, la sangre del pacto eterno.

Hablar sobre el amor de Dios es como ir de gira alrededor del globo, visitando cada país del mundo, y luego tener cinco minutos para hablarles a sus amigos al respecto. ¡No puede hacerlo! El amor de Dios es tan grande que hasta predicadores tales como Spurgeon y Juan Crisóstomo no podían esperar elevarse en la oratoria del púlpito para hacerle justicia.

Juliana de Norwich lo explica de esta manera:

> Para nuestras almas es así especialmente amado de
> Él que es lo más alto, que sobrepasa el conocimien-
> to de todas las criaturas: es decir, no hay criatura

hecha que pueda conocer [completamente] cuánto y cuán dulcemente y cuán tiernamente nuestro Hacedor nos ama. Y sin embargo, podemos con gracia y con su ayuda en visión espiritual, con eterna maravilla de su alto, excelso, inestimable amor que el Señor todopoderoso siente por nosotros por su bondad.[4]

Después añade esta breve sentencia: "Y sin embargo podemos pedir a nuestro Señor con reverencia todo lo que queramos". Él nos ama tanto que ninguna otra criatura —ni serafines ni querubines ni arcángeles ni principados ni poderes ni todos ellos juntos en todo el vasto universo de Dios— pueden siquiera esperar conocer cuán absolutamente inmenso es el amor de Dios, y cuán tiernamente, cuán dulcemente y cuánto nos ama a nosotros.

¿Qué puede el mundo hacerle a un hombre o a una mujer que está enraizada en el amor de Dios, que nada en el océano de su amor como un pez en el inmenso océano? ¿Qué puede el demonio hacerle a una persona como esa? ¿Qué puede hacerle el pecado? ¿Qué puede hacerle el mundo? ¿Qué puede hacerle el azar?

¡Oh amor de Dios, cuán poco sabemos de él y cuán poco hacemos acerca de lo que sabemos! Que Dios nos ayude. Si usted se ha alejado de Dios, si ha reincidido o no es salvo o es incrédulo, atrévase a creer que Dios lo ama. Atrévase a creer que Él envió su Hijo unigénito a dar su vida en rescate por usted. Y atrévase a creer que si usted cree en Él, usted tendrá la vida eterna.

Si usted ha sido un vagabundo de Dios, atrévase a volver a casa. No añada a sus pecados el de no querer venir a casa. Una adolescente siente el impulso de huir de su casa, y se escapa y toma un trabajo en un restaurante en algún lugar. Entonces lee en el periódico o escucha por la radio que su acongojada madre quiere que vuelva a casa. Pero está tan avergonzada de sí misma que siente que no puede volver a casa después de haber hecho lo que hizo. ¿Por qué rehúsa volver a casa, cuando su madre quiere que vuelva?

¿Y por qué debería usted añadir este golpe al corazón de Dios? Por cierto, usted no merece volver. Y sí, es humillante hacerlo. Pero ¿va a añadir un pecado más a su cuenta rehusándose a creer que Dios lo ama?

Dios nunca quita la lámpara de la ventana cuando usted está lejos; sigue allá. Cada noche le pone aceite fresco, recorta la mecha y dice: "¡Tal vez ella vuelva esta noche! ¡Quizás él regrese a casa esta noche!". Se dice que el pródigo "levantándose, vino a su padre" (Lucas 15:20). ¿Se levantará usted y vendrá, cualquiera sea su necesidad?

NOTAS FINALES

INTRODUCCIÓN: EL CARÁCTER DE DIOS
1. Alfred Lord Tennyson. *Morte d'Arthur*.
2. John Milton. *El paraíso perdido*. Primer libro.
3. Ibíd.
4. Frederick William Faber, "Majesty Divine!" en A. W. Tozer, *The Christian Book of Mystical Verse* (WingSpread Pub.).
5. Ibíd. Traducción directa al español.

CAPÍTULO 1: DIOS EXISTE POR SÍ MISMO
1. Faber. pp. 7.8. Traducción directa al español.
2. Isaac Watts. "O God, Our Help in Ages Past," *Hymns of the Christian Life*, 7 ed. (1978), #13. Traducción directa al español.
3. Faber, p. 37. Traducción directa al español.

CAPÍTULO 2: LA TRASCENDENCIA DE DIOS
1. "Te Deum Laudamus," *Christian Book of Mystical Verse*, pp. 87–89. [Tomada de ec.aciprensa.com, el 7 de septiembre de 2013.)
2. Isaac Watts. "God Is the Name My Soul Adores."
3. Jessie B. Pounds. "The Way of the Cross Leads Home," *Hymns of the Christian Life*, #514.
4. Frederick William Faber, "The Eternal Father," *Christian Book of Mystical Verse*, p 22. Traducción directa al español.

CAPÍTULO 3: LA ETERNIDAD DE DIOS
1. San Agustín. *Confesiones*. Tomado de: www.corazones.org.

2. Frederick William Faber. "The Eternity of God", *Christian Book of Mystical Verse*, p. 17. Traducción directa al español.
3. Isaac Watts, "O God, Our Help in Ages Past" (stanza 4), *Church Service Hymns*, comp. H. Rodeheaver and G. W. Sanville (Rodeheaver Hall-Mack, 1948), #97.
4. Ibíd. Traducción directa al español.

CAPÍTULO 4: LA OMNIPOTENCIA DE DIOS
1. Joseph Addison. "The Spacious Firmament on High." *Church Service Hymns*, #9. Traducción directa al español.

CAPÍTULO 5: LA INMUTABILIDAD DE DIOS
1. Frederick William Faber. "The Eternity of God," *Christian Book of Mystical Verse*, p. 16. Traducción directa al español.
2. John Wesley. "Psalm 114," *A Collection of Hymns, for the Use of the People Called Methodists* (Wesleyan Methodist Book-Room, 1889). #223. Traducción directa al español.
3. Anselmo de Canterbury. *Proslogium*. cap. 1.
4. Frederick William Faber, "Majesty Divine!" *Christian Book of Mystical Verse*, p. 7. Traducción directa al español.
5. Philip Doddridge, "O Happy Day, That Fixed My Choice," *Hymns of the Christian Life*, #422.
6. L. H. Edmunds. "The Very Same Jesus," *Hymns of the Christian Life*, 5ª ed. (1936). #437. Traducción directa al español.

CAPÍTULO 6: LA OMNISCIENCIA DE DIOS
1. Will Rogers, citado en *Quote, Unquote*. (Victor Books, 1977).
2. "My Father Knows" (himno), S.M.I. Henry. 1897. Traducción directa al español.
3. John Greenleaf Whittier (1807–1892). *The Eternal Goodness*. Traducción directa al español.

CAPÍTULO 10: EL AMOR DE DIOS
1. James Strong. *Nueva concordancia exhaustiva de la Biblia de Strong*. Editorial Caribe, 2003. Griego #3403. Ref. Griego 3415.
2. Frederick W. Faber. "There's a Widenesss in God Mercy", *Hymns of the Christian Life*, 1978 ed., #152. Traducción directa al español.
3. Bernardo de Cluny. "The Celestial Country". *Christian Book of Mystical Verse*. pp 128–440.
4. Juliana de Norwich. *Revelations of Divine Love* [*Revelaciones del Amor Divino*], Capítulo 7. Traducción directa al español.

LOS ATRIBUTOS DE DIOS 2

— con guía de estudio —

por
DAVID E. FEDDENDEN

RECONOCIMIENTOS

Quiero agradecer a Jon Graf, que pavimentó el camino para las guías de estudio de Tozer con su Guía de Estudio de *La búsqueda de Dios*, que usé como modelo para esta guía.

Janet Paull, superintendente de la escuela dominical; maestro Dan Bareman y su clase de Immanuel Alliance, por probar esto.

Mi esposa, que valientemente renunció a tantas horas de estar juntos para esto.

CÓMO USAR
ESTA GUÍA

Esta guía de estudio ha sido desarrollada para ayudar a que usted obtenga lo mejor de *Los atributos de Dios volumen dos*, de A. W. Tozer. Eso le posibilitará entender más claramente lo que Tozer está diciendo y aplicar a su propia vida las verdades que él establece.

La guía de estudio está diseñada para uso tanto personal como grupal. La sección de estudio personal (el material que se presenta primero en cada sesión de esta guía) debería leerse después de que usted haya leído el correspondiente capítulo de *Los atributos de Dios volumen dos*. Permita que sus comentarios y preguntas lo ayuden a reflexionar sobre los principales puntos que Tozer desarrolla. También se le proveen versículos adicionales para leer y estudiar. La sección para el estudio en grupo ofrece un plan de lección y preguntas para la discusión para quienes deseen utilizar *Los atributos de Dios volumen dos* como texto para una clase de adultos de la Escuela Dominical o un estudio en grupos pequeños.

Estudio personal

Sea que usted estudie personalmente o como líder de una clase o grupo pequeño, debería comenzar por leer la introducción de *Los atributos de Dios volumen dos*. Luego vaya a la sección de estudio personal de referida a la introducción. Desde ese punto en adelante, después de terminar cada capítulo del libro, vaya al estudio personal correspondiente a ese capítulo. A menos que usted sea líder de un grupo, no necesitará leer la sección "PLAN DE LECCIÓN — Estudio grupal".

Estudio grupal: instrucciones para el líder

Para preparar cada sesión de su clase o grupo, usted debería leer toda la sección de esta guía que coincide con el capítulo de *Los atributos de Dios volumen dos* que su grupo esté estudiando. En otras palabras, deberá leer tanto la sección para estudio personal como el plan de lección para el grupo.

En los planes de lección para el grupo se usan los mismos subtítulos que para el estudio personal. Se hace así para ayudarlo a encontrar rápidamente la información. Cuando la actividad recomienda que usted lea una cita de *Los atributos de Dios volumen dos*, generalmente se indica el número de página del texto del libro, o la cita está en la sección de estudio personal de esta guía bajo el correspondiente subtítulo. La sección de estudio personal también le sugerirá aspectos significativos que usted podría querer destacar.

Naturalmente, *todos* los miembros del grupo deben tener un ejemplar de *Los atributos de Dios volumen dos* y mantenerse al día con las tareas de lectura. Estas lecciones, sin embargo, están diseñadas para que incluso los miembros que no hayan realizado las tareas de lectura puedan obtener algunos beneficios de la clase.

INTRODUCCIÓN:
EL CARÁCTER DE DIOS

Estudio personal

Material complementario: David J. Fant, Jr., *A. W. Tozer: un profeta del siglo veinte*, (WingSpread Pub.); James Snyder, *En busca de Dios: La vida de A. W. Tozer*; *El conocimiento del Dios santo*, (Editorial Vida).

Bienvenido a *Los atributos de Dios volumen dos*. Antes de comenzar a leer la introducción, le ayudará conocer un poco al autor de este libro y saber cómo llegó a existir este volumen.

A. W. Tozer nació en una pequeña granja de la Pensilvania rural. Vino a Cristo siendo joven y comenzó el ministerio pastoral sin haberse preparado en ninguna universidad ni seminario. Sirvió solamente en unas pocas iglesias durante sus cuarenta y cuatro años de ministerio, treinta y uno de ellos en una modesta congregación de Chicago. Nada en sus antecedentes indicaría el profundo impacto que iba a tener sobre las vidas de millones de creyentes de todo el mundo.

Aunque disfrutó de una saludable reputación como predicador, si no hubiera sido por su habilidad como escritor jamás habría alcanzado la prominencia mundial que logró. Sus dos libros más populares —*La búsqueda de Dios* y *El conocimiento del Dios santo*— son considerados clásicos en los géneros de vida cristiana y teología popular.

Los dos volúmenes de *Los atributos de Dios* tienen cierta combinación de esos dos superventas, en cuanto cubren los mismos tópicos que *El conocimiento del Dios santo* (los atributos de Dios) y tienen el sabor devocional de *La búsqueda de Dios*. Cada atributo de Dios que se discute en esos dos libros es presentado a la luz de la relación personal del creyente con Dios.

Ambos volúmenes de *Los atributos de Dios* comenzaron siendo una serie de mensajes grabados, lo que habría sido un inconveniente para otro predicador que no fuera Tozer. La transcripción de la mayoría de los sermones, aunque muchos son realmente buenos, puede hacer aburrida su lectura porque hay una definida pérdida del poder de expresión cuando el mensaje pasa del habla viva a la página impresa. Pero no es así en Tozer. Se ha dicho que él escribió sus sermones con el formato de un artículo de revista, lo que explicaría por qué ellos retienen en el papel tanto de su dinamismo.

Además, he editado cuidadosa pero levemente el material para recortar las casi inevitables redundancias y frases poco claras inherentes a cualquier mensaje hablado. Me he esforzado en mantener la "voz" de Tozer y llevar el texto hacia la alta calidad de sus otras obras escritas. El resultado es una serie de capítulos bastante amenos sobre los atributos de Dios, compilados en un formato que pienso que Tozer habría encontrado aceptable.

Al comenzar este estudio, usted se preguntará: ¿Qué llevó a Tozer a predicar sobre los atributos de Dios? La respuesta a eso está envuelta en la consumidora ambición a la cual él dedicó su vida.

Tozer fue un hombre impulsado por el deseo de conocer a Dios en su plenitud. Jon Graf, en su guía de estudio de *La búsqueda de Dios*, dice que Tozer le confesó una vez a Robert Battles, su amigo de toda la vida: "Quiero amar a Dios más que ninguno de mi generación". Graf continúa diciendo: "Para algunos de nosotros eso puede sonar egoísta y arrogante, pero para Tozer no era así. Eso simplemente surgía de su sincero deseo de enriquecer su relación con el Señor."

El deseo de conocer a Dios más profunda e íntimamente guió de modo natural a Tozer a estudiar los atributos de Dios. Como él mismo dice en *Los atributos de Dios volumen uno*:

El cristianismo de cualquier época ha sido fuerte o débil dependiendo de su concepto de Dios. E insisto sobre esto y lo he dicho muchas veces, que el problema básico de la Iglesia de hoy es su indigna concepción de Dios (pág. 36).

Razones para estudiar los atributos de Dios

Es crucial que tengamos un apropiado concepto de Dios, porque Él es la causa de todas las cosas y el Único que puede dar sentido a nuestra existencia. Esta es la primera razón que da Tozer para estudiar los atributos de Dios. "Dios le da a la vida humana su significado único", declara Tozer en la introducción; "no hay ningún otro aparte de Él. Si usted toma el concepto de Dios fuera de la mente humana no hay otra razón de ser entre los vivientes" (pág. 5). Por consiguiente, es absolutamente esencial que aprendamos un concepto apropiado de Dios si queremos encontrar un verdadero propósito para nuestras vidas.

Pero la importancia de esa tarea es, irónicamente, iguala-da por su dificultad. Como "un insecto tratando de acarrear un fardo de algodón" (pág. 6), Tozer confiesa su debilidad e ineptitud para tratar un tópico tan profundo.

Una segunda razón para estudiar los atributos de Dios es para nuestra propia protección espiritual. Debemos saber cómo es Dios, porque la humanidad cayó tan pronto perdimos el concepto correcto de Dios. Tozer cita Romanos 1:21–28 para probar esta afirmación. Vuelva a leer ese pasaje y vea lo que significa.

Una tercera razón para estudiar los atributos de Dios es para desarrollar la fe y confianza en Él. Tozer comienza la introducción con el Salmo 9:20; merece que usted lo vuelva a leer. En ese versículo, la palabra *nombre* significa "carácter, más reputación". Si conocemos el carácter de Dios, su reputa-ción, qué *clase* de Dios es realmente, ¡eso podrá ayudarnos a tener fe en Él!

Otra razón para estudiar los atributos, dice Tozer, es por-que hemos perdido la dignidad y espiritualidad del verdade-ro cristianismo, y necesitamos desesperadamente revivirlas. Tozer, por supuesto, decía estas palabras cincuenta años atrás. Nos corresponde a usted y a mí determinar si esa asevera-ción está hoy fuera de lugar o no. Me gustaría pensar que las cosas han mejorado algo desde entonces, pero cuando él lista las fallas que encuentra en la iglesia de sus días, me resul-tan inquietantemente familiares. Voy a repasarlas y dejar que usted decida:

- "Nuestro cristianismo, está escuálido y anémico, sin contenido de pensamiento, frívolo en el tono y munda-no en el espíritu" (pág. 6).
- Nuestra predicación ha perdido sus elevadas miras y es insustancial. "En las iglesias evangélicas pensamos

que debemos entretener a la gente para que no se vaya. Hemos perdido la seriedad de nuestra predicación y se ha vuelto tonta" (págs. 6–7).

- A nuestro material de lectura le falta profundidad; se ha vuelto "forraje religioso" que debemos tirar (pág. 7).

Aunque me estremezco ante tal crítica al cristianismo contemporáneo, y quiero responder que también veo algunos signos positivos, debo responder que al menos algo de esto suena a verdad en mi época, en mi propia iglesia y en mi propio corazón. Tozer dice que esto es un resultado de la pérdida de la visión de "la Majestad en las alturas" (pág. 13): el fracaso en ver a Dios como Él realmente es, en toda su grandeza.

Tozer dice que, en muchos de nosotros, nuestra falla en reconocer a Dios como quien es, ha entristecido al Espíritu Santo hasta que Él "se retiró en silencio" (pág. 13). Si esto es verdadero para usted, hay una cura para esta pérdida de la presencia de Dios. Crecer en el conocimiento de Dios y de sus atributos elevará nuestro concepto de Dios y nos proveerá una atmósfera donde su presencia pueda sentirse en casa.

"Yo quiero una visión de la majestad de Dios", dice Tozer. "Yo quiero vivir donde el rostro de Dios brilla cada día" (pág. 15). Si usted también desea esto, este estudio de los atributos de Dios debería ser justo lo que el doctor le ordenó.

PLAN DE LECCIÓN — Estudio grupal

Propósito: Inspirar en mis estudiantes el deseo de aprender acerca de los atributos de Dios.

Introducción

1. Comience con oración.
2. Si los libros fueron entregados a los estudiantes antes de esta reunión (lo que se recomienda), pregunte quién quiere

leer la introducción. Invite a los estudiantes a compartir algunos conceptos que les hayan interesado especialmente. Si no, simplemente siga con el resto del estudio.

Razones para estudiar los atributos de Dios

1. Pida a los estudiantes que encuentren las cuatro razones que da Tozer para estudiar los atributos de Dios. (Si es necesario, ayúdelos escribiendo un breve resumen de las cuatro razones en una pizarra). Luego formule las siguientes preguntas:

   a. ¿Hay otras posibles razones además de estas para estudiar los atributos de Dios?

   b. ¿Qué relación traza Tozer entre nuestro concepto de Dios y nuestro caminar cristiano?

   c. ¿Es esa una afirmación válida? ¿Por qué sí o por qué no?

2. Lea la siguiente definición de la palabra *atributo*: "Cada una de las cualidades o propiedades de un ser" (*Diccionario de la Real Academia Española*). Discuta con la clase cómo aprender acerca de los atributos de Dios puede mejorar nuestro concepto de Dios.

3. Si todavía no ha repartido los ejemplares de este libro, hágalo ahora. Dedique unos minutos a examinar los diversos atributos mencionados en la tabla de contenido. Pregunte: "¿Qué atributos los intrigan especialmente? ¿Por qué?".

4. Basándose en el estudio personal, explique un poco la vida de A. W. Tozer y cómo llegó a existir este libro. Deberá decir algo que pueda convencer a los miembros de su clase de que deben leer el libro capítulo a capítulo, de cabo a rabo. (Los planes de lección están diseñados para que un estudiante que no ha leído el capítulo asignado pueda captar *algo* de cada sesión, pero quienes lean, reflexivamente

y con oración, todo lo que Tozer ha dicho, son los que obtendrán el máximo beneficio).

Cierre

1. Asigne la tarea de leer el capítulo 1 del libro. Para despertar el apetito de su grupo, usted puede leer una breve, pero incisiva cita del capítulo.
2. Cierre con oración.

CAPÍTULO 1

DIOS EXISTE POR SÍ MISMO

Estudio personal

Materiales complementarios: A.B. Simpson, "Himself" en *Lo mejor de A.B. Simpson* (Publicaciones cristianas, Inc.). A.W. Tozer, *El hombre: el lugar donde mora Dios*, (WingSpread Pub).

Éxodo 3:11–15 es un maravilloso pasaje, y una elección excelente de Tozer para discutir que Dios existe por sí mismo, ya que incluye la frase "YO SOY EL QUE SOY", que en esencia define este atributo de Dios. Pero Tozer podría haber citado simplemente el versículo 14 como texto de prueba. ¿Por qué cita cinco versículos completos?

Este es un excelente ejemplo de cuánto podemos aprender al leer el contexto de un versículo. Mire la interacción entre Moisés y Dios y captará una clave de hacia dónde intenta ir Tozer con este mensaje. Moisés pregunta: "¿Quién soy yo para que vaya a Faraón, y saque de Egipto a los hijos de Israel?". Y Dios, básicamente, le responde: "No es cuestión de quién eres tú, sino de QUIEN SOY YO". Tozer incluye esta conversación entre Moisés y Dios porque quiere enfatizar cómo los atributos de Dios afectan nuestra relación con Él; este es un tema recurrente a través de todo el libro.

Pero antes de discutir el atributo divino de existir por sí mismo, Tozer sabiamente comienza definiendo la palabra *atributo*: "Es algo que Dios ha declarado que es verdadero respecto de sí mismo...Un atributo de Dios es algo que podemos conocer acerca de Dios" (pág. 19). Él agrega cuatro puntos importantes:

1. Un atributo es algo que Dios *es*, no algo de lo que Dios "está hecho". Si Dios estuviera "hecho" o "compuesto" de partes, eso implicaría que fue creado.

2. Como no debemos pensar en Dios como un ser "hecho" de sus atributos, tampoco debemos pensar en Él como 10% misericordia, 7% gracia, etcétera. Él es *todo* misericordia, *todo* gracia y *todo* lo demás que es.

3. Si un atributo es algo que Dios nos ha dicho sobre sí mismo, y algo que podemos conocer acerca de Él, es lógico pensar que hay cosas sobre Dios que *no* ha revelado, y cosas que somos incapaces de conocer. Solo un racionalista tiene la arrogancia de creer que podemos conocer todo sobre Dios. "Dios se eleva trascendiendo más allá de todo lo que nosotros podemos entender. La mente humana debe arrodillarse ante el gran Dios todopoderoso. Lo que Dios es jamás puede ser captado por la mente; solo puede ser revelado por el Espíritu Santo" (pág. 20).

4. Los atributos de Dios se refieren a las tres personas de la Trinidad. Lo que es verdad para el Padre es verdad para el Hijo y también para el Espíritu Santo. Para mostrar que este punto es una doctrina bien establecida, Tozer cita el Credo de Atanasio (de aproximadamente el siglo cuarto), una preciosa declaración de verdad que vale la pena leer.

Aseidad y autosuficiencia

La aseidad o existencia por sí mismo, en palabras del padre de la iglesia Novaciano, significa que "Dios no tiene origen". ¿Cómo se deriva ese concepto de "YO SOY EL QUE SOY"? La frase significa que Dios existe porque Él existe; en otras palabras, su existencia no depende de nada sino de Él mismo. Aunque todo lo demás se originó de otra cosa. "Pero cuando usted llega hasta Dios, se encuentra con el Único que no tiene origen. Él es la causa de todas las cosas, la Causa no causada" (pág. 23).

Esto pone nuestra relación con Él en perspectiva. Como dice Tozer en *Man: the Dwelling Place of God* (El hombre: el lugar donde mora Dios):

> El YO SOY que es Dios no deriva de nada y existe por sí mismo; el "yo soy" que es el hombre deriva de Dios y depende en todo momento de su decreto creativo para continuar existiendo. Uno es el Creador, Supremo, Anciano de días, que habita en la luz, inalcanzable. El otro es una criatura y, aunque privilegiada en relación con las demás, sigue siendo una criatura, un pensionado de la generosidad de Dios y un suplicante ante su trono.

La autosuficiencia de Dios y la oración

El entendimiento de la autosuficiencia de un Dios que existe por sí mismo debería darnos una nueva visión de la oración. Cuando nos damos cuenta de que Dios es el origen de todas las cosas, podemos dejar de acercarnos a Él con una "lista de compras", de tratarlo como si fuera un almacén. Como el originador de todo, Él es claramente capaz de darnos todo lo que pidamos, y desea proveer para sus hijos. Pero si podemos escapar de la idea de que la oración es una transacción impersonal, realmente obtendremos más de lo que pedimos, dice Tozer:

"Él da, pero al dar se da también a sí mismo. Y el mejor regalo que Dios nos hizo jamás es Él mismo" (pág. 26).

Esto es un recordatorio del descubrimiento que A.B. Simpson encontró al final de su ministerio, un descubrimiento que volcó en un poema:

Una vez fue la bendición,
Ahora es el Señor;
Una vez fue el sentimiento,
Ahora es su Palabra;
Una vez anhelé sus dones,
Ahora al propio Dador;
Una vez busqué la sanidad,
Ahora solamente a Él mismo.

Tozer se refiere a esta misma idea en *La raíz de los justos*, donde habla de "tres grados de amor", el más profundo de los cuales es este: "Hay un lugar en la experiencia religiosa en el que amamos a Dios solo por lo que Él es, sin pensar jamás en sus beneficios".

La siguiente idea que desarrolla Tozer no es fácil de comprender: *Dios se ama a sí mismo*. Se nos ha enseñado —correctamente— que nos neguemos a nosotros mismos, que muramos al ego. Pero eso es porque el ego humano es pecador y caído. Dios, el gran Ego original, es santo y bueno, así que no tiene nada de malo que Él se ame a sí mismo. Dios creó el amor, y antes del comienzo de los tiempos, ya existía el amor entre el Padre, el Hijo y el Espíritu Santo.

Esto es crucial para discutir que Dios existe por sí mismo, porque las propias palabras "yo soy" son una expresión del ego. Dios es el "YO SOY" en letras mayúscula, el gran Ego original. Nosotros podemos decir: "yo soy" en minúsculas, porque fuimos hechos a imagen de Dios, "solo un pequeño eco de Dios" (pág. 27), como dice Tozer, y no hay nada malo en eso. Se hace pecado cuando tratamos de ser el "YO SOY": cuando tratamos de ser pequeños dioses. "La definición de pecado es la autoafirmación caída" (pág. 28).

Como dije antes, un tema recurrente en el estudio de Tozer sobre los atributos de Dios es cómo afectan nuestra relación con Él. El aspecto fundamental de nuestra relación con Dios es este hecho: ¡Nosotros somos pecadores! Dios, el gran Originador, nos creó para que giremos alrededor de Él, como los planetas alrededor del sol. «Pero un día, explica Tozer, el pequeño planeta dijo: "Seré mi propio sol. Separado de Dios". Y el hombre cayó» (pág. 29).

Tozer hace una importante observación sobre Gálatas 5:19–21, que enumera varias "obras de la carne" como adulterio, idolatría, odio, enemistades y homicidios. Llamamos pecado a estas cosas, pero en verdad son solo manifestaciones, síntomas de una enfermedad subyacente. "Sin importar cuántas manifestaciones del pecado pueda haber, recuerde que la esencia líquida que está en la botella es siempre el ego" (pág. 30). Tozer señala que esta fue la razón por la que Lucifer fue echado fuera del cielo (Isaías 14:12–14).

Es por eso que ser morales nunca nos llevará a la salvación: así solo se tratan los síntomas, no la enfermedad. Hemos usurpado el trono de Dios, ese es el verdadero problema. Ser nacido de nuevo significa bajarse del trono y retomar el propósito para el cual fuimos hechos: adorar, glorificar y amar a Dios, y ser objetos de su amor.

Tozer termina con lo que parecería una oración para salvación, pero aunque usted ya haya sido salvo hace muchos años, sería valioso que la leyera y la meditara. Debemos recordarnos que si Cristo está en el trono de nuestras vidas, es Él quien está al mando.

PLAN DE LECCIÓN — Estudio grupal

Propósito: Ayudar a mis estudiantes a entender el atributo de Dios de existir por sí mismo y cómo aplicarlo a la relación que tengan con Él.

Introducción

1. Comience con oración.
2. Analicen los cuatro aspectos de un atributo, como se identifican en el estudio personal (pág. 10 en la guía).
3. De ser posible, obtenga una copia del Credo Atanasiano (disponible en varios sitios de la internet) y léaselo en voz alta al grupo. Pregúnteles qué frases del credo les llaman la atención.
4. Lean Éxodo 3:11–15. Analicen la interacción entre Dios y Moisés.

Aseidad y autosuficiencia

Continuando con Éxodo 3:11–15, analicen el significado de "YO SOY EL QUE SOY".

Haga esta pregunta al grupo: ¿Cómo afecta el hecho de que "Dios no tiene origen" la forma en que nos relacionamos con Él? Si necesitan ayuda con esta pregunta, lea el pasaje de *El hombre: el lugar donde mora Dios* (pág. 11 de esta Guía de estudio).

La autosuficiencia de Dios y la oración

Haga que el grupo reflexione sobre el contenido de sus oraciones a la luz de los comentarios de Tozer al final de la página 30 del libro. Ellos pueden escribir sus pensamientos y compartirlos, quizás en grupos de dos o tres. Luego conversen cómo podemos hacer que nuestras oraciones sean más que una simple "lista de compras".

Lea el poema de A. B. Simpson que está en el estudio personal de esta Guía de estudio (pág. 33). Invite a hacer comentarios sobre su significado.

Haga estas preguntas al grupo: ¿A qué se refiere Tozer cuando dice: "La esencia del pecado es un ego independiente"? (pág. 28 del libro). ¿Cómo deberíamos tratar con su presencia en nuestras vidas? (Para ayudar con estas preguntas, vean Lucas 9:23; Rom. 6:11; 1 Co. 15:31; 2 Co. 5:14–15; Gál. 2:20).

Lean Gálatas 5:19–21 y hablen sobre la diferencia que hace Tozer entre las manifestaciones de la carne y su raíz, el ego. ¿Qué tiene que ver esto con la salvación, nacer de nuevo? (Si usted cree que en el grupo hay alguien que no ha recibido la salvación por la fe en Cristo, este es un buen momento para invitar a los que tengan dudas a quedarse después de la reunión para hablarlo con más profundidad. Esté preparado para compartir el evangelio con una presentación bíblica como las "Cuatro leyes espirituales" o el "Camino de los romanos").

Cierre

1. Lea lentamente en voz alta la oración del final del capítulo 1 (pág. 33); pida al grupo que mediten sobre su relación personal con Dios.
2. Asigne la tarea de leer el capítulo 2 del libro para la clase de la semana siguiente.
3. Cierre con oración.

CAPÍTULO 2

LA TRASCENDENCIA DE DIOS

Estudio personal

Materiales complementarios: A. W. Tozer. *La raíz de los justos*. Editorial Clie, 1994.

Como la mayoría de los capítulos, este comienza con una selección de múltiples pasajes de la Escritura que ayudan a ilustrar el atributo. Lea nuevamente estos versículos y escriba las palabras y frases clave que encuentre en ellos. Luego, a medida que repasamos el capítulo, observe cómo trata Tozer las diversas facetas de la trascendencia sugerida en la Escritura.

La palabra *trascendente* significa: "Estar por encima o ir más allá de algo" y quiere decir que Dios y sus caminos están infinitamente más allá de nosotros. Tozer observa que esto puede parecer contradictorio respecto a otros atributos de

Dios, como la omnipresencia y la inmanencia, "pero como sucede con muchas otras aparentes contradicciones, no es para nada contradictorio; los dos pensamientos están completamente de acuerdo entre sí" (pág. 36).

Un punto clave que nos recuerda Tozer es que "por encima" es una analogía; la trascendencia no significa que Dios está por encima en distancia (aunque lo está, ¡pero también está *aquí mismo*!). Su comparación con la niña que se pierde en una montaña y la búsqueda desesperada (porque ella es trascendentemente mucho más valiosa que la montaña) es buena, pero luego presenta el tema desde la perspectiva divina, diciendo: "Dios está tan por encima de un arcángel como de una oruga" (pág. 39). Es importante reconocer que resulta insatisfactoria cualquier comparación respecto a la infinita trascendencia de Dios. No hay analogía alguna entre una criatura (una montaña) y otra criatura (una niña) que sea adecuada para explicar a Dios, porque ¡*Él no es una criatura*! "Dios es de una sustancia completamente única" (pág. 40), concluye Tozer.

Uno se ve tentado a simplemente dejar de hablar de Dios, ya que Él está tan por encima de la capacidad de la mente humana para llegar a conocerlo, o del habla humana para llegar a describirlo. Pero como dijo San Agustín: "Alguien debe hablar". Y Tozer dice que Dios se complace con nuestros intentos de hablar de Él, por rudimentarios que puedan ser.

Tozer argumenta que si un serafín del cielo pudiera venir a hablarnos sobre Dios, perderíamos interés en los sermones "oportunos" y solamente querríamos escuchar de Dios. Estos nos hace preguntarnos: ¿Cuándo fue la última vez que escuchamos un sermón solo sobre Dios? Ha pasado un tiempo. La mayoría de lo que escuchamos desde los púlpitos, en la escuela dominical o en los estudios bíblicos está centrado en el ser humano. ¿Y podemos culpar a los predicadores y maestros, si es eso lo que pedimos? Me entristece cuando Tozer cita un hermoso himno a Dios como es el "Te Deum Laudamus" y luego dice que no estamos familiarizados con versos como estos "porque no somos espiritualmente capaces de comprenderlos" (pág. 42).

En este punto supongo que muchos de ustedes podrían discutir con Tozer. Comprendemos que Dios no es una criatura, que está infinitamente por encima de nosotros, eso es teología básica. ¿Por qué acusarnos de ser espiritualmente incapaces de entender algo que todos aceptan como una verdad?

Ese es exactamente el problema: Pensamos que entendemos a Dios, que lo conocemos de memoria. A esto se refiere Tozer cuando dice que nuestro cristianismo está *programado*. Creemos que lo sabemos todo. Pero Job quiebra todas las fórmulas cuando declara: "He aquí, estas cosas son sólo los bordes de sus caminos; ¡Y cuán leve es el susurro que hemos oído de él! Pero el trueno de su poder, ¿quién lo puede comprender?" (Job 26:14). Dios está infinitamente por encima de nuestras mentes finitas.

En la universidad asistí a una clase de filosofía en la cual el profesor definía a Dios como: "Eso más allá del cual nada mayor puede ser concebido". Esta definición, sin embargo es imperfecta; limita a Dios a nuestra capacidad para concebirlo. Sugerí una alternativa: "Él, que está más allá de todo lo que podemos concebir". Cuando el profesor respondió que esa definición no era "racional", estuve de acuerdo. No era irracional —opuesta a la razón— tampoco, pero estaba *más allá* de la razón. Para decirlo de otra manera, era una definición de Dios que tenía que ser aceptada por fe. Si la racionalidad es definida como aquello que puede ser concebido por la mente humana, entonces Dios obviamente está por encima de toda racionalidad, así como está por encima del mundo físico.

El capítulo anterior describió un atributo como "algo que podemos conocer acerca de Dios" (pág. 19), lo cual implica que hay cosas que no podemos conocer. Tozer nos recuerda que sin importar cuántos atributos de Dios estudiemos, apenas llegaremos a arañar la superficie de su ser infinito. "Señalo con dedo reverente la alta cima de la montaña que es Dios, que se eleva infinitamente por encima de mi capacidad de entendimiento. Pero esa es solo una pequeña parte. Los caminos de sus caminos no pueden ser conocidos; el resto es súper racional" (pág. 42).

Tozer está llamando a retornar al misticismo cristiano: una espiritualidad que no es irracional, sino (para utilizar su término) súperracional. Es un andar cristiano que reconoce la trascendencia de Dios y vive en una comunión íntima con Él, momento a momento: "caminar y hablar con Dios, vivir en la presencia de Dios" (pág. 43).

Cuando fallamos en vivir en el conocimiento de la presencia trascendente de Dios, nuestro cristianismo se vuelve "programado". En su libro *La raíz de los justos*, Tozer elabora esta idea:

En nuestros tiempos el programa ha sustituido a la Presencia. El programa, en vez de la gloria del Señor es el centro de atracción. Así la iglesia evangélica más popular en una ciudad es la que ofrece el programa más interesante; es la iglesia que presenta más y mejores características para el disfrute del público. Estas funciones se programan con el fin de mantener todo en movimiento y a todo el mundo expectante.

El problema, por supuesto, es que entramos en la adoración concentrándonos en "hacer un buen espectáculo" y no en tratar de conocer a Dios. Puede ser que "haga cosquillas a nuestra fantasía,... satisfacer nuestra curiosidad morbosa o nuestro anhelo de romance" (pág. 44), como Tozer expresa, pero nunca nos llevará a la comunión íntima, mística que tenemos el privilegio de poder tener con nuestro Dios trascendente.

En lugar de buscar esta íntima comunión, vivimos vidas sombrías, cerradas, centradas en nuestros limitados intereses y pensamos muy poco o nada en Dios. Tozer compara esta clase de vida con un hombre ciego que no puede ver la salida del sol, o un gusano en una cueva. Dios desea irrumpir en nuestras vidas, derribar todo muro, toda defensa que hayamos levantado contra Él.

Y llegará el día en que Él hará exactamente eso. Filipenses 2:10–11 promete que un día toda rodilla se doblará ante Él y toda lengua confesará que Jesucristo es el Señor. Puede conocer a Dios ahora o después: ¡Usted elige!

Esta invasión de Dios en nuestras vidas, dice Tozer, es parte de lo que significa la conversión. Pero muchas personas atraviesan toda su vida religiosa sin experimentarlo jamás. Usted puede unirse a la iglesia, cantar en el coro, enseñar en la escuela dominical, "pero no haber tenido una experiencia del gran Dios que entra a su conciencia, y puede vivir por siempre separado de Dios" (pág. 45).

El terror de Dios

¿Qué sucede cuando encontramos al Dios trascendente en nuestras vidas de esta manera? Una de las cosas que experimentamos es *terror*. Cuando Jacob se encontró con Dios, dijo: "¡Cuán terrible es este lugar!" (Génesis 28:17). Cuando Pedro tuvo esta experiencia, cayó de rodillas y dijo: "Apártate de mí, Señor, porque soy hombre pecador" (Lucas 5:8). Este no era un terror por peligro físico, sino lo que Tozer llama: "conciencia de criatura" (pág. 47). El temor del Señor es reconocer nuestra pecaminosidad en la presencia del Santo de los santos: "Esa conciencia de criatura, ese sentido de humillación, de estar abrumado ante la presencia del que está por encima de todas las criaturas" (pág. 46).

¿Es esto algo que los *cristianos* deberíamos experimentar? Después de todo, hemos sido lavados por la sangre, ¿no es cierto? Debo decir que sí. Recuerde, no es miedo al peligro, no es miedo al juicio, sino simplemente el reconocimiento de nuestra indignidad.

"Otra cosa que viene a nosotros cuando conocemos a Dios", continúa Tozer, "es la sensación de una terrible ignorancia" (pág. 47). Otra vez, es el reconocimiento de cuán infinitamente pequeño es nuestro saber en la presencia del Omnisciente, de manera que "cuanto más nos acercamos a Dios, menos sabemos" (pág. 47).

Esta ligereza de la que se queja Tozer es nuestro orgullo y arrogancia, expresados con nuestros labios. Cuando Jesús fue transfigurado en la montaña, ¿qué hizo Pedro? —¿Cayó de rodillas en silenciosa reverencia? No, abrió su bocaza con lo que pudo haber parecido un gran plan: "Maestro, bueno es para nosotros que estemos aquí; y hagamos tres enramadas" (Lucas 9:33). Pero cuando conocemos a Dios cara a cara, todos nuestros grandes planes caen al costado del camino, y nuestras palabras parecen inadecuadas.

Aun otra cosa que experimentamos cuando llegamos a la presencia de Dios es una sensación de debilidad. Cuando vemos al Dios alto y supremo, cuando vemos cuán débiles somos en medio de su gran fortaleza. Después de citar la declaración de Pablo: "Cuando soy débil, entonces soy fuerte" (2 Corintios 12:10), Tozer señala muy sabiamente que lo inverso también es cierto: cuando somos fuertes (o al menos *creemos* serlo), entonces somos verdaderamente débiles en poder espiritual.

¡Un momento en la presencia de Dios nos sanará para siempre de creer que lo sabemos todo! Como dice Pablo antes en esa segunda carta a los Corintios: "no que seamos competentes por nosotros mismos para pensar algo como de nosotros mismos, sino que nuestra competencia proviene de Dios" (3:5). El mismo Tozer admite que tiembla por dentro cuando sube al púlpito, abrumado por la responsabilidad de hablar de Dios a su pueblo. Quizás, como Tozer, nosotros veríamos más el poder de Dios en nuestros ministerios si confiáramos menos en nuestro propio poder.

Finalmente, Tozer hace una afirmación que puede ser la más profunda de todo el capítulo: «Usted puede decir: "¿Debo vivir toda la vida en un estado de terror, de ignorancia, de debilidad o de impureza?" No. Pero es usted quien debe llegar a esa convicción sobre sí mismo y no que se lo tenga que decir otro» (pág. 49). Luego él admite que después que fue salvo, e incluso después que se convirtió en predicador, predicaba a los demás que "Todas nuestras justicias [son] como trapo de inmundicia" (Isaías 64:6), pero "pensaba que sus trapos de inmundicia eran más asquerosos que los míos" (pág. 50). Él necesitaba tener una vislumbre del Dios trascendente para recibir una visión apropiada de sí mismo.

Recuerdo el día, años después de convertirme en cristiano, en que le pedí a Dios que me mostrara cómo era yo realmente. No tenía idea de lo que le estaba pidiendo, pero Él es fiel para responder a mis pedidos, y obtuve una visión de cuán orgulloso y vano era yo en verdad. Como Tozer, yo pensaba que era mejor que otros, más inteligente, más cercano a Dios que los demás. ¡Qué ciego tonto era!

Y es a esto que nos llama Tozer: a una visión del Dios trascendente, y a través de ella, una visión de nosotros mismos. Pero si Dios está tan infinitamente por encima de nosotros, ¿cómo podemos encontrarlo? Nos encontramos con Él en donde toda bendición que viene a nosotros: por el camino de la cruz. Nosotros nunca podríamos alcanzar a Dios, así que Dios viene a nosotros. Irónicamente, en la cruz —el punto más bajo de la vida de Cristo —es donde podemos alcanzar al Dios trascendente. E igualmente irónico, nosotros no podemos alcanzar al que se alza por encima de todo hasta que nos derrumbamos, hasta que nos humillamos ante su cruz. "Le señalo a Dios ¡el Único trascendente! Y señalo hacia la cruz" (pág. 53).

PLAN DE LECCIÓN — Estudio grupal

Propósito: Ayudar a mis estudiantes a captar una visión del Dios trascendente y cómo ella pone a todo lo demás en perspectiva.

Introducción

1. Haga que algunos voluntarios lean los seis pasajes de las Escrituras que están al principio del capítulo (1 Crónicas 29:11; Job 11:7–8 y 26:14; Salmo 145:3; Isaías 55:8–9; 1 Timoteo 6:16). Pida al grupo que identifique las diferentes palabras que se usan para describir a Dios en estos pasajes, y haga una lista de ellas en una pizarra o proyector.
2. Recuerde al grupo que trascendencia significa "estar por encima". Luego haga esta pregunta: ¿Qué quiere decir Tozer cuando llama a esta definición una analogía?
3. Analicen la afirmación de Tozer de que "Dios está tan por encima de un arcángel como de una oruga" (pág. 39 del libro).
4. Lean la porción del "Te Deum Laudamus" en la página 42 del libro o todo el himno (disponible en varios sitios Web). Analicen el comentario de Tozer acerca de que "no somos

espiritualmente capaces de comprenderlos" (pág. 42 del libro).

5. Pida al grupo que defina "cristianismo programado". ¿Cómo evitamos caer en eso? ¿Cómo podemos evitar vivir "separados de Dios"?

El terror de Dios

Pida al grupo que mencione las cosas que experimentamos cuando tenemos un verdadero encuentro con Dios. ¿Se experimentan solo en el momento de la salvación, o también después de haber sido salvos? Si hay creyentes maduros en el grupo, quizás pueda preguntarles antes de la reunión si querrían compartir sus experiencias sobre su encuentro con Dios, y analizar particularmente sus efectos perdurables.

Cierre

1. Analicen cómo la cruz tiende un puente sobre el abismo entre nosotros y el Dios trascendente. Si el grupo está teniendo problemas para tratar esto, alimente la conversación con alguna selección de los pasajes de las páginas 49–52 del libro.

2. Asigne la tarea de leer el capítulo 3 del libro para la clase de la próxima semana.

3. Dirija al grupo en un momento de meditación silenciosa, reflexionen sobre la cruz y pida a Dios que se revele a sí mismo. Después de unos momentos, termine con una oración.

CAPÍTULO 3
LA ETERNIDAD DE DIOS

Estudio personal

Materiales complementarios: A. W. Tozer, *Jesús, nuestro hombre en la gloria* , (Casa Creación, 2022); San Agustín, *Confesiones* (disponible en varias páginas Web).

Tozer suena un poco diferente en este capítulo al decirnos que la eternidad de Dios es algo que "todo el mundo cree, pero a menudo sin suficiente claridad y énfasis para hacer que valga la pena" (pág. 53). Creo que lo que trata de decir es que creemos que Dios es eterno, pero la mayoría de nosotros nunca ha meditado en esa verdad ni pensado en las conclusiones lógicas de esa doctrina. Tozer cree que tal actividad elevaría sustancialmente nuestro nivel de espiritualidad. ¿Por qué meditar en la eternidad de Dios podría causar una diferencia tan significativa?

Creo que las palabras de los dos versículos de la Escritura señalan la respuesta a este interrogante. Dios es "el Alto y Sublime, el que habita la eternidad" (Isaías 57:15), lo que parece insinuar que la eternidad de Dios está conectada directamente con su alto y sublime estatus. Y la oración: "Desde el siglo y hasta el siglo, tú eres Dios" (Salmo 90:2) plantea que la propia naturaleza de su deidad es eterna: eso es lo que lo hace Dios.

Tozer clarifica la situación mirándola desde el punto de vista opuesto: ¿Qué sucedería si Dios *no* fuese eterno? ¿Podría usted adorar a un Dios que haya comenzado a existir en algún momento del pasado —aunque fuera un pasado distante— y que podría cesar de existir en el futuro? O, como lo dice Tozer, podría usted adorar a un Dios "que solo durara un tiempo" (es decir "transitorio")? ¿Cómo podría un Dios temporal ser el creador de todo? (Si Él hubiera comenzado a ser en algún momento, ¿no estaríamos tentados a preguntar: "¿Entonces quién hizo a Dios?"?)

Pero nosotros *podemos* adorar a un Dios eterno, el que habita por la eternidad, el que es desde el siglo y hasta el siglo. Las palabras griegas y hebreas —a pesar de todos los intentos de calificarlas— significan nada menos que infinito, tiempo inconmensurable, eterno. Y si captamos una visión de su eternidad, comenzaremos a ver a Dios como es en verdad, y *eso* con seguridad afectará significativamente nuestras vidas.

Dios no es dependiente

Tozer nos desafía a imaginar Estados Unidos antes de que llegaran los europeos, antes de que los indígenas estuvieran aquí. Después a ensanchar nuestra mirada e imaginar antes de que la humanidad fuera creada, antes de que hubiera *nada*. ¡Dios estaba allí! Como dijo Agustín, Dios era "antes de todo lo que tiene (antes)".

Si entendemos a Dios desde esta perspectiva, vemos que Dios no depende de ninguna otra cosa, ni de ninguna parte de su creación. He oído decir que Dios creó al hombre porque estaba solo, pero eso es mala teología. Eso implicaría que Dios necesitaba al hombre, y Dios nunca *necesitó* a ninguna parte de su creación. Él existía antes de todo, y se las arregló muy bien sin nada más.

Dios no tiene principio

Así como Dios no es dependiente, Dios jamás *comenzó* a ser. La palabra "comenzó" es usada para describir las cosas creadas, porque si algo comenzó, algún otro tuvo que empezarlo. Y como dije antes, si Dios comenzó a ser en algún punto del tiempo, estaríamos tentados a preguntar: "¿Entonces quién hizo a Dios?".

Dios no está en el tiempo

La ilustración que Tozer toma prestada de C. S. Lewis —de Dios como una hoja de papel extendida infinitamente en todas direcciones, y todo el tiempo como una marca de una pulgada en ese papel— es alucinante, y para algunas personas resulta imposible de comprender. Lewis les dice a sus lectores que si la ilustración no les ayuda, que no se preocupen. Tozer también admite que como vivimos en el tiempo, no podemos concebir un "no tiempo". Si este pensamiento está fuera de su alcance, olvídelo y siga adelante. Lo importante es saber que Dios tiene el control de todo, incluso del propio tiempo. "El tiempo comenzó en Dios y terminará en Dios. Y no afecta a Dios para nada. Dios mora en el imperecedero ahora" (pág. 58).

Aunque estemos atrapados en el tiempo —teniendo que cumplir plazos, tomar aviones, vivir según una agenda— Dios no está limitado por el tiempo. Él nunca está en apuros, nunca está demasiado ocupado como para hablar con nosotros. Para aquellos de nosotros que somos esclavos del reloj, estas son noticias alentadoras.

Dios no tiene pasado ni futuro

Otro aspecto alentador de la eternidad de Dios es que el "pasado" y el "futuro" no existen para Él, porque Él vive en un eterno "ahora". Estos términos son utilizados solo por criaturas como nosotros, que vivimos en el flujo del tiempo: «Dios está por encima del tiempo, mora en la eternidad: "Desde el siglo y hasta el siglo, tú eres Dios"». (pág. 59). Esto significa que "Dios ya ha vivido todos nuestros mañanas" (pág. 59). Puedo soportar cualquier cosa que traiga el futuro si sé que Dios ya anduvo ese camino antes de mí. Y si Jesucristo es "el mismo ayer, y hoy y por los siglos" (Hebreos 13:8), sé que será el mismo Jesús quien recorra ese camino conmigo.

El concepto de que Dios habita en la eternidad, fuera del tiempo, también explicaría por qué los profetas, que están ungidos con el Espíritu Santo, pueden predecir el futuro: "anuncio lo por venir desde el principio, y desde la antigüedad lo que aún no era hecho; que digo: Mi consejo permanecerá, y haré todo lo que quiero" (Isaías 46:10).

Algunos teólogos creen hoy que Dios no conoce el futuro como tampoco nosotros lo conocemos. Como resultado, tienen que repensar todo lo que conocen de Dios, hasta negar muchos de sus atributos tradicionales. ¿Cómo puede ser omnisciente si no conoce el futuro? ¿Cómo puede ser inmutable si habita en el tiempo y está sujeto al transcurso del tiempo y al cambio? Y si Dios no conociera el futuro, Isaías 46:10, citado más arriba ¡se volvería sin sentido!

Pero gracias a Dios, ¡Él *sí* conoce el final desde el principio! Y si nuestra vida "está escondida con Cristo en Dios" (Colosenses 3:3), podemos compartir con Él (por fe, no por vista) la perspectiva eterna que está por encima del tiempo. Tozer la compara con volar en un avión: usted puede despegar un día sombrío, nublado, pero cuando se eleva por encima de las nubes, todo está bañado por el sol. De manera que sin importar cuán sombrío sea nuestro presente, o cuáles sean nuestras circunstancias temporales, necesitamos adoptar la perspectiva de Dios y mantenernos mirando hacia *abajo*, ¡ya que estamos sentados con Cristo en los lugares celestiales (Efesios 2:6)!

Por otro lado, Tozer nos recuerda que *nosotros* estamos sujetos al tiempo, aunque nuestro Dios no lo esté. Así que debemos aprender a "contar nuestros días" (Salmo 90:12). Por eso podemos aprender tanto de la vida de Cristo. Como Dios y como hombre, vivió con perspectiva tanto eterna como temporal. ¿Cuál gobernaba su corazón? Aunque caminó las calles de Israel en tiempo y espacio, nunca pareció estar en apuros ni con pánico. Él vivió de acuerdo con la agenda de su Padre.

Nosotros entramos en pánico, y a veces oramos a Dios como si Él tuviera que entrar en pánico junto con nosotros, dice Tozer con buen humor. Pero Dios no mira el reloj; Él hace las cosas cuando lo decide, y siempre es en el momento justo. Él envió a su Hijo "cuando vino el cumplimiento del tiempo" (Gálatas 4:4) y sin embargo, —fíjese en la perspectiva eterna— Él fue el Cordero "inmolado desde el principio del mundo" (Apocalipsis 13:8). Jesucristo entró a la historia de la humanidad en un momento específico designado por su Padre, pero desde la perspectiva de Dios Él ya había vivido y muerto por los pecados del mundo.

El tiempo pasa

"El tiempo corre arrollador como impetuoso mar", nos recuerda Tozer, y nos arrastra en su corriente (pág. 63). Nuestro tiempo en esta tierra es corto, y todos moriremos un día, con una generación creciendo para reemplazar a la otra. Y así como los gigantescos árboles de secuoyas de California han permanecido durante cientos, quizás miles de años, mirando hacia abajo el desfile de una corta generación tras otra, así nos mira Dios: generación tras generación.

¿Por qué Tozer nos obsequia esta ilustración aleccionadora, incluso algo mórbida? Él quiere recordarnos nuestra mortalidad para que nos preparemos para su siguiente afirmación.

Necesitamos a Dios

"Dios es una necesidad para usted", concluye Tozer (pág. 64). Necesitamos a Dios, ¡por supuesto que sí! ¿Por qué se nos debe recordar tan a menudo esta obviedad? Cuando un predicador nos llama para que nos acerquemos a Dios, nos está haciendo un favor: ¡nosotros necesitamos a Dios! Y cuando se trata del tema de nuestra mortalidad, no hay nada en donde necesitemos más a Dios. Los humanos somos criaturas extrañas. Somos mortales, pero tenemos eternidad en nuestros corazones (Eclesiastés 3:11), así que no podemos estar satisfechos con unas pocas décadas de vida sobre la tierra. (En este versículo, la palabra que las versiones Reina Valera Antigua y 1909 traducían como "mundo", es traducida como "eternidad" en la versión 1960. Por consiguiente, se sugiere que este versículo se lea: Él "ha puesto eternidad en el corazón de ellos").

Nuestra inmortalidad está en Dios, en ningún otro lugar. Dios es "nuestra ayuda en el pasado": nuestro pasado, no el de Dios. Él debe guiarnos, porque no podemos hacerlo solos. Somos frágiles, puede matarnos un insecto microscópico. Solo en Dios hay inmortalidad y eternidad, solo por medio de Cristo. Cristo ha conquistado la muerte y está sentado a la derecha de Dios.

Me puedo identificar con las experiencias de Tozer viendo las momias del museo y deprimiéndome por el hecho de que "hombres hechos a imagen de Dios tuvieran que morir y convertirse en polvo" (pág. 66). En *Jesús, nuestro hombre en la gloria*, Tozer explica mejor este trágico tema:

> Somos criaturas del tiempo —tiempo en nuestras manos, nuestros pies, nuestros cuerpos— eso hace que nos hagamos viejos y muramos. Sin embargo, al mismo tiempo ¡tenemos eternidad en nuestros corazones!
>
> Uno de nuestros grandes males como seres caídos que vivimos en un mundo caído es la constante guerra entre la eternidad de nuestros corazones y el tiempo de nuestros cuerpos. Por esto nunca podemos estar satisfechos sin Dios.

Pero la buena noticia es que sí *podemos* estar satisfechos en Dios. Solo Él, que es "desde el siglo y hasta el siglo" (Salmo 90:2) puede llenar ese anhelo de eternidad en nuestros corazones. "El que cree en mí, aunque esté muerto, vivirá. Y todo aquel que vive y cree en mí, no morirá eternamente" (Juan 11:25–26).

¿Por qué podemos creer en nuestra propia inmortalidad? pregunta Tozer. Porque Dios es eterno…Podemos esperar con calma y tranquilidad el tiempo que vendrá (pág. 68).

PLAN DE LECCIÓN — Estudio grupal

Propósito: Ayudar a mis estudiantes a entender, de alguna manera, la eternidad de Dios, y cómo esto nos da esperanza para nuestro futuro eterno.

Introducción

Lea los dos pasajes de las Escrituras que están al comienzo del capítulo (Isaías 57:15 y Salmo 90:1–2), enfatizando las frases: "el Alto y Sublime, el que habita la eternidad" y "Desde el siglo y hasta el siglo, tú eres Dios". Analicen de qué manera estos versículos muestran la relación entre la eternidad de Dios y su naturaleza divina. ¿Qué quiere decir que Dios "habita la eternidad" y que permanece "Desde el siglo y hasta el siglo"?

Dios no es dependiente

Lean la cita de las *Confesiones* de Agustín en las páginas 56–57 del libro y pregunte qué nos dicen las palabras de Agustín sobre la eternidad de Dios. ¿Cómo afecta nuestra relación con Dios saber que Él no depende de nada, que Él no nos "necesita"?

Dios no tiene principio

Tozer nos dice que "Dios nunca comenzó a ser" (pág. 57). Pregúntele al grupo: "¿Hay algo más que no tenga comienzo?" (No.) Discutan la dificultad de pensar en Dios, porque Él es un ser único: eterno, increado, inmutable.

Dios no está en el tiempo

Pregunte si a alguien le resulta difícil entender el concepto de que Dios está por encima del tiempo, que "Dios mora en el imperecedero ahora" (pág. 58). Lean la ilustración de C.S. Lewis en la página 58 y asegúrele a la clase que lo importante es recordar que Dios tiene el control de todas las cosas, incluso del tiempo.

Dios no tiene pasado ni futuro

Quienquiera que no pueda concebir que Dios esta "por encima del tiempo" se confundirá también con la noción de que "Dios no tiene pasado ni futuro". La idea de que "Dios ya ha vivido todos nuestros mañanas" (pág. 59) ¡puede parecerle todavía más confusa! Conversen estos temas tratando de mantener el tono positivo. Pregunte al grupo cómo saber que

Dios tiene el control del tiempo nos ayuda a evitar la preocupación y el pánico en nuestras vidas.

Esté preparado para la posibilidad de que alguien le pregunte cómo podemos tener libre albedrío si Dios ya conoce lo que vamos a hacer en el futuro. Enfatice al grupo que si pudiéramos entender completamente a Dios, ¡Él no sería Dios!

El tiempo pasa

Tozer busca hacernos pensar en el hecho de que nuestra vida es corta y la muerte es inevitable. Pregunte al grupo qué hace que ellos se acuerden de la brevedad de la vida. Recuérdeles que Tozer señala este pensamiento, que parece oscuro y mórbido, para enfatizar la verdad de que necesitamos a Dios.

Necesitamos a Dios

Lea Eclesiastés 3:11 (vea la nota del estudio personal si usa otra versión distinta de Reina Valera 1960) y 1 Corintios 15:51–55. Pregunte cómo se relacionan estos versículos con la eternidad de Dios, nuestra necesidad de Dios y nuestra actitud hacia la muerte.

Cierre

1. Invite al grupo a compartir algo que hayan aprendido esta semana sobre la eternidad de Dios.
2. Asigne la tarea de leer el capítulo 4 del libro para la clase de la semana siguiente.
3. Cierre con oración.

CAPÍTULO 4:

LA OMNIPOTENCIA DE DIOS

Estudio personal

Materiales complementarios: Un himnario o libro de canciones de adoración; A. W. Tozer: *Who Put Jesus on the Cross?* (¿Quién puso a Jesús en la cruz?) (Wingspread Pub.); A. W. Tozer: *Rut, Rot or Revival* [Casa Creación].

Los pasajes bíblicos seleccionados al comienzo de este capítulo nos dan la clave con respecto a la dirección en que Tozer planea llevar este estudio de la omnipotencia de Dios. Dedique un momento a meditar en cómo el poder ilimitado de Dios significa que todas las cosas son posibles.

Tozer define la omnipotencia como "tener una infinita y absoluta plenitud (abundancia) de poder" (pág. 70). El significado tanto de *omnipotente* como de *todopoderoso* es exactamente ese: Dios tiene todo el poder que existe. La Biblia nunca usa estas palabras para referirse a nadie excepto Dios.

Y puesto que Dios es el Único que es infinito, estas palabras solo pueden referirse a Él.

Tozer además define la omnipotencia de Dios por medio de tres proposiciones:

1. Dios tiene poder

Salmo 62:11 nos dice que el poder le pertenece a Dios. En realidad, el poder de Dios manifestado en la creación es una de las principales evidencias de su existencia (Romanos 1:20). "Usted levanta la vista a los cielos estrellados y allí ve el eterno poder de Dios. El poder y la divinidad de Dios se hallan allí" (pág. 71). Lea nuevamente el himno de Joseph Addison de las páginas 71 y 72 del libro. ¿Le recuerda a algunos otros himnos o canciones de adoración que ensalzan el poder de Dios en la creación? Abra un himnario o libro de canciones adoración y revise la letra de varias de estas obras musicales de alabanza a Dios nuestro Creador.

2. Dios es la fuente de todo poder

"No existe en ninguna parte un poder que no tenga a Dios como fuente... Y la fuente de algo tiene que ser mayor que lo que fluye de ella" (pág. 72). La humilde ilustración de Tozer de una lata de leche es usada para resaltar un punto muy acertado: Usted no puede verter de algo, más de lo que ese algo puede contener. Así, Dios, la Fuente de todo poder en el universo, debe ser igual o mayor que todo el poder del universo.

3. Dios da poder, pero lo sigue reteniendo

Dios es poder absoluto y perfecto. Así, si Él da algo de ese poder a su creación, ¿es menos poderoso? ¡En absoluto! Dios no es como una batería que se agota, dice Tozer (pág. 73). Él puede delegar poder a su creación y seguir reteniéndolo. Dios no tiene más o menos poder que el que tenía antes de que el universo fuese creado. Supongo que eso significa que, en un sentido muy literal, todo el poder que usted y yo tenemos es "prestado" de la mano de Dios. No nos pertenece; Él puede tomarlo otra vez en cualquier momento que lo desee. Ese pensamiento, sin embargo, no está en la mente de Tozer. Él está pensando más en Dios y en su capacidad de "guardarnos": sostenernos en nuestra vida cristiana, ayudarnos a tener éxito en este mundo. Me encanta la ilustración que usa Tozer de la mosca posada en un asiento de avión, ¡preocupándose por si el avión podrá soportar su peso! ¿No es como nosotros solemos hacer? ¡Realmente nos preocupa que el todopoderoso Dios del universo pueda no ser capaz de manejar nuestros problemas! Pero Dios sustenta todas las cosas con su poder (Hebreos 1:3).

Los científicos se refieren a "las leyes de la naturaleza" y a veces pensamos en ellas como si invalidaran el poder de Dios. Pero Tozer define "las leyes de la naturaleza" como "el camino que el poder y la sabiduría de Dios toman a través de la creación". En *Who Put Jesus on the Cross?* (¿Quién puso a Jesús en la cruz? Tozer lo explica de esta manera:

> ¿Por qué el cielo no se cae? ¿Por qué es que las estrellas y los planetas no se destrozan y explotan en el caos?
>
> Porque hay una Presencia que hace consistentes todas las cosas, y es la Presencia de Aquel que sustenta todas las cosas por la palabra de su poder. Esta es básicamente una explicación espiritual pues este universo solo puede ser explicado por leyes espirituales y eternas.

Tozer dice que la ciencia mayormente observa "la uniformidad de estos fenómenos", reconociendo que Dios obra de la misma manera siempre. Como sus caminos son predecibles, podemos navegar por el océano o construir un rascacielos. Podemos confiar en que Dios no bromeará cambiando las leyes de la naturaleza, sino que actuará siempre de la misma manera.

Lo mismo ocurre, nos recuerda Tozer, en el ámbito espiritual. Se puede depender de que Dios cumpla sus promesas de la Escritura, siempre que cumplamos las condiciones que Él ha establecido. También observamos la "uniformidad de los fenómenos" en el ámbito espiritual. Pero, a diferencia del científico, nosotros vamos más allá de la creación, hacia el Creador mismo: la fuente de todo.

Poderoso, aunque personal

Es sorprendente pensar que lo que los filósofos llaman el *mysterium tremendum* —esa misteriosa maravilla que llena el universo— es también el Dios a quien tenemos el privilegio de llamar "Padre nuestro que estás en los cielos". Así como un rey es llamado "su majestad" por todos excepto sus hijos, quienes lo llaman "papá", nosotros podemos tener intimidad con Dios, "y a Dios le encanta", nos asegura Tozer. Y Dios cuida de nosotros en todas nuestras necesidades (Salmo 41:3).

Juan 17:3 afirma que podemos conocer a Dios: ¡al todopoderoso Dios del universo! Tozer nos hace ver la maravilla de ese hecho comparándolo con conocer a Beethoven y a Miguel Ángel: ¿Cómo hubiera sido el ser su amigo íntimo? ¿Algo de su genio se nos habría pegado? ¿Se habría impresionado la gente porque fuéramos amigos de un gran compositor o escultor? Pero en vez de señalar una sinfonía o una escultura, podemos mirar el sol, la luna, las estrellas de la Vía Láctea, y podemos atrevernos a decir: "Yo conozco a Aquel que hizo esto".

Y sin embargo, nos conformamos con mucho menos que esa maravillosa relación que podemos disfrutar. Aunque conocemos a Dios por sí mismo, dice Tozer, solemos actuar como los "muchachos de las plazas" de los cuales habló Jesús en Mateo 11:16–17. La comparación de "los muchachos de las plazas" con los cristianos que van y "juegan a la iglesia" ¡fue para mí una nueva interpretación de ese pasaje! En vez de ser espiritualmente infantiles, debemos ser maduros y serios en nuestra búsqueda de conocer a Dios.

¿Hay algo demasiado difícil para Dios?

Tozer hace una importante observación aquí: "difícil" y "fácil" no significan nada para Dios, ya que su poder es ilimitado. Una tarea que requiera el cinco por ciento de mi poder no me agotará como una tarea que requiera el *noventa y cinco por ciento* de mi poder. Pero como no hay límites al poder de Dios, ninguna tarea quita porcentaje *alguno* de su poder, porque su poder es inmensurable.

Si levanto una hormiga con mi dedo, realmente no me resulta más difícil moverla doce pulgadas que moverla tres. De la misma manera (o más aun, ya que el poder de Dios no tiene límites), no es más difícil para Dios hacer una galaxia que levantar un huevo de zorzal del nido, para usar las palabras de Tozer.

¿Por qué es tan importante este punto? Porque si realmente lo creyéramos, dice Tozer, cuando oramos no titubearíamos en pedirle a Dios cosas "difíciles", ¡porque no hay cosas "difíciles" para Él! Recuerde Génesis 18:14: "¿Hay para Dios alguna cosa difícil?". Dios debe de haberse reído por lo bajo con esa pregunta, ya que "difícil" ¡ni siquiera existe en su vocabulario!

Esto se aplica a todas nuestras oraciones, pero especialmente a nuestras oraciones por sanidad. A veces oramos para que Dios sane una enfermedad grave, pero no tenemos fe para creerle respecto a una enfermedad crónica: "Hace tanto tiempo que la tengo; ni siquiera Dios puede sanarla". Como respuesta Tozer cuenta la historia de A. B. Simpson, quien se atrevió a creer que Dios lo sanaría de una enfermedad crónica que había tenido toda su vida. Veamos cómo Tozer cuenta la historia en *Rut, Rot or Revival* (Estancamiento, pudrimiento o avivamiento):

A los treinta y seis años, Simpson era un predicador presbiteriano tan enfermo que decía: "Siento que podría caerme dentro de la tumba cuando tengo un funeral". A veces pasaba meses sin poder predicar debido a su enfermedad. Fue a una pequeña reunión de un campamento en el bosque y oyó cantar a un cuarteto gospel:

"Nadie puede obrar como Jesús / Nadie puede obrar como Él".

Simpson se fue entre los pinos con ese sonido en su corazón: "Nadie puede obrar como Jesús; nada es demasiado difícil para Jesús. Nadie puede obrar como Él". El presbiteriano erudito y estirado, se arrojó al suelo sobre las pinochas y dijo: "Si Jesucristo es lo que dijeron que era en esa canción, sáname". El Señor lo sanó, y él vivió hasta los setenta y seis años. Simpson fundó una sociedad que ahora es una de las más grandes denominaciones evangélicas del mundo: La Alianza Cristiana y Misionera.

Somos sus descendientes y cantamos sus canciones. Pero, ¿vamos a permitirnos escuchar lo que modificará nuestra fe, nuestras prácticas y creencias, y aguará nuestro evangelio y diluirá el poder del Espíritu Santo? Yo, personalmente, ¡no!

Aquí es donde se trata la naturaleza práctica del estudio de los atributos de Dios. Como lo dice Tozer: esto no es una "una teología de torre de marfil", sino "sino verdades para usted y para mí". Esto hace que me pregunte: ¿estoy viviendo como si Dios *no* fuera omnipotente? Deberíamos poder confiar en Él para *todo*: ¡si servimos a un Dios *todopoderoso*, debemos empezar a hacer *grandes* oraciones!

El poder de Dios, reitera Tozer, es sin esfuerzo, porque esfuerzo significa que estoy *gastando* energía; estoy trabajando mucho. Nos detenemos asombrados por la encarnación, pero no fue algo difícil para Dios. La expiación no fue difícil para Dios. La resurrección no fue difícil para Dios. De modo que hasta ese pecado "persistente" que lo ha estado hostigando a usted no es demasiado difícil para Dios. Nada es imposible para Él, si nos atrevemos a confiar en Él.

PLAN DE LECCIÓN — Estudio grupal
Propósito: Ayudar a mis estudiantes a comprender la omnipotencia de Dios, y a tener la fe para confiar en Él para grandes cosas.

Introducción
Lean en voz alta y analicen los cuatro pasajes del inicio del capítulo. Pida al grupo que identifique la diferencia entre las verdades relatadas de Mateo 19:26 y Lucas 1:37.

Pida que alguien defina omnipotencia; discutan por qué es un atributo que solo Dios puede tener.

1. Dios tiene poder
Lean Salmo 62:11 y Romanos 1:20. Discutan cómo se relacionan estos dos pasajes de la Escritura. Si dispone de un himnario que incluya "The Spacious Firmament on High",

("Arriba el espacioso firmamento") de Joseph Addison, lea la letra a la clase.

2. Dios es la fuente de todo poder

Presente esta afirmación al grupo: "La fuente siempre es mayor que lo que fluye de ella". Discutan cómo se relaciona esto con el poder de Dios tal como se manifiesta en la creación.

3. Dios da poder, pero lo sigue reteniendo

Analicen el concepto de que Dios delega poder, pero lo sigue reteniendo. Si todo poder es en última instancia de Dios, ¿cómo debería eso afectar la manera en que ejercemos nuestro poder?

Lean Hebreos 1:3. ¿Qué dice acerca de la capacidad de Dios para protegernos y sostenernos?

¿Qué quiere decir Tozer con la frase "uniformidad de los fenómenos"? ¿Cómo se aplica al ámbito espiritual?

Poderoso, aunque personal

Pida al grupo que describa la paradoja de que Dios sea poderoso, pero personal. Si es necesario siembre la discusión leyendo en las páginas 80–81 la historia de la reina Isabel cuando era niña. Lea además al grupo Salmo 41:3.

Pregunte al grupo si alguna vez han llegado a conocer a alguien que gozaba de cierta fama. Invítelos a compartir cómo fue. Lean Juan 17:3 y pregunte qué promesa se expresa en este versículo.

Lean Mateo 11:16–17. ¿Cómo interpreta Tozer a los "muchachos de la plaza"? ¿Es esto un problema de la iglesia actual?

¿Hay algo demasiado difícil para Dios?

Analicen lo que Tozer quiere decir cuando expone que "difícil" y "fácil" no significan nada para Dios. ¿Titubeamos a veces en pedir algo porque pensamos que es demasiado difícil para Dios?

Cierre

1. Invite a los integrantes del grupo a compartir sus peticiones de oración "difíciles", y acuerden confiar en Dios para verlas realizarse.

2. Asigne la lectura del capítulo 5 para la clase de la semana próxima.

3. Concluya con una oración.

CAPÍTULO 5

LA INMUTABILIDAD DE DIOS

Estudio personal

Materiales suplementarios: A. W. Tozer, *Los atributos de Dios volumen uno* (Casa Creación); *El credo de San Atanasio.*

La *inmutabilidad* es una de esas largas palabras que ahuyentan a la gente de la teología. Tozer admite que puede parecer bastante aburrido e impresionante, "pero cuando se lo explican, usted encontrará que se ha topado con oro y diamantes, leche y miel" (págs. 89–90).

Sin embargo, es tonto que nos cause rechazo la palabra *inmutable*, que sencillamente significa "no sujeto a cambios". Significa "no mutable". Dios, en otras palabras, no muta. Por ejemplo, el vapor que es una nube un día, puede ser lluvia al día siguiente y niebla al siguiente, pero no es así con Dios. Dios es inalterable.

Reconsidere los cuatro pasajes del comienzo del capítulo (Malaquías 3:6; Hebreos 6:17–18; Santiago 1:17; Hebreos 13:8) y medite en su significado. Tozer observa que estos pasajes no tienen vestigios de metáfora; no pueden ser "interpretados". Dios sencillamente nunca cambia. El cambio ni siquiera es posible en Dios. "Dios nunca difiere de sí mismo", dice Tozer en resumen (pág. 89).

Las personas, en cambio, son alterables. El amigo íntimo que usted tuvo una vez, ahora está distante y frío. Ese bebé que una vez tuvo en sus brazos ahora quiere pedirle prestado el auto. Solamente Dios sigue siendo el mismo. Tozer cita un himno de Wesley para expresar lo siguiente: "Y todas las cosas, al cambiar, proclaman al Señor, eternamente igual" (pág. 90).

El hecho teológico de la inmutabilidad de Dios es verdad *revelada:* verdad que no podríamos conocer por nuestro propio razonamiento a menos que Dios nos las revelara. En este punto, Tozer aplica el principio expresado por Anselmo: "No busco entender para creer, sino que creo para entender" (pág. 90). En otras palabras, algunas cosas no pueden entenderse por medio de la razón; usted las tiene que tomar por fe antes de poder entenderlas.

Pero una vez que ha tomado una verdad por fe, agrega, el acto de razonar puede ser un ejercicio beneficioso. Así que Tozer comienza por responder la pregunta: "¿Por qué Dios no puede cambiar?". Dice que cuando algo cambia, ocurre una de tres cosas: mejora, empeora, o se vuelve diferente (cambia de una clase de cosa a otra).

Pero Dios no puede mejorar. ¿Cómo puede mejorar un ser perfecto, o un ser infinito, ser más grande? Y por cierto, Dios no puede empeorar. ¿Cómo puede empeorar un Dios santo y justo? (¿Pecando? ¿Pero cómo puede Dios pecar?) Dios además no puede cambiar de una clase de ser a otra, porque como

Dios infinito y santo, Él es único: ¿cómo podría Dios cambiar y ser "no Dios"?

Dios no cambia, pero deberíamos estar agradecidos de que la gente realmente pueda cambiar. En realidad, cambiar es algo que probablemente continuaremos haciendo incluso en el cielo, sugiere Tozer. Cuando nos movamos hacia la perfecta semejanza de Dios, "nos volveremos más santos, más sabios, y mejores a medida que pasen las eras" (pág. 92). Pero Dios no puede mejorar, porque Él es el estándar por el cual se miden todas las cosas. Tozer trata esto en el primer volumen de *Los atributos de Dios* cuando plantea la perfección de Dios:

> Dios no está en la cúspide de una perfección siempre creciente del ser, desde el gusano hasta llegar a Dios. Por el contrario, Dios es completamente diferente y distinto, de modo que no hay grados en Dios. Dios es simplemente Dios, una infinita perfección de plenitud, y no podemos decir que Dios es un poco más o un poco menos. "Más" y "menos" son palabra para las criaturas. Podemos decir que un hombre tiene un poquito más de fuerza hoy que ayer. Podemos decir que el niño está un poquito más alto este año; él está creciendo. Pero no podemos aplicar más y menos a Dios, ya que Dios es el Perfecto; Él simplemente es Dios.

El cambio, dice Tozer, no significa nada para Dios, porque Él es perfecto y no cambia; de la misma manera, la dirección no significa nada para Dios, porque Él es omnipresente y no "va" a ninguna parte: ¡Él ya está allí! "De modo que estas palabras —mayor, menor, atrás, adelante, abajo, arriba— no pueden aplicarse a Dios. Dios, el Dios eterno, permanece inalterado e inalterable; es decir, Él es inmutable" (pág. 93).

Si Dios no puede mejorar o empeorar (las dos primeras maneras de cambiar), ¿puede entonces volverse diferente (la tercera manera de cambiar)? ¿Cómo una oruga a una mariposa, puede Él cambiar de una clase de ser a otro?

Las personas ciertamente pueden; pueden cambiar en su naturaleza moral de bueno a malo, o (¡alabado sea el Señor!) de malo a bueno. Tozer da tres ejemplos de personas que cambiaron: John Newton, un malvado traficante de esclavos quien se convirtió en predicador y fue autor del himno "Sublime gracia"; John Bunyan, por su propia confesión "uno de los hombres más viles que hayan vivido jamás" antes de convertirse y de transformarse en el autor del clásico *El progreso del peregrino*; y, por supuesto, el apóstol Pablo, anteriormente un perseguidor de la Iglesia y el "peor" de los pecadores (1 Timoteo 1:15, NTV). Todos ellos cambiaron moralmente de una clase de criatura a otra.

Dios, sin embargo, "no puede convertirse en ninguna otra cosa sino en lo que Él es" (pág. 94). Eso tiene sentido, porque como el Dios absoluto, perfecto e infinito, Él ya es *todo* lo bueno y justo y santo. Él no puede cambiar en algo diferente, porque algo diferente sería un descenso de mejor a peor, y ya expusimos la imposibilidad de esa clase de cambio.

Pero, ¿y la encarnación? ¿Dios no se "convirtió" en hombre? ¿Él no "cambió" en algo "diferente"? No, dice Tozer, y apela al antiguo Credo de San Atanasio para mostrar que esta perspectiva de la encarnación fue sostenida por la Iglesia primitiva. Parte del credo que se refiere a Cristo dice así: "Quien, aunque sea Dios y Hombre, sin embargo, no es dos, sino un solo Cristo; uno, no por conversión de la Divinidad en carne, sino por la asunción de la Humanidad en Dios".

La naturaleza exacta de la encarnación es un misterio, pero Tozer está siendo fiel a la Escritura y a los teólogos de todos los tiempos que creían en la Biblia cuando dice: "Él tomó un tabernáculo sobre sí pero su deidad no se convirtió en humanidad. Su deidad se unió a su humanidad en una persona para siempre. Pero el Dios eterno e increado nunca puede convertirse en creado" (pág. 95).

Tozer presenta además una distinción muy importante: la Biblia habla de que Cristo vive en nosotros, de ser llenos del Espíritu Santo, pero esto no es lo mismo que el panteísmo, en el cual Dios es considerado idéntico a su creación. A diferencia del budismo, que enseña que después de la muerte "morimos hacia un Nirvana, en un mar eterno de deidad y dejamos de ser, como una gota de agua en el océano" (pág. 95), el cristianismo afirma que conservaremos nuestra personalidad individual en el cielo por la eternidad. Esa es la maravilla de la salvación: Dios no destruye a sus criaturas pecaminosas, ¡sino que nos hace nuevas criaturas en Cristo!

Siempre el mismo

Todos los atributos de Dios se aplican igualmente a las tres personas de la Trinidad, incluida la inmutabilidad. Nuevamente Tozer cita una línea del credo de San Atanasio: "Así como es el Padre, así el Hijo, así el Espíritu Santo" (pág. 96). Dios es siempre el mismo: Padre, Hijo y Espíritu Santo, por siempre y para siempre, por los siglos de los siglos, amén.

La inmutabilidad de Dios también significa que no existe el relativismo moral. Lo que Dios aprobaba y condenaba, lo sigue aprobando y condenando. "La santidad y la justicia son la conformidad a la voluntad de Dios. Y la voluntad de Dios nunca cambia para las criaturas morales" (pág. 98). La idea de que el bien y el mal son términos relativos no es nada más que una mentira del abismo del infierno.

Es cierto que en el pasado Dios "pasó por alto" el pecado (Hechos 17:30), y todavía soporta muchas cosas en nosotros debido a nuestra ignorancia; Él está esperando que crezcamos para que vengamos a la verdad. Pero Dios aborrece el pecado, y eso nunca cambiará. Su deseo supremo es, al menos en el ámbito moral, que nos volvamos como Él en todo lo que hacemos.

De modo que, ¿cómo podemos saber cómo es Dios? Mire a Jesucristo (Juan 14:9). Así como Jesús recibía a los niñitos (Mateo 19:14), continúa recibiendo al corazón arrepentido que viene a Él en busca de perdón.

El mundo está cambiando continuamente, lo que, en su mayor parte, es algo bueno. No querríamos tener el mismo clima todo el tiempo, o las mismas estaciones todo el tiempo. Tozer observa que la tesis del libro de Hebreos es: "Dios permite que las cosas cambien para poder establecer lo que no puede cambiar" (pág. 99). Hebreos muestra cómo las cosas cambiaron de lo temporal a lo permanente, en el altar, el sacerdocio y el tabernáculo. El cambio ocurre hasta que algo alcanza la perfección, después ya no cambia más.

Nuestro hogar permanente es Dios. Somos víctimas del tiempo hasta que volvemos a casa al Eterno: no al cielo, sino a Dios. Somos "una casa…dividida" (Marcos 3:25) dentro de nosotros mismos hasta que hallamos descanso en Cristo, nuestro "centro dichoso" (pág. 100). Como dijo Agustín, somos hechos para Dios y no tenemos descanso hasta que lo hallamos a Él.

Cuando nos volvemos a Él en nuestra necesidad, ¿no es maravilloso saber que nunca cambia? Él está con nosotros siempre (Mateo 28:20), listo para recogernos. Cualquiera sea nuestra necesidad —respuestas a sus preguntas, vida para su alma, perdón para sus pecados, descanso para su trabajo— Él sigue siendo "el mismo Jesús" (pág. 102).

PLAN DE LECCIÓN — Estudio grupal

Propósito: ayudar a mis estudiantes a comprender la inmutabilidad de Dios y lo que significa para nuestra relación con Él.

Introducción

Que alguien del grupo lea los cuatro pasajes de la Escritura que dan inicio al capítulo (Malaquías 3:6; Hebreos 6:17–18; Santiago 1:7; Hebreos 13:8). Todos estos pasajes tratan la inmutabilidad de Dios, por supuesto; pregunte qué otro tema es común a estos versículos (la misericordia y la gracia de Dios para sus hijos).

Tozer dice que la inmutabilidad es verdad *revelada* en vez de verdad *razonada*. Pregunte al grupo si está de acuerdo con esa afirmación. Discutan la diferencia entre revelación y razón.

¿Cuáles, según Tozer, son las tres maneras en que algo puede cambiar? (Puede mejorar, empeorar, o volverse diferente). Analicen por qué Dios no es pasible de ninguna de estas clases de cambio.

Discutan cómo reconciliar la encarnación con la inmutabilidad de Dios. Si usted tiene el texto del credo de San Atanasio, haga copias para cada persona del grupo y léanlo juntos, especialmente la porción que se refiere a la encarnación. (El credo está fácilmente disponible en varios sitios de la internet).

Discutan cómo la idea de Cristo viviendo en nosotros y el de ser llenos del Espíritu Santo, son diferentes delpanteísmo, el budismo y el movimiento de la Nueva Era.

Siempre el mismo

Tozer sostiene que las tres Personas de la Trinidad son inalterables. ¿Su relación con el Padre, o con Cristo, o con el

Espíritu Santo ha parecido cambiar en algún momento de su vida cristiana? ¿Quién es, entonces, el responsable de ese cambio?

Elija dos o tres eventos de los Evangelios (incluyendo a Jesús y los niños de Mateo 19) y observe las acciones y palabras de Jesús. Divida al grupo de a dos o de a tres y hagan una lista de cosas que pueden aprenderse acerca de Dios en estos eventos de la vida de Cristo.

Cierre

1. Que cada persona elija una o dos de estas verdades acerca de Dios que hallamos en la vida de Cristo que se relacionen con una necesidad específica de su propia vida. Dediquen un tiempo a la oración silenciosa y meditación acerca de la suficiencia de Dios para satisfacer esa necesidad.

2. Asigne la tarea de leer el capítulo 6 del libro para la clase de la semana próxima.

3. Cierre con oración.

CAPÍTULO 6
LA OMNISCIENCIA DE DIOS

Estudio personal

Materiales complementarios: A. W. Tozer: *Ese increíble cristiano*, (WingSpread Pub,); A. W. Tozer: *El libro cristiano del verso místico*, (WingSpread Pub.).

Cuando lea los dos pasajes de la Escritura que dan inicio a este capítulo, observe que enfatizan dos aspectos diferentes de la omnisciencia de Dios. Salmo 147:5 está más orientado a la información; nos dice que Dios comprende todos los datos, conoce todos los hechos. Hebreos 4:13, en cambio, es más relacional; ninguna criatura, incluidos nosotros, está oculta a sus ojos. Él ve a través de nosotros. A medida que estudiemos este capítulo, usted notará que Tozer trata ambos aspectos de la omnisciencia de Dios.

Tozer confiesa estar abrumado por el pensamiento de "cuánto hay para saber y qué poco sabemos" (pág. 104). El comentario de Emerson de que nadie en toda su vida podría leer más que una fracción de los libros de la Biblioteca Británica es especialmente asombroso cuando se considera que mucha de la información de estos libros ¡es ahora obsoleta! Existe además una afirmación popular de que el cuerpo colectivo mundial de conocimiento científico se duplica cada siete años, cinco o dos años (depende de a quién usted le pregunte). Aunque esa estadística es cuestionable, es verdad que estamos dando gigantescos pasos sin precedentes en el conocimiento científico.

Y sin embargo, Dios sabe todo esto y mucho más. Verdaderamente somos como Sir Isaac Newton, quien humildemente admitió que era como un niño con solo un puñado de caracoles en la vasta playa del conocimiento. Sabemos muy poco en comparación con el Dios que tienen "perfección de conocimiento" (pág. 105).

Sin embargo, Tozer no desestima el conocimiento humano o la razón, ni siquiera el uso de la razón para aproximarse a Dios. Siempre que reconozcamos los límites y la falibilidad de la razón humana, esta puede ser útil. Podemos aproximarnos a Dios tanto teológicamente (racionalmente) como experiencialmente. "Usted puede conocer a Dios experiencialmente y no saber mucha teología, pero…Cuanto más sepa de Dios teológicamente, mejor lo conocerá experiencialmente" (pág. 106).

La razón, sin embargo, es limitada: Dios en definitiva es inefable (inexpresable en palabras), inconcebible e inimaginable. Por esa razón Tozer dice que es más fácil pensar en Dios en términos de lo que Él no es, en vez de lo que sí es. Esa es la razón, además, por la cual Tozer parece no considerar mucho la "visualización" en la oración, y por la que está "horrorizado" por la representación de Dios de Miguel Ángel (en el techo de la Capilla Sixtina) como un anciano de barba.

Quizá no todos estemos tan molestos como Tozer por esto, pero él tiene razón. Dios nos advirtió en los diez mandamientos sobre no hacer "imagen, ni ninguna semejanza de lo que esté arriba en el cielo, ni abajo en la tierra, ni en las aguas debajo de la tierra" (Éxodo 20:4). El Dios infinito, invisible e incomprensible, no quiere imágenes limitadas que lo representen, ya que Él no puede ser representado. Como dice Tozer: "Si usted puede pensarlo, eso no es Dios. Si usted puede pensarlo, eso es un ídolo de su propia imaginación" (pág. 106).

Relea Primera Corintios 2:7–11, y concéntrese en lo que el pasaje dice que el hombre sabe versus lo que Dios sabe. Uno de los mensajes más fuertes de este versículo es que no podemos conocer las cosas de Dios sin su iluminación: Él nos las tiene que revelar. En *That Incredible Christian* (Ese increíble cristiano), Tozer resume la necesidad de tal iluminación:

El resumen de lo que estoy diciendo es que hay una iluminación, otorgada divinamente, sin la cual la verdad teológica es información y nada más. Aunque esta iluminación nunca está separada de la teología, es totalmente posible tener teología sin iluminación. Esto resulta en lo que se ha llamado "ortodoxia muerta", y aunque puede haber algunos que nieguen que sea posible ser ortodoxo y al mismo tiempo estar muerto, me temo que la experiencia prueba que sí lo es.

Es acerca de esto que Tozer nos advierte cuando dice: "Cuando desplazamos al Espíritu Santo de la Iglesia y en vez tomamos otras cosas, nos sacamos nuestros propios ojos" (pág. 109). Por apagar y contristar al Espíritu Santo, alejamos a Aquel que puede guiarnos a toda verdad.

Tozer nos llama a volver a la profunda reverencia a Dios, para que Él pueda nuevamente iluminarnos y abrir nuestros ojos para ver las maravillas de su Palabra (Salmo 119:18). "Usted siempre ve a Dios, cuando está de rodillas" (pág. 107).

Al estar hechos a su imagen, somos más semejantes a Dios que cualquier otra parte de su creación, aunque realmente sabemos muy poco de la naturaleza divina. "Dios se halla más allá de nuestros pensamientos, los sobrepasa, escapa a ellos, y los confunde en terrible e incomprensible terror y majestad" (pág. 108). Por esa razón es más fácil describir a Dios por lo que Él *no* es que por lo que *es*: autoexistente: *sin* origen; eterno: *sin* comienzo *ni* fin; inmutable: *sin* cambios; infinito: *sin* fronteras *ni* límites.

¿Cómo, entonces, analizaremos la omnisciencia de Dios de esta misma manera negativa? Bueno, Dios no tiene maestro; Él *no puede* aprender. Si Dios sabe todo, ¡no puede aprender nada nuevo! El humor irónico de Tozer se evidencia cuando señala que nuestras oraciones serían mucho más cortas si recordáramos que no podemos decirle a Dios nada que Él ya no sepa.

Finalmente, Dios es incomprensible; no podemos conocerlo con nuestra mente. Pero Cristo promete revelárnoslo (Mateo 11:27). Esto es completamente diferente del conocimiento humano que Pablo decidió no tener (1 Corintios 2:1–5). El verdadero cristianismo tiene un elemento que va más allá de la razón humana, porque, dice Tozer: "Si su fe se afirma en argumentos humanos, alguien que sea un mejor argumentador se los puede rebatir" (pág. 109). Pero cuando es revelado por el Espíritu de Dios, "nadie le puede rebatir ese argumento" (pág. 110). Aunque no podamos responder un argumento en particular contra nuestra fe, seguimos teniendo el conocimiento de Dios revelado a nosotros en nuestros corazones.

Dios se conoce a sí mismo

Dios contiene todas las cosas y conoce todas las cosas; Él incluso se conoce a sí mismo como nadie lo puede hacer (1 Corintios 2:11). Como en el capítulo sobre la omnipotencia, Tozer enfatiza que no se requiere ningún esfuerzo de parte de Dios para ser omnisciente. Él sabe todo instantánea y perfectamente; Él no puede aprender. Él sabe el fin desde el principio, mucho antes de que ocurra; Él nunca se sorprende. Si no entendemos cómo puede ser esto, es solo porque somos seres humanos limitados. Nosotros tenemos que aprender a no pensar en Dios como si fuera un mero ser humano; otros han sido reprendidos por eso (vea Salmo 50:21).

Tozer dijo antes que podríamos acortar nuestras oraciones si recordáramos que Dios ya sabe todo. Pero en este punto del capítulo especifica esa afirmación, asegurándonos que es bueno sentarse y hablar con Dios, aunque le estemos diciendo cosas que Él ya sabe. Nunca debemos tener miedo de derramar nuestro corazón ante Dios en oración.

Lo que Tozer critica es el "darle clase" a Dios, lo cual ocurre por lo general durante la oración colectiva y probablemente sea con el propósito de impresionar a los oyentes humanos del hablante. Todos sabemos al tipo de persona a quien se refiere: una persona como el fariseo del cual habló Jesús, que fue al templo y "oraba *consigo mismo* de esta manera" (Lucas 18:11, énfasis añadido). Él oraba "consigo mismo" porque Dios había dejado de escuchar; ¡Él ya sabía todo eso de lo que el fariseo se jactaba!

La oración es para *nuestro* beneficio. Dios ya lo sabe todo; Él no puede aprender nada de nosotros. Así que, cuando oramos, deberíamos sentirnos libres para compartir con Él todo lo que está en nuestros corazones, reconociendo a la vez que nada de esta información es nueva para el Señor; no hace daño recordar la advertencia bíblica de "sean pocas tus palabras" (Eclesiastés 5:2).

Romanos 11:33–36 merece meditarse siempre que estemos tentados a pensar cuán sabios e importantes somos. Incluso alguien tan importante como el presidente de los Estados Unidos necesita decenas de personas para aconsejarlo y mantenerlo informado de lo que está pasando en el mundo. ¡Pero estamos muy equivocados si pensamos que Dios necesita que sus ángeles viajen por el universo y lo mantengan al día! Dios nunca tiene que "averiguar" nada; Él ya sabe.

Cuando leemos pasajes como Génesis 18:21, que indican que Dios "descenderá" a Sodoma para ver cómo está, tenemos que darnos cuenta de que Dios está tratando con humanos y acomoda su lenguaje a sus mentes finitas. Dios no tenía que "descender" a Sodoma: Él ya estaba allí. No tenía que ir a ver cómo estaba: ya lo sabía. Y cuando Jesús hacía preguntas, ya sabía las respuestas; simplemente lo hacía para que las personas se expresaran.

Debemos ver como un gran consuelo que Dios ya lo sepa todo: materia, espacio, tiempo, causas y efectos. No existen misterios para Dios. Para usted y para mí, bueno, eso es otra historia. Somos confrontados con muchos misterios, incluyendo, por ejemplo, la encarnación: ¿Cómo Dios se condensó a sí mismo en una forma humana (1 Timoteo 3:16)? No sabemos, pero Dios sí, de modo que no tenemos que preocuparnos al respecto.

Tozer vivió en una época en que la preocupación abundaba. La Unión Soviética era un poder mundialagresivo; la guerra termonuclear parecía ser de continuo una posibilidad inminente. Tozer no sabía lo que guardaba el futuro, pero Dios sí, de modo que Tozer no se preocupaba. Hoy en día afrontamos otras amenazas aparentemente inminentes, pero como Tozer, podemos confiar en que Dios sabe todo al respecto y nada nos sacará de la palma de su mano. Dios conoce a su pueblo, así que nunca estamos huérfanos, nunca perdidos; ¿no es eso un gran consuelo?

Si usted está preocupado, recuerde que Dios lo sabe todo, y usted no puede escaparse "fuera de su amor y su cuidado" (pág. 116). Todo cuanto tenemos que hacer es confiar en Él, y Dios tomará las mejores decisiones, porque Él "todo lo hace bien" (Marcos 7:37, NVI). Si necesita un recordatorio del cuidado de Dios por usted, tome el consejo de Tozer y lea las palabras de uno de los más magníficos himnos de la Iglesia, o mire una colección de poesías tales como *The Christian Book of Mystical Verse* (El libro cristiano del verso místico).

Aun si usted comete un error, Dios puede invalidarlo. Las ilustraciones de Tozer de la ventana rota de la catedral y la paloma en el montón de basura (basada en Salmo 68:13) son dignas de meditarse si usted necesita un recordatorio de ese hecho.

Dios conoce a los no salvos

Isaías 45:4 es una maravillosa promesa para los no salvos: Dios también sabe todo sobre ellos, e incluso los llama por su nombre. Aunque no conozcamos a Dios, Él nos conoce a nosotros, según el Salmo 139. Incluso al ateo, Dios le puede decir: "Tú puedes no creer en mí, pero yo creo en ti". Dios sigue recibiendo a los pecadores (Lucas 15:2).

Y aunque lo conozcamos, tenemos que aprender que Él nos conoce mucho mejor de lo que nos conocemos a nosotros mismos. Nada que podamos decir le impactará, porque Él ya sabe todo. Él ve a través de nosotros, pero de todos modos nos ama. Deberíamos estar siempre prontos a confesarle nuestros pecados, nuestras dudas y temores; de todos modos ¡no hay nada que le podamos esconder!

PLAN DE LECCIÓN — Estudio grupal

Propósito: Ayudar a mis estudiantes a estar plenamente conscientes de la omnisciencia de Dios, y a ser inspirados a llevar vidas transparentes delante de su Señor.

Introducción

Que dos personas del grupo lean en voz alta los dos pasajes del inicio del capítulo (Salmo 147:5 y Hebreos 4:13). Discutan la diferencia entre las dos clases de conocimiento descritas en estos pasajes.

Liste (en una pizarra o con un proyector) varios temas en que los integrantes del grupo se considerarían entendidos: leyes, ciencia, arte, educación, etc. Luego cite a Will Rogers debajo de la lista: "Todos somos ignorantes, solo que en diferentes cuestiones". Señale que, aunque nosotros somos "ignorantes", Dios tiene la "perfección del conocimiento" y sabría todo lo que hay que saber de todos esos temas.

Pregunte al grupo que quiere decir Tozer con aproximarse a Dios teológica y experiencialmente. Si Dios es en definitiva inefable (no pasible de ser expresado en palabras), inconcebible e inimaginable, ¿cuál es el propósito de la teología?

Lean Primera de Corintios 2:7–11. ¿Qué dice este pasaje acerca de lo que sabe el hombre? ¿Qué dice acerca de lo que sabe Dios? ¿Es conocimiento informativo o conocimiento relacional (vea el comienzo del estudio personal), o ambos?

Analice lo que Tozer quiere decir cuando dice que al desplazar al Espíritu Santo "nos sacamos nuestros propios ojos". ¿Esta situación sigue siendo un problema en la Iglesia actual?

Que algunos voluntarios lean Mateo 11:25–27 y Primera de Corintios 2:1–5. Analicen qué nos enseñan estos pasajes acerca de la omnisciencia de Dios y de nuestro propio conocimiento.

Dios se conoce a sí mismo

Que algunos voluntarios lean Primera de Corintios 2:11 y Salmo 50:21. ¿Qué dicen estos versículos acerca de cómo tenemos que relacionarnos con el Dios omnisciente?

Plantee esta pregunta al grupo: Si Dios ya sabe todo lo que vamos a pedir, ¿por qué debemos orar?

Discutan la afirmación de Tozer: "Dios no puede aprender". Lean Romanos 11:33–36 como entrada para la discusión.

Usando un himnario o un libro de poesía cristiana, lean algunos pasajes que traten del amor y el cuidado de Dios hacia nosotros. Pregunte al grupo de qué manera comprender la omnisciencia de Dios nos ayuda a evitar preocuparnos.

Dios conoce a los no salvos

Consideren qué podríamos decirle a un no creyente acerca de la omnisciencia de Dios que lo condujera al arrepentimiento.

Cierre

1. Pida a cada persona del grupo que piense en un secreto personal que quisiera que nadie más conociera. Recuérdeles que, como todo lo demás, Dios conoce eso, y los ama de todos modos. Anímelos a hablar de sus secretos con Dios en oración.

2. Asigne la tarea de leer el capítulo 7 del libro para la clase de la próxima semana.

3. Cierre con oración.

CAPÍTULO 7

LA SABIDURÍA
DE DIOS

Estudio personal

Materiales complementarios: C.S. Lewis, *El problema del dolor* (Ediciones Rialp S.A., 2010).

Mi primer pensamiento al inicio de este capítulo fue: *¿De qué manera la sabiduría de Dios es diferente del tema del capítulo anterior, la omnisciencia de Dios?* Ciertamente, la sabiduría y el conocimiento están íntimamente relacionados, pero la sabiduría implica algo más que saber información o conocer a una persona; es saber hacer lo correcto en una situación dada. El lugar más crucial en que vemos que se ejerce la sabiduría de Dios es en su voluntad y en sus planes para nuestras vidas, lo cual es la idea central de este capítulo.

Relea los seis pasajes de la Escritura del comienzo del capítulo. Medite en lo que significan para su relación personal con Dios.

Aunque no hay una palabra tal como "omnisabiduría", sabemos que Dios es infinitamente sabio, puesto que cada aspecto de Él es infinito. Este es un atributo de Dios que no tratamos de probar; lo tomamos por fe. "Si yo tratara de probar que Dios es sabio, el alma llena de amargura no lo creería... Y el corazón devoto ya sabe que Dios es sabio y no necesita que se le pruebe" (pág. 121).

Tozer formula un buen argumento al decir que pedir prueba de la sabiduría de Dios es un insulto a su deidad, ya que cuestionar su sabiduría es afirmar la nuestra propia: decir que somos más sabios que Él. Eso también arroja dudas sobre nuestra sabiduría, ya que si Él nos creó, y si Él no es sabio, entonces ¿cómo podríamos nosotros serlo?

Es necesario para nuestra humanidad que concedamos a Dios al menos dos cosas: sabiduría y bondad. El Dios que se sienta en lo alto, que hizo los cielos y la tierra, tiene que ser sabio, o si no usted ni yo no podemos estar seguros de nada; tiene que ser bueno, o la tierra sería un infierno y el cielo, un infierno; y el infierno, un cielo (pág. 121).

Probablemente el más común desafío a la sabiduría de Dios (y a su bondad y poder, si vamos al caso) es lo que C. S. Lewis llama "el problema del dolor": si Dios es sabio, ¿por qué entonces hay tanta crueldad, guerras, hambrunas y enfermedad en el mundo? Tozer responde la crítica con la alegoría de un hombre sabio que construyó un hermoso palacio, pero un ejército invasor lo capturó y lo usó como establo para los caballos, de modo que su belleza fue estropeada y quedó escondida bajo el polvo y la mugre.

Es interesante que la alegoría de Tozer describa algo muy semejante a lo que le ocurrió a Monticello, el hogar de

Thomas Jefferson. Durante la Guerra Civil, su hogar —una obra maestra de la arquitectura diseñada por el propio Jefferson— fue capturado por soldados confederados, vendido y usado para depósito. Con el tiempo, la casa fue adquirida por admiradores de Jefferson y restaurada a su belleza original. Pero ciertamente, cuando albergaba fardos de heno, debe de haber habido muchos que dudaron de que esa sucia y vieja edificación una vez hubiera sido el orgullo y el gozo del gran Thomas Jefferson.

Ese es nuestro mundo. Romanos 8:19–22 dice que "toda la creación gime a una", esperando que Cristo regrese. El mundo está bajo la ocupación foránea de Satanás y sus hordas, pero un día Dios restaurará su palacio a su original belleza.

Tozer también ilustra el tema con su descripción de cómo las compañías mineras, usando técnicas de minería a cielo abierto, han devastado las hermosas colinas y arroyos de los contornos de su hogar de la niñez en Pensilvania. Interesados en hacer dinero fácil, ellos desmontaron la cima de la montaña para obtener el carbón de abajo. "Y el resultado es como si la naturaleza estuviera llorando, como si el mundo entero fuera un cementerio" (pág. 125).

Pero Dios no ha entregado su creación; Él la está gobernando, aunque esté "gimiendo bajo el arado y la excavadora, bajo el pie del enemigo" (pág. 125). Algún día Dios enviará a su Hijo a buscarnos (1 Tesalonicenses 4:16–17). Seremos cambiados y glorificados a la imagen de Dios. "Él va a limpiar la casa por aquí" (pág. 125). Prevalecerán la paz y la belleza. Pero "tendremos que ser pacientes y andar con Dios por un tiempo, porque estamos bajo ocupación" (pág. 125).

La sabiduría definida

Tozer define la sabiduría como "la capacidad de obtener los fines más perfectos por los medios más perfectos" (pág. 126).

Tanto los medios como los fines son dignos de Dios. Dios ve el fin desde el principio y juzga en vista de los fines últimos. Su sabiduría es impecablemente precisa. Dios "no se las arregla"; Él nunca necesita retractarse ni corregir nada. Jesús nunca pidió perdón: nunca tuvo que hacerlo. Nosotros, por nuestra parte, a menudo tenemos que pedir perdón; Tozer cuenta que tuvo que pedir perdón por haber dicho algo erróneo. Pero Jesús siempre dijo lo correcto la primera vez. La sabiduría bíblica es diferente de la sabiduría de la tierra, porque tiene una "connotación moral" (pág. 127). Es elevada, santa pura y hermosa; nunca astuta ni artera.

La sabiduría de Dios es infinita

Dios es absolutamente sabio; su sabiduría es perfecta y completa. Ningún problema es demasiado para Él. Con los conflictos que hacen estragos por todo el mundo, es reconfortante saber que Dios es infinitamente sabio y que no tenemos de qué preocuparnos. "Si yo pensara que Dios es solamente un poquito sabio, o incluso un noventa por ciento sabio, no podría dormir esta noche" (pág. 127).

Su perfecta sabiduría planifica para "el supremo bien para el mayor número por el mayor tiempo" (pág. 127). Dios no es un oportunista, que busca resultados a corto plazo y éxito rápido. "Dios siempre piensa en términos de eternidad" (pág. 128). Por ejemplo, nuestra salvación no es solamente para el presente; Dios ha soplado en nosotros su eternidad e inmortalidad. "El Dios todopoderoso ha planeado que usted no solo disfrute de Él ahora, sino por todas las eternidades venideras" (pág. 128).

Si nos proponemos reflejar la sabiduría de Dios, deberíamos operar nuestros ministerios e iglesias de esta manera. Estas "deberían ser conducidas para el sumo bien del mayor número de personas, aunque parezcan fracasar" (pág. 128), en vez de poner como objetivo triunfos a corto plazo que pueden no tener en consideración a las personas.

La sabiduría de Dios revelada

Tozer admite que la sabiduría de Dios puede ser cuestionada por hombres no creyentes. Ellos dicen que el hermoso palacio que ahora es una pocilga no podría haber sido hecho por un Dios sabio y bueno. Pero, reitera, "El Dios todopoderoso está rigiendo su mundo; vendrá el día en que Dios quitará una nube de este mundo y se reunirán admirados de todas partes y dirán cuán maravilloso es Dios" (pág. 129). Lea Apocalipsis 4:11; 5:9–10, 12 para ver una descripción de ese día.

Ya que los hombres de sabiduría limitada y absoluto descaro siempre cuestionarán a Dios, muchas de sus mayores obras están escondidas de nuestros ojos y son realizadas en la oscuridad (Génesis 1:1–3); la Encarnación comenzó en la oscuridad del vientre de una virgen, de modo que nadie pudo ver su misterio. Y cuando Jesús fue clavado en la cruz el cielo se oscureció, para que no pudieran verlo morir. También la resurrección fue hecha en la oscuridad; cuando fueron a la tumba por la mañana temprano, Él ya había resucitado. "Cada cosa magnífica que Dios ha hecho, la ha hecho en el silencio y la oscuridad porque su sabiduría es tal que ningún hombre podría comprenderla en manera alguna" (pág. 130).

La redención fue realizada por su sabiduría (1 Corintios 1:24; 2:7); la salvación por fe, fue por su sabiduría (1 Corintios 1:21); y en la consumación, también se revela su sabiduría (Efesios 3:10).

Ese es el quid de la cuestión de nuestras vidas: es o la sabiduría de Dios o la nuestra. ¿Aceptaremos la sabiduría de Dios o iremos por nuestro propio camino? Según Isaías 53:6, la esencia del pecado es la idea humana de "Me aparto por mi camino porque creo que es más sabio que el camino de Dios".

Ya se trate de la cuestión de cómo gastamos nuestro dinero o con quién nos casemos, nuestra falta de obediencia nos hará miserables, porque rechazamos la sabiduría de Dios y decimos: "Yo sé más que tú, Dios". Esta es la diferencia entre avivamiento y una iglesia muerta, entre una vida llena del Espíritu Santo y una vida llena del ego. ¿La sabiduría de quién está siguiendo, la sabiduría de Dios o la suya?

Tenemos que tomar posición y decidir que la manera de Dios es la correcta. Aun cuando las cosas parezcan ir mal tenemos que confiar en Dios y sobrellevar la tormenta, tomando por fe Romanos 8:28: "Y sabemos que a los que aman a Dios, todas las cosas les ayudan a bien... "Tome una decisión: vaya por su propio camino o confíe ciegamente en la sabiduría de Dios. Si confía ciegamente Él promete guiar a los ciegos (Isaías 42:16); después de que usted sea probado, "saldrá como oro" (Job 23:10).

Si queremos seguir nuestro propio camino, Dios nos dejará ir. Tenemos que renunciar a nuestros planes y ambiciones, porque no tenemos la sabiduría para hacer que triunfen. "No se atreva usted a manejar su vida" (pág. 133).

Tozer da un argumento humorístico al decir que cuando estamos en un avión y nos topamos con una pequeña turbulencia, no corremos a la cabina y tomamos el mando: tenemos que confiar en el piloto. "Y sin embargo, agrega, le estamos haciendo eso a Dios todo el tiempo. Vamos a la iglesia y oramos para entregar nuestro corazón al Señor; firmamos una tarjeta y estamos convertidos; nos unimos a la iglesia y nos bautizamos. Pero luego las cosas se ponen turbulentas y corremos y decimos: "Señor, ¡déjame manejar esto!" (pág. 133). Nuestras vidas tienen confusión porque no dejamos que Dios lo gobierne todo: familia, negocios, hogar, empleo.

Dios siempre busca el sumo bien de usted; jamás comete errores, nunca demanda más de lo que usted puede manejar, siempre le da el poder para hacer todo lo que Él lo llama a hacer. ¿No es esta la clase de Dios en la que podemos confiar? "La dificultad con nosotros es que no confiamos en Dios. Y por eso estamos en el aprieto en que estamos" (pág. 134).

Tozer cuenta la historia de un hombre que fue a la bancarrota y trató de ir a su antigua oficina después de que alguien compró su negocio. ¡El nuevo propietario entró y lo echó! Cuando Dios toma nuestras vidas en bancarrota, no podemos volver a sentarnos en la silla del propietario: ahora esa es la silla de Dios. Él tiene que dirigir todo.

Tres clases de personas

Tozer identifica tres clases de personas en la congregación promedio:

1. Los no bendecidos, quienes no creen en la sabiduría de Dios lo suficiente como para confiarle sus vidas "porque saben que significa un compromiso que ellos no están dispuestos a asumir." (pág. 135); no son nacidos de nuevo.

2. Los no comprometidos, quienes han "aceptado a Cristo" y tienen alguna clase de experiencia espiritual, pero no están dispuestos a cambiar sus vidas, así que siempre están con altibajos espirituales. Tozer dice que estas personas juegan al cristianismo, y parecen dudar de que sean realmente salvas.

3. Los que están comprometidos con la sabiduría divina para sus vidas. Dejan que Dios obre a su manera y permiten que su sabiduría los gobierne; no lo interfieren.

Los comprometidos han dado sus vidas a Dios para que las gobierne. No se quejan si se pone difícil, no dudan ni se desaniman, y no se apropian del crédito cuando tienen éxito, sino que le dan toda la gloria a Él. Esta clase de decisión es como casarse. Es un simple "Sí, quiero" que permanecerá firme en medio de las emociones conflictivas, porque está establecido por un voto.

Tozer concluye con una oración de compromiso que vale la pena leer una y otra vez. En realidad, no sería una mala práctica hacer regularmente esa oración.

PLAN DE LECCIÓN — Estudio grupal

Propósito: ayudar a mis estudiantes a captar una visión de la sabiduría de Dios e inspirarlos a confiarle sus vidas más plenamente a Él.

Introducción

Haga que seis integrantes del grupo lean los seis pasajes de la Escritura del comienzo del capítulo (Proverbios 3:19; Jeremías 10:12; Romanos 16:27; Job 12:13; Efesios 1:8; 3:10), luego discutan cómo difieren el tema de la sabiduría de Dios y el del capítulo anterior, omnisciencia de Dios.

Tozer declara que si dudamos de la sabiduría de Dios, no tenemos fundamento para nuestro propio pensamiento, razonamiento o creencia. ¿Por qué es esto así?

Pregunte al grupo lo que piensan de la alegoría de Tozer sobre el hermoso palacio (léalo de las págs. 122–123, si es necesario). ¿Esta alegoría es una respuesta viable para la cuestión del dolor, el sufrimiento y el mal en el mundo?

La sabiduría definida

¿Cómo define Tozer a la sabiduría? ¿Qué quiere decir cuando dice que Dios es "perfecto" en sabiduría?

La sabiduría de Dios es infinita

Tozer refiere que la sabiduría de Dios busca "el sumo bien, para el mayor número de personas" (pág. 128), en oposición a las soluciones a corto plazo. ¿Qué acciones de Dios podrían verse como ejemplos de esto?

La sabiduría de Dios revelada

Lean Apocalipsis 4:11; 5:9–10, 12. ¿Cómo vindican estos pasajes la sabiduría de Dios?

¿Qué quiere decir Tozer cuando dice que lo que creamos de la sabiduría de Dios es el quid de la cuestión de nuestra vida?

¿De qué manera confiar en Dios es como subirse a un avión?

Tres clases de personas

Revisen las tres clases de personas que Tozer describe (págs. 141–142). ¿Qué distingue a cada grupo?

Analicen el comentario de Tozer de que confiar en la sabiduría de Dios es como casarse.

Cierre

1. Pida al grupo que inclinen sus cabezas mientras usted lee la oración de compromiso.

2. Asigne la tarea de leer el capítulo 8 del libro para la clase de la próxima semana.

3. Cierre con oración.

CAPÍTULO 8
LA SOBERANÍA DE DIOS

Estudio personal

Materiales complementarios: A. W. Tozer: *El joven Tozer: Una palabra a tiempo*. (WingSpread Publishers).

Soberanía, dice Tozer, significa que Dios es "supremo sobre todas las cosas, que no hay nadie por encima de Él, que Él es Señor absoluto sobre la creación" (pág. 144). No hay nada fuera de su control, nada no visto o no planeado. El concepto de soberanía implica su absoluta libertad de hacer cualquier cosa que Él quiera hacer.

Vuelva a leer los diversos pasajes de la Escritura del comienzo del capítulo y piense sobre la conexión entre la soberanía de Dios y los atributos analizados en capítulos anteriores, tales como su omnisciencia, sabiduría y omnipotencia.

¿Dios puede hacer absolutamente cualquier cosa? ¡Sorprendentemente Tozer dice "no" a esta pregunta! Y esa es una respuesta totalmente bíblica. La soberanía de Dios no significa que Él puede hacer absolutamente cualquier cosa;

por ejemplo, Dios no puede mentir (Tito 1:2). ¿Qué significa? Significa que Dios puede hacer cualquier cosa que Él *quiera hacer*. Él nunca querrá hacer nada que viole su naturaleza, así que Él "no puede" hacerlo.

Esto puede parecer como un tonto juego de semántica, pero es un método común de argumentar contra la creencia en Dios, o al menos la creencia en la soberanía de Dios. En mi clase de filosofía en la universidad, nos presentaron esta pregunta supuestamente imposible de responder: "¿Dios puede hacer una roca tan pesada que Él no pueda levantarla?" (La respuesta correcta es "No, porque Él no desea hacerla".)

Dios tiene absoluta libertad. Como hijos de un Dios que es completamente libre de hacer lo que le plazca, nosotros deberíamos estar tranquilos y en paz, libres de preocupación y de ansiedad. Podemos confiar en la soberanía de Dios, porque Él "no toca de oído" ni hace nada sin pensarlo. Él ha planeado todo desde antes del comienzo del mundo, y a su tiempo y por su voluntad, cumplirá sus propósitos eternos.

Tozer se refiere a la soberanía de Dios como a un "poderoso río" y a nosotros los cristianos "siendo llevados" en su corriente (pág. 142). En este punto, estoy seguro de que algunos creyentes arminianos/wesleyanos están comenzando a moverse inquietos en sus sillas, pero Tozer trata ese tema un poco más adelante en el capítulo. Por ahora, quizá deban soportar estar un poco incómodos.

¿Cómo se cumple la soberanía de Dios en este mundo? Él ejerce su completa autoridad y poder. Un gobernante debe poseer tanto la autoridad para dar órdenes como el poder para llevarlas a cabo. Sansón es un buen ejemplo de poder sin autoridad; nadie lo escuchaba, aunque él tenía la fuerza de diez hombres. Las Naciones Unidas son un ejemplo de autoridad sin poder. Las naciones miembros pueden estar de acuerdo en que un conflicto regional debería resolverse pacíficamente; pero ¿cómo lo hacen respetar? Un gobernante debe tener tanto autoridad como poder.

En un capítulo anterior discutimos que Dios tiene todo poder, pero ¿tiene autoridad? Tozer tiene una respuesta sencilla para eso: simplemente ¿quién podría tener autoridad sobre Dios para que Él tuviera que pedirle permiso? El Todopoderoso, creador del cielo y de la tierra, responde que no hay ningún otro. Él tiene toda la autoridad (Isaías 44:6; Colosenses 1:16–17). Dios es el único verdadero Creador; esa capacidad no le es dada a nadie más.

De modo que ¿de dónde viene el pecado? ¿Creó Dios el pecado? ¿Cómo podría un Dios santo crear el pecado? Tozer no tiene respuesta para eso, y sostiene que eso es lo que Pablo quiere decir al referirse a "el misterio de iniquidad" (2 Tesalonicenses 2:7). Pero no tenemos que saber cómo surgió el pecado; todo lo que tenemos que saber es que Dios lo sabía de antemano e hizo planes para eso, de modo que nunca se pueden frustrar los propósitos de Dios.

La soberanía de Dios y el libre albedrío

La soberanía hace surgir muchas preguntas peliagudas, incluso esta tan antigua: Si Dios es soberano, ¿qué pasa con el libre albedrío del hombre? Muchos predicadores, escritores y hasta teólogos evitan este tema, porque puede convertirse en un zarzal de argumentos. Pero Tozer audazmente le hace frente. Él siente que la naturaleza problemática de la pregunta es buena si nos fuerza a pensar en las cosas divinas.

Así es como Tozer lo explica:

La cuestión del libre albedrío versus la soberanía de Dios puede explicarse de esta manera: la soberanía de Dios significa que Él tiene el control de todo, que Él ha planeado todo desde el principio. El libre albedrío del hombre significa que él puede, en cualquier momento que quiera, tomar todas las decisiones que le plazca (dentro de sus limitaciones humanas, por supuesto). El libre albedrío humano puede aparentemente frustrar los propósitos de Dios y disponerse en contra de la voluntad de Dios. Ahora bien, ¿cómo resolvemos esta aparente contradicción? (pág. 145).

Los calvinistas enseñan que si un hombre es libre para decidir, entonces Dios no es soberano. Lo que Tozer sostiene es que Dios puede hacer cualquier cosa que le plazca. Y una cosa que a Él le place es darnos libertad de elección. Cuando ejercito mi libertad de elegir, aun si lo hago contra Dios, estoy satisfaciendo la voluntad de Dios, porque estoy actuando de la manera en que Dios me creó. Josué 24:15 ("Elige hoy mismo a quién servirás", NTV) lo prueba. Tozer es probablemente demasiado calvinista para los arminianos, y demasiado arminiano para los calvinistas. "Pero soy feliz en el medio", dice. "Creo en la soberanía de Dios y en la libertad del hombre" (pág. 147).

Su idea es que el pequeño círculo de la libertad humana está permitido dentro de lo que es el vasto círculo de la soberanía de Dios, y lo explica con una ilustración de un transatlántico que va desde Nueva York a Liverpool, Inglaterra. Los pasajeros del barco tienen cierta libertad: no están encadenados a la cubierta ni a nada. Pero el capitán se va a asegurar de llegar a Liverpool, y no hay nada que los pasajeros puedan decir al respecto. "De la misma manera, usted y yo tenemos nuestras pequeñas vidas... Tenemos un poco de libertad, está bien, pero recuerde que no podemos cambiar el curso del Dios todopoderoso." (pág. 148).

Dios tiene sus planes, y hará camino (Nahum 1:3). Cuando nos movemos en la voluntad de Dios todo está bien, pero cuando salimos de su voluntad, estamos en problemas.

Al diablo también le ha sido dada por Dios una medida de libertad, y él la usa para interferir en los planes de Dios, pero aun siendo Satanás tan poderoso como es no puede detener el curso de la soberana voluntad de Dios. Tozer sugiere (junto con muchos otros comentaristas bíblicos) que la caída de Satanás puede haber ocurrido entre los versículos 1 y 2 de Génesis 1. La fuerza destructiva de la rebelión de Satanás y su caída dejó a la tierra "desordenada y vacía". Pero Dios recreó la tierra. Los intentos de Satanás de desbaratar los planes de Dios fueron frustrados.

Después Satanás orquestó la caída de Adán y Eva, (Milton en *El paraíso perdido* sugirió que Satanás intentó hacer retroceder a Dios tentando al hombre a pecar). Cuando el hombre cayó, parecía que estaba perdido para siempre. Pero Dios trajo al segundo Adán —Jesucristo— y todo volvió a empezar. Dios siempre se sale con la suya.

Cuando nació Jesús, Él era solo un pequeño bebé contra el Imperio Romano. Al poco tiempo. El Imperio Romano colapsó, pero ese bebé se convirtió en el Hombre que murió por toda la humanidad y es adorado por los creyentes en todo el mundo.

Joseph Stalin, uno de los primeros líderes de la Unión Soviética, en una ocasión se jactó: "Sacaremos del cielo a ese dios con barba". Pero para el momento en que Tozer predicaba esto, Stalin estaba muerto, y hoy en día, la Unión Soviética ni siquiera existe.

Tozer concluye sus ejemplos del inalterable progreso de la voluntad de Dios con Apocalipsis 4:1–3. El arco iris que circunda el trono, dice, representa la inmortalidad y la infinitud. "Nadie puede destruir a Dios" (pág. 152).

La soberanía en la crucifixión

Cuando Jesús caminó sobre la tierra, trataron de hacerlo rey por la fuerza (Juan 16:15), pero Él dijo que no. De modo que lo crucificaron. Los discípulos deben de haber visto esto como una falla de parte de Cristo. Ellos nunca pensaron que Jesús podría morir. Luego, en el camino a Emaús, se encontraron con un Hombre que les explicó todo, y se dieron cuenta de que era Jesús (Lucas 24:13–32). Jesús resucitó de los muertos. Dios se volvió a salir con la suya.

¿Y hoy en día? Aunque estamos en un período difícil de la historia, podemos, descansar seguros de que Dios sigue teniendo sus planes y los llevará a cabo. ¿Cuáles son estos planes? Tozer menciona específicamente dos: primero, Dios cumplirá sus promesas a Israel; segundo, una compañía de redimidos será llamada y glorificada.

La soberanía de Dios en llamar una compañía de redimidos se ve en el progreso de las misiones mundiales en el siglo XX. Después de la Segunda Guerra Mundial, muchas puertas parecían estar cerradas en todo el mundo. Pero el plan de Dios de tener un pueblo de toda tribu y lengua en el trono (Apocalipsis 5:9) no pudo ser frustrado. Tozer ni siquiera tenía que decirle a la audiencia que algunos de los mayores avances en misiones mundiales estaban ocurriendo en el momento en que él hablaba. Hoy hay agoreros similares en cuanto a la difusión de evangelio en el siglo XXI; como Tozer, debemos confiar en que los planes de Dios son soberanos.

Uno de los planes soberanos de Dios para el futuro es que los pecadores serán quitados de la tierra (Salmo 104:35). La maldad está tan firmemente arraigada en gran parte de nuestro mundo que parece haber venido para quedarse. Sin embargo, Dios en su gracia está guardando a la raza humana de destruirse a sí misma. Él hará un cielo y una tierra nuevos "en los cuales mora la justicia" (2 Pedro 3:13).

¿Pero y las circunstancias imprevistas? Con Dios, tal cosa no existe. Él conoce el fin desde el principio (Isaías 46:10). ¿Y los accidentes? La sabiduría de Dios previene un accidente. Sus órdenes no pueden ser contrarrestadas, porque no hay autoridad superior a Él. Él no puede fallar por debilidad, porque es omnipotente.

Por lo tanto, nosotros que hemos dado nuestras vidas al Soberano Señor del universo no tenemos nada que temer. Dios tiene el control y cumplirá su voluntad en nuestras vidas. Como dice Tozer en una de sus artículos de *The Early Tozer: A Word in Season* (El joven Tozer: Una palabra a tiempo):

> La vida del cristiano está ligada a la soberanía de Dios, es decir, su completa libertad en su universo, su plena capacidad de llevar a cabo sus planes hasta su conclusión triunfante. Ya que él es parte del eterno propósito de Dios, sabe que al final ganará, y puede mantenerse calmo aun cuando la batalla parezca estar temporalmente en su contra.

> Pero esta espada corta de ambos lados. Si Dios nos ha permitido una medida de libertad personal, y no existen accidentes, entonces cuando usted camina contra la voluntad de Dios y se encuentra en el infierno, es por su propia culpa: usted eligió ir allí. Nadie acaba en el infierno —o en el cielo, si vamos al caso— por accidente. Los que terminan en el infierno pueden sorprenderse de estar allí, pero no deberían; ellos eligieron el camino que iba a ese lugar.

> La soberanía de Dios y el libre albedrío del hombre se aplican a la consagración, la vida más profunda, la obediencia. Estar completamente rendido a Dios no es una opción en la vida cristiana; es una elección, y si no elegimos a Dios, lo hacemos contra Dios. "Si nos estamos oponiendo a Dios no

podemos ganar. Pero si nos rendimos y vamos al lado de Dios, no podemos perder." (pág. 157).

Pero es nuestra elección. Si elegimos mal, Dios nos dejará hacerlo, y estaremos del lado perdedor. Y si elegimos bien, estaremos del lado ganador. Es completamente voluntario: "el cielo no estará lleno de esclavos" (pág. 157).

Si usted no puede rendirse a Dios, está eligiendo el lado perdedor. Entréguele todo a Él. "Elija el camino de Cristo, porque Cristo es Señor y el Señor es soberano. Es tonto elegir cualquier otro camino" (pág. 158). No luche contra Él. (Job 33:13).

PLAN DE LECCIÓN — Estudio grupal

Propósito: Ayudar a mis estudiantes a comprender y apreciar la soberanía de Dios y cómo esta enfatiza la importancia de servirlo plenamente.

Introducción

Haga que varios de los integrantes del grupo lean los pasajes de la Escritura del comienzo del capítulo (Deuteronomio 4:39; 32:39–40; Job 12:9–10, 16–17; 33:13; Jeremías 18:6; Daniel 4:3, 35; Nahum 1:3). Desde estos versículos, dirija al grupo a crear una definición de la soberanía de Dios.

Tozer nos dice que Dios es absolutamente soberano, y sin embargo, hay cosas que Él *no puede* hacer. ¿Qué quiere decir con eso?

Ya que Dios tiene absoluta libertad, ¿cómo deberían vivir la vida los cristianos? Discutan lo que significa "ser llevado por la corriente" de la soberanía de Dios.

276 LOS ATRIBUTOS DE DIOS

La soberanía de Dios y el libre albedrío

Pregunte al grupo cuál es la aparente contradicción entre la soberanía de Dios y el libre albedrío del hombre. ¿Cómo la resuelve Tozer?

Lean la ilustración de los pasajeros del barco (págs. 147–148). ¿Responde esto a la dificultad entre la soberanía y el libre albedrío?

Tozer se refiere a varios eventos de la historia bíblica y moderna que muestran los soberanos planes de Dios triunfando sobre las artimañas de Satanás. Pregunte al grupo si pueden pensar en otros.

La soberanía en la crucifixión

¿Cómo afectan las circunstancias imprevistas y los accidentes la soberanía de Dios? Analicen lo que el cristiano debería hacer cuando los planes de Dios parecen no estar funcionando.

Tozer nos dice que una correcta comprensión de la soberanía de Dios significa que nuestras decisiones personales son todavía más cruciales. ¿Por qué es esto así?

Cierre

1. Pida a todos que inclinen la cabeza. Pídales que piensen en qué áreas de su vida pueden estar "del lado perdedor", donde han elegido en contra de Dios.

2. Asigne la tarea de lectura del capítulo 9 del libro para la clase de la próxima semana.

3. Cierre con oración, pidiendo específicamente que como hijos de un Dios soberano, podamos aprender a elegir el "lado ganador".

CAPÍTULO 9

LA FIDELIDAD
DE DIOS

Estudio personal

Material complementario: A. W. Tozer, *Jesús, nuestro hombre en la gloria* (Casa Creación, 2022).

Tozer comienza el capítulo con esta definición: "La fidelidad es eso en Dios que garantiza que Él siempre será fiel a sí mismo, a sus obras y a su creación" (pág. 160). Relea los pasajes de la Escritura que están al comienzo del capítulo y vea cómo concuerdan con esta definición.

Es una definición que yo desearía que Tozer hubiera elaborado más completamente. Querría haber visto u oído su explicación de cómo aplicarla a nuestra relación con Dios y a las promesas de su Palabra. Pero como otras definiciones de atributos que Tozer da, esta es una descripción reducida a sus elementos básicos; solo cobra completo sentido a medida que escuchamos el resto de lo que él tiene que decir al respecto.

"Dios es su propio estándar", declara Tozer (pág. 160).
Esto significa que no imita ni es influido por nadie. En una
época en que "la cuestión no es lo que usted sabe sino a quién
conoce", la idea de un Ser que no puede ser influido es difícil de entender, pero como dice Tozer: "Nada puede forzar a
Dios a actuar de otra manera que con fidelidad a sí mismo y
a nosotros: ni personas ni circunstancias, nada" (pág. 160).
Si alguien pudiera influir en Dios para que hiciera algo que
Él no tenía planeado hacer, o ser algo que no es, ¿no sería esa
persona mayor que Dios?

Mi primera pregunta cuando leí la definición de fidelidad
de Tozer fue: "¿En qué se diferencia esto de la inmutabilidad?". Tozer no responde directamente esta pregunta, pero
reconoce la cercana conexión entre ambas. Dice que la perfección de Dios "garantiza" su inmutabilidad: en otras palabras,
como Dios es perfecto, no va a cambiar porque cuando uno
es perfecto ¡no hay otro lugar adonde ir! Tozer también dice
que la fidelidad de Dios "garantiza" su inmutabilidad porque
"Dios nunca cesará de ser quien es y lo que es" (pág. 161).
Quizás esto significa que la fidelidad de Dios es una inmutabilidad de *personalidad*, mientras que su perfección es una
inmutabilidad de *naturaleza*. Si esta distinción tiene sentido
para usted, bien. Si no, no se preocupe.

Si es difícil entender esto, es porque la discusión de los
atributos de Dios es teología básica. La física nuclear también
es difícil de entender, y es la base de la física, la construcción
de los bloques básicos del mundo natural. Usted debe volver
a lo básico cuando la vida le trae problemas. Cuando su vida
es sacudida desde las raíces, usted debe saber que ellas están
hincadas en el fundamento. "Usted puede vivir entre nubes y
volutas de mal entendida teología hasta que la presión apriete.
Y cuando la presión apriete, usted querrá saber a qué clase de
Dios está sirviendo" (pág. 161).

Todo lo que Dios dice y hace está en línea con sus diversos atributos. Un atributo no puede ser exaltado por encima de otro: Debemos ver "a Dios en su íntegra plenitud, en toda su perfección y gloria" (pág. 162). De otro modo, advierte Tozer, terminaremos viendo a Dios "desbalanceado". Si todo cuanto vemos es la justicia de Dios, Él se ve aterrador y tiránico. Si todo cuanto vemos es el amor de Dios, se lo ve sentimental y sin carácter. Si todo lo que vemos es la gracia de Dios, Él parece ser ciego a la moralidad, ser profano. Pero Dios es justo y amoroso y lleno de gracia: todo eso, infinitamente y al mismo tiempo. Y eso es lo que lo hace fiel. "Nuestro Dios siempre será fiel a su naturaleza, porque Él es un Dios fiel" (pág. 163).

La infidelidad es una de las mayores fuentes de dolor del mundo, pero Dios nunca es infiel. Tozer apela a las promesas de la Palabra de Dios para testificar su fidelidad. Cita Génesis 8:20–22 (la promesa de que el día, la noche y las estaciones nunca cesarán) y 9:8–11, 14–16 (la promesa de que el mundo nunca volverá a ser destruido por una inundación) para asegurar a su audiencia que no necesita inquietarse por una de las mayores preocupaciones de mediados del siglo XX: la amenaza de guerra nuclear. No hay peligro de que la raza humana sea barrida de la faz de la tierra, porque Dios ha prometido que la naturaleza continuará como era, y Dios es fiel para cumplir su promesa. El Salmo 105:8 tiene una promesa relacionada: Dios siempre recordará su pacto. Y Mateo 5:18 dice que el cielo y la tierra no pasarán "hasta que todo se haya cumplido" (NVI).

Me parece que las promesas de la Palabra de Dios son lo que hace visible para nosotros su fidelidad. Pienso que Tozer estaría de acuerdo con esto. Considere, por ejemplo, lo que dice acerca de las promesas de Dios en *Jesús, nuestro hombre en la gloria* (Casa Creación):

La total fidelidad de Dios es un mensaje vibrante, positivo... Déjeme compartirle una conclusión a la que lle-
gué en mi estudio de las Escrituras. Yo había llegado
a pensar que todas las promesas de Dios habían sido
hechas para garantizarnos a los débiles y cambiantes
humanos que la buena voluntad e interés de Dios nunca se acabarían. Que Dios es hoy lo que será mañana.
¡Y que todo lo que Dios hace estará siempre de acuerdo con lo que Él es!

Dios nunca cambia, así que sigue siendo perfectamente fiel,
porque Dios es perfectamente todo. Él nunca quiebra una promesa, nunca cambia de parecer sobre lo que dijo, nunca pasa
por alto nada ni olvida nada.

En lo que sigue del capítulo, Tozer muestra la fidelidad
de Dios aplicada a los pecadores, a los que son tentados y
a los que se debaten. (Como lo sugerí antes, la fidelidad es
relacional).

Fidelidad de Dios con los pecadores

Dios es un Dios de justicia y será fiel en proscribir "de su presencia a todos los que aman el pecado y rechazan a su Hijo"
(pág. 166). ¡Estoy seguro de que hay algunos pecadores que
preferirían que Dios no fuese demasiado fiel en este sentido!
Hay algunos que esperan que tal vez Dios "amenaza pero no
cumplirá" (pág. 166). Dios es, por cierto, muy misericordio-
so y retiene su juicio; es "paciente... no queriendo que ninguno perezca, sino que todos procedan al arrepentimiento"
(2 Pedro 3:9). Pero para quienes rehúsen la misericordiosa
oferta de perdón de Dios, el juicio está en camino.

Luego hay otra clase de pecadores, a los que Tozer llama
"el pecador que vuelve", tal como el Hijo Pródigo. Para él el

mensaje es: "Venid a mí" (Mateo 11:28). ¡Dios los recibe con los brazos abiertos!

Podemos estar seguros de que sea lo que fuere que Dios prometa, lo cumplirá. Pero creer y confiar en Dios había llegado a ser un bien escaso en los días de Tozer y son mucho menos abundantes ahora de lo que nos gusta pensar. Una práctica común, según Tozer, era poner muchas de las promesas de Dios en el futuro, para ser cumplidas solamente en "los últimos días", así como Marta dijo que su hermano resucitaría en el último día, pero no consideró que Jesús pudiera levantarlo allí y en ese momento (Juan 11:24). Para esa gente, "la escatología es un cubo de basura en el cual barremos todas las cosas que no queremos creer" (pág. 167). Así explicamos nuestro descreimiento en milagros, sanidad, presencia manifiesta de Dios, avivamiento y muchas otras cosas que podrían resultar "inconvenientes" ¡si realmente le tomamos la palabra a Dios!

Cuando Tozer habla de que "creemos en milagros mañana o ayer, pero nos instalamos en un intervalo entre milagros" (pág. 168), obviamente les da un golpe juguetón a los estrictos dispensacionalistas, que creen que vivimos en "la edad de la iglesia", en la cual la intervención milagrosa de Dios está (por alguna razón desconocida) suspendida.

Sin embargo, no ignora a quienes están en el otro extremo del espectro. A los que quieren "oficiar milagros poniendo grandes tiendas de campaña y proclamando que vamos a hacer un milagro", les insiste en que "Dios no va a permitir ser publicitado" (pág. 168). Pero es posible mantener el equilibrio entre la negación de lo milagroso y la incondicional adoración de eso. Podemos tener auténticos milagros que den gloria a Dios, simplemente con creerlo.

Y si usted es un pecador que quiere volver, debe creer que Dios es fiel para cumplir su Palabra. Debe creer que Dios promete dar descanso a quienes vienen a Él (Mateo 11:28) y que Dios olvida nuestros pecados si se los confesamos (1 Juan 1:9). Deberíamos leer esos versículos, dice Tozer, "con el pensamiento de que Dios quiere decir exactamente lo que dijo allí", y que las diferencias de las traducciones "son congruentes respecto a las mismas cosas" (pág. 168). Lo importante es recordar que Dios escribió eso y es fiel para cumplirlo.

Pero ¿qué pasa con los creyentes que han pecado? Tozer admite que está incómodo con la idea de "pecadores cristianos", pero estos siguen existiendo, y las promesas de la primera parte de Primera de Juan están escritas específicamente para ellos. Por supuesto, los cristianos no deberían pecar, y hacerlo es una cosa seria. Pero pasajes como 1 Juan 1:9 y 2:1 muestran que sucede, y que Dios ha hecho provisión para el caso.

También muestra que si Dios "es fiel y *justo* para perdonar nuestros pecados", eso significa que "la justicia viene a ponerse del lado del pecador que vuelve" (pág. 169). (Esto hace eco al capítulo sobre la justicia de Dios del primer volumen de *Los atributos de Dios*). Nada se interpone entre usted y el corazón de Dios. Si usted confiesa sus pecados, ¡la justicia de Dios no está contra usted sino por usted!

Fidelidad de Dios con quien es tentado

Primera de Corintios 10:13 le promete a quien es tentado que Dios será fiel para evitar que la tentación sea mayor de lo que podemos manejar, y que proveerá una vía de escape. "La fidelidad de Dios es el camino de salida" (pág. 170). Su tentación "es común a todos", así que no hay nada que Dios no pueda ayudarle a atravesar si usted confía en Él. Cuando somos tentados, podemos pensar que eso es peor que las tentaciones de cualquier otro, pero el Dios que ayudó a otros a atravesarlas lo puede ayudar también a usted. Podemos confiar en su fidelidad.

Fidelidad de Dios con los que están en luchas

Algunos están en luchas, y Dios también es fiel con ellos. Pueden tener problemas para creer que Dios los acepte, que todo está bien entre ellos y Dios. Pero pueden confiar en la promesa de Isaías 54:7–9 que declara que el enojo de Dios es "pequeño" y "breve", pero que su misericordia es "eterna". Dios puede corregirnos y castigarnos, pero nunca volverá a enojarse con nosotros, dice el siguiente versículo (54:10).

Aunque uno que está en luchas pueda haber sido infiel, en 2 Timoteo 2:13 Dios promete permanecer fiel. (Algunos comentaristas en realidad piensan que "Si fuéremos infieles, él permanece fiel" significa que Él es fiel para *juzgarnos*. ¡Cuánto me alegra que Tozer no sostenga eso!)

Para aquellos de nosotros que estamos desalentados y sentimos que no estamos llegando a nada en la vida cristiana, ¡Tozer sugiere que Dios nos puede estar mostrando cómo somos realmente! Pero no tenemos que preocuparnos; Dios terminará el trabajo que está haciendo en nosotros (1 Tesalonicenses 5:24). Así como una gallina debe sentarse sobre sus huevos durante veintiún días completos para empollarlos, a veces Dios nos hace esperar, como hizo que los discípulos esperaran por el Espíritu Santo (Hechos 1:4). Pero es fiel para proveer si solamente confiamos en Él.

Cuando termina con una oración, Tozer cubre a una amplia variedad de personas en circunstancias variadas que necesitan que se les recuerde la fidelidad de Dios. Usted siéntase libre de insertar su nombre o el de personas que ama cuando la lea.

PLAN DE LECCIÓN — Estudio grupal

Propósito: Ayudar a mis estudiantes a confiar en la fidelidad de Dios y a ser fieles a Él.

Introducción

Haga que varios miembros del grupo lean los pasajes de la Escritura que están al comienzo del capítulo (Salmo 89:1–2, 5, 8, 24; 1 Juan 1:9; 2 Timoteo 2:13; 1 Tesalonicenses 5:24). Discutan cómo puede definirse la fidelidad de Dios, de acuerdo con esos pasajes.

Lean la definición de fidelidad de Tozer (pág. 162). ¿Cómo se compara con la definición del grupo?

Discutan cómo se relaciona la fidelidad de Dios con su inmutabilidad (tal vez usted quiera prepararse para guiar esta discusión refiriéndose al capítulo 5).

Pregunte al grupo cómo entender los atributos de Dios, especialmente su fidelidad, puede guardarnos de convertirnos en cristianos "desbalanceados".

¿Cómo puede un estudio de algunas de las promesas de la Palabra de Dios ayudarnos a entender y apreciar la fidelidad de Dios?

Fidelidad de Dios con los pecadores

¿Cuáles son los dos tipos de (no cristianos) pecadores identificados por Tozer? ¿Cómo es Dios fiel a ambos? ¿Cómo es Dios fiel a los "cristianos pecadores"?

Pida a un cristiano maduro (en lo posible anticipadamente, para permitirle que se prepare) que comparta brevemente cómo Dios fue fiel para guiarlo a Cristo o para restaurarlo cuando estuvo cautivo de un hábito pecaminoso.

Fidelidad de Dios con quien es tentado

Lean 1 Corintios 10:13. Pida al grupo que identifique maneras en las que Dios es fiel para ayudarnos en la tentación.

Pida a un cristiano maduro (en lo posible anticipadamente, para permitirle que se prepare) que comparta brevemente acerca de una época de su vida en que Dios fue fiel para librarlo de la tentación.

Fidelidad de Dios con los que están en luchas

Lean Isaías 54:7–10, 2 Timoteo 2:13 y 1 Tesalonicenses 5:24. Pregunte al grupo cómo hablan esos pasajes de los tres tipos de los que están en luchas mencionados por Tozer.

Pida a un cristiano maduro (en lo posible anticipadamente, para permitirle que se prepare) que comparta brevemente acerca de cómo Dios fue fiel para ayudarlo en una época de su vida en que estuvo en luchas.

Cierre

1. Lea en voz alta la oración de cierre del final del capítulo, pidiendo a los miembros del grupo que silenciosamente inserten sus nombres o el nombre de un ser amado en el sitio oportuno.
2. Asigne la tarea de leer el capítulo 10 del libro para la próxima clase.
3. Cierre con una oración.

CAPÍTULO 10
EL AMOR
DE DIOS

Estudio personal

Material complementario: A. W. Tozer, *El próximo capítulo antes del último*, (WingSpread Publishers); C. S. Lewis. *El gran divorcio*, (Ed Rialp). Juliana de Norwich, *Revelaciones del Amor Divino*, (Penguin Classics).

Este capítulo comienza con un solo pasaje de la Escritura: Primera de Juan 4:7–21. Lea estos quince versículos tres o cuatro veces y extraiga algunas de las simples verdades que Juan comparte acerca del amor de Dios.

Tozer dice que el amor de Dios es el más difícil de exponer de todos sus atributos. Es asombroso oírle decir eso, considerando cuán difícil dijo que era hablar de muchos de los otros. Al igual que con otros atributos, él ve este tratando de "comprender lo incomprensible" (pág. 176).

Tozer dice que "Dios es amor" no es una definición. Esta es una declaración fundamental. Significa que usted no puede invertir la declaración y decir "el amor es Dios". ¿Por qué?

Porque conduce a un panteísmo sentimental incompatible con la Escritura que es la teología confusa de "necios poetas y gente religiosa" (pág. 176). La declaración de Juan de que "Dios es amor" no significa que Dios deba ser equiparado con el amor, o que Dios es amor "en su ser metafísico" (pág. 177). El ser esencial de Dios es inefable e incomprensible.

Si pensamos que Dios y el amor son lo mismo, entonces podríamos adorar al amor, y "estaríamos adorando un atributo de la personalidad y no la Persona misma" (pág. 177). Primera de Juan también dice que Dios es luz (1:5) y que Dios es la vida (5:20), "¡pero no tratamos de limitar su naturaleza a la luz o a la vida!" (pág. 177).

Que "Dios es amor" quiere decir es que el amor es uno de sus atributos esenciales, y que todo el amor viene de Dios, y que Él no hace nada sino en amor. Dios es la fuente de todo amor, pero la naturaleza de Dios no se limita a amar: no hay límites a la naturaleza de Dios.

Algún día conoceremos como somos conocidos (1 Corintios 13:12), y nos daremos cuenta de que "aun la condenación de un hombre es una expresión del amor de Dios" (pág. 177). Como se ha dicho ya en capítulos previos, los atributos de Dios no pelean entre sí ni se contradicen unos a otros. Todos ellos están envueltos en la perfecta unidad de su ser.

Tozer expresa algunas dudas en su intento de discutir el amor de Dios; como un botánico despedaza una flor para analizarla, Tozer tiene miedo de destruir la flor por su interés en aprender sobre ella.

El amor es buena voluntad

El amor se caracteriza por la "buena voluntad" hacia el ser amado, como los ángeles les dijeron a los pastores (Lucas

2:14). En otras palabras, si usted ama a alguien, usted "desea el bien" de ellos, no quieres que les pase nada malo.

Esta es la manera en que Tozer explica el versículo "En el amor no hay temor, sino que el perfecto amor echa fuera el temor" (1 Juan 4:18). Este pasaje es desconcertante para muchos, pero la explicación de Tozer tiene perfecto sentido, sobre todo cuando se lee el versículo en su contexto. Si sabemos que Dios nos ama, sabemos que Él quiere lo mejor para nosotros, así que no tenemos miedo en sus manos, así como un niño extraviado pierde su miedo cuando encuentra a su madre y corre a sus brazos. Él sabe que ella no va a dejar que le venga ningún mal. Además, el contexto de este versículo está hablando acerca del juicio, y sabemos que Dios en su amor —su "buena voluntad" para con nosotros—, nos ha librado del juicio mediante la muerte de su Hijo en la cruz por nuestros pecados.

Tozer no desperdicia nuestro tiempo, ni insulta nuestra inteligencia con una mirada empalagosa de la vida. Admite libremente que hay muchas razones para temer en este mundo peligroso, si usted no ha puesto su confianza en Dios. Él se burla de los libros que pretenden mostrarle cómo vencer el miedo, cuyo único consejo es que se convenza de que todo es color de rosa y no hay nada que temer. "Si usted cree que está en las manos del azar, por supuesto que hay cosas que debe temer, y sería un tonto si no las temiera" (pág. 180).

De acuerdo, tal vez usted no crea en el azar, tal vez usted cree en Dios. ¡Pero si el pecado se interpone entre usted y Dios, todavía tiene mucho que temer! Hebreos 10:26–27 puede hacer correr un escalofrío por la columna vertebral si usted no está bien con Dios. Pero si se ha arrepentido, usted tiene borrón y cuenta nueva con Dios.

Usted ya no está en manos de los hombres, sino en las de Dios, y Él lo ama y tiene buena voluntad para con usted. Así que no tiene nada que temer.

El amor es emocional

Como nos ama, Dios "se identifica emocionalmente" con nosotros, dice Tozer (pág. 181). Esta parece una afirmación perfectamente razonable, pero por alguna razón, pensar que Dios "se emociona" sobre mí sacude mi concepto de Dios. Tal vez estoy pensando en una actitud almibarada, melodramática que nunca fue la intención de Tozer. Y sus ilustraciones de un padre que muere por su hijo o una madre que "cuidó hasta morir" a su bebé son ejemplos de noble abnegación, sin asomo de pretensión.

Esta actitud melodramática parece ser lo que Tozer quiere significar cuando se queja de canciones que hacen decir a Jesús: "¡Oh, qué gran héroe soy y tú no lo aprecias! ¡Eso es demasiado malo para mí!". Yo puedo estar de acuerdo con eso, aunque que no estoy familiarizado con tales canciones. También estoy de acuerdo con él en que algunos servicios de Viernes Santo pueden ser mórbidamente malsanos, si pensamos que estamos "experimentando" empáticamente la pasión de Cristo. Cuando Pedro habló de ser "participantes de los padecimientos [de Cristo]", estaba hablando de la persecución (2 Corintios 1:7).

Pero hay una forma apropiada de meditar en los sufrimientos de Cristo. Tozer toca el tema en *El siguiente capítulo después del último*:

El creyente que se queja de las dificultades del camino demuestra que nunca ha sentido o conoce los dolores que estallaron contra la cabeza de Cristo cuando él estuvo entre los hombres. Después de una mirada al calvario o a Getsemaní, el cristiano no puede volver a creer que su propio camino es demasiado duro. No nos atrevemos a comparar nuestros insignificantes dolores con la sublime pasión soportada por nuestra salvación. Cualquier comparación sería el supremo argumento contra nuestras quejas, porque ¿qué dolor es semejante al suyo?

Una mujer en trabajo de parto se olvida de su dolor después que nace el bebé (Juan 16:21), porque "se identifica emocionalmente con su hijo. En todo cuanto su hijo prospere prospera ella; lo que le duela a su hijo le duele a ella" (pág. 183). Dios siente lo mismo por nosotros. Esa fue la razón, según Milton en *El paraíso perdido*, de que el diablo decidiera hacer caer a la humanidad porque sabía que era la única manera en que podía tocar a Dios. Y el diablo logró herir a Dios, porque Dios ama a la humanidad, hecha a su propia imagen. "Nuestros pecados son una herida emocional en el corazón de Dios" (pág. 183).

¿Le parece extraño que Dios nos ame tanto? El salmista estaba perplejo al respecto: "¿Qué es el hombre, para que tengas de él memoria?" (Salmo 8:4). Cuando sufrimos, Dios sufre con nosotros. Y también Dios es feliz cuando somos felices. Los sentimientos de Dios hacia nosotros son como los sentimientos de un esposo hacia su esposa o de una madre hacia su bebé.

En el primer capítulo del Génesis se puede sentir el placer de Dios en su creación. Declaró que era "bueno" lo que había hecho; cuando se hizo la humanidad, declaró que lo hecho era "bueno en gran manera". Lea el Salmo 104:31 y Sofonías 3:17 la próxima vez que se sienta deprimido respecto a sí mismo. ¿Ha pensado que Dios se *regocija* sobre usted? ¿Ha pensado que usted lo hace *cantar de alegría*?

¿Por qué entonces, pregunta Tozer, existe tal falta de calidez y entusiasmo en nuestra adoración a este Dios que es el Amante de nuestra alma? Su respuesta: Nosotros no profundizamos nuestra relación con Dios lo bastante para captar una vislumbre de su amante corazón. "Tenemos religión suficiente para hacernos sentir miserables. Si seguimos adelante, encontraremos el amor de Dios" (pág. 186).

La vida cristiana no se define por lo que usted no hace. Es una relación de amor. Él nos quiere por esposa, Él quiere ser nuestro *Ishi* (Oseas 2:16), o "esposo". Nuestro apellido de soltera era "Adán", pero Dios se convirtió en nuestro esposo y nos dio el apellido de casada de "Cristiano o Cristiana".

El amor hace que todo sea bueno, dice Tozer. El matrimonio y la familia serían mecánicos y gravosos si no fuera por "la lubricación del amor" (pág. 187). Cuando usted ama a alguien, no es una carga. Eso es lo que Dios siente por nosotros. Él no es digno de compasión: ¡estuvo feliz de venir y morir por nosotros!

Como el amor es un atributo de Dios, usted puede estar seguro de que se corresponda con sus demás atributos. El amor de Dios es infinito, eterno, inmutable, etc. Sus pensamientos hacia nosotros son amorosos en todo el tiempo. Él nos amó antes de que naciéramos: fue por amor que Cristo murió por nosotros (Romanos 5:8). Ese mismo amor también nos protege (Hebreos 7:25). Tozer usa el amor de Dios para defender la seguridad del creyente: Dios "siempre guarda lo que ama" (pág. 188).

Pero hay pecadores que "aman el odio y odian el amor", que desprecian y rechazan continuamente el amor de Dios. Ellos nunca podrían ser felices en el cielo, que está permeado por el gran amor de Dios. Tozer ilustra esto con la historia de un niño de la calle que no pudo soportar vivir en una hermosa mansión y volvió corriendo a la calle. Me hace recordar a

los personajes de *El gran divorcio,* la novela de fantasía de
C. S. Lewis. Son residentes del infierno a quienes se les da la
oportunidad de visitar el cielo, pero lo odian, porque el cielo
no está hecho para gente como ellos. "El cielo no será cielo para el hombre que no tiene el amor de Dios en su corazón" (pág. 190). Lázaro fue al cielo y el rico al infierno (Lucas
16:22–23), ya que "cada hombre fue al lugar que correspondía a su condición" (pág. 191).

   ¿Cómo puede un pecador convertirse en alguien que está
"hecho para el cielo"? A través del nuevo nacimiento, por el
que "todas las cosas son hechas nuevas" (2 Corintios 5:17).
"Nos vamos aclimatando y condicionando psicológicamente
al reino de Dios" (pág. 191). Nos encanta cantar y adorar,
leer la Palabra, orar. Pertenecemos al cielo. Y la gente que va
al infierno pertenece allí por naturaleza. "La atracción gravitacional de sus vidas morales es hacia el infierno" (pág. 191).

   Este capítulo es una visión demasiado breve del amor de
Dios. El mismo Tozer lo compara con realizar una gira mundial y luego tener solo cinco minutos para contarla. Tal vez
usted quiera seguir estudiando el amor de Dios. Espero que el
breve pasaje de *Revelations of Divine Love* [*Revelaciones del
amor divino*] de Lady Juliana de Norwich, que se cita en las
páginas 200–201, sea suficiente para abrirle el apetito de más.
Este antiguo libro está ampliamente disponible; usted incluso
puede encontrar el texto del mismo en la internet.

   El que está inmerso en el amor de Dios es inmune a los
ataques del mundo, la carne y el diablo. Y el que está lejos
de Dios no se da cuenta de que Dios lo sigue amando y está
tratando de traerlo de regreso. Si usted se siente lejos de Dios,
vuelva en sí como lo hizo el Hijo Pródigo, y regrese a su Padre
(Lucas 15:20). Se encontrará con que Dios le dará la bienvenida con los brazos abiertos.

PLAN DE LECCIÓN — Estudio grupal

Propósito: Ayudar a mis estudiantes a entender y confiar en el amor de Dios por ellos, para que puedan acercarse más a Él.

Introducción

Haga que un voluntario lea Primera de Juan 4:7–21. Utilizando una pizarra o un proyector, compile (con la ayuda del grupo) una lista de las características del amor de Dios, según lo explicado por Juan.

¿Qué quiere decir Tozer cuando expresa que "Dios es amor" no es una definición?

El amor es buena voluntad

Lean Primera de Juan 4:18. Discutan la explicación que da Tozer de este versículo. ¿De qué manera esta explicación se refiere a la oración "el temor lleva en sí castigo"? (Consulte una traducción bíblica moderna si es necesario.)

¿Cuál dice Tozer que es el principal consejo dado en la mayoría de los libros sobre cómo vencer el miedo? ¿Por qué este consejo resulta inadecuado?

Lean Hebreos 10:27. ¿De quiénes habla este pasaje? A la luz del amor de Dios, ¿cómo sabemos que no se refiere a nosotros? (Remítase a 1 Juan 4:17–18 si es necesario).

El amor es emocional

¿Qué quiere decir Tozer cuando afirma que Dios "se identifica emocionalmente" con nosotros? ¿Cómo se relaciona esto con la caída del hombre de acuerdo a lo que dice Milton en *El paraíso perdido*?

Pida voluntarios que lean el Salmo 104:31 y Sofonías 3:17. Discuta lo que dicen esos dos versículos sobre la actitud de Dios hacia nosotros.

¿Cuál es, según Tozer, la causa de nuestra falta de calidez y entusiasmo en nuestra adoración? ¿Cómo podemos curar esta enfermedad?

¿Qué razones da Tozer para que un pecador sea infeliz en el cielo? ¿Cómo puede un pecador convertirse en alguien que está "hecho para el cielo"?

Lean la historia del Hijo Pródigo (Lucas 15:11–32). Discutan cuáles características del amor de Dios son manifestadas por el padre en esta parábola.

Cierre

1. Inclinen sus cabezas y oren juntos por los pródigos. Pida que todo el que conozca un pródigo levante su mano. Incluya también un tiempo de oración silenciosa por cada uno que se siente alejado de Dios.

2. Explique que la clase de la semana próxima será una revisión de todo el libro.

3. Cierre con oración.

REVISIÓN

Esta lección está diseñada como una revisión al final de su estudio. Su propósito no es otro que discernir el impacto que las lecciones han tenido en usted (y sus estudiantes, si se trata de un grupo de estudio) y volver a revisar los puntos principales.

Tiempo de testimonios

La mejor revisión podría ser determinar lo que usted ha extraído de este estudio. Si realizó un estudio individual, escriba sus pensamientos en un diario. Si fue un estudio grupal, discútanlo en el grupo. Compartan una lección significativa del Señor que usted ha enseñado o la cosa más importante que han aprendido a través de este estudio. Permita todo el tiempo que sea necesario para este valioso ejercicio.

Revisión

Siéntase en libertad de destacar los puntos que considere más necesarios. Lo que se provee a continuación son simplemente los puntos más importantes de cada capítulo, y algunas declaraciones o escrituras relacionados con cada punto.

Introducción: El carácter de Dios

- Es crucial que tengamos un concepto correcto de Dios, porque Él es la causa que está detrás de todas las cosas y el Único que puede dar sentido a nuestra existencia.

- La humanidad cayó tan pronto como perdió un correcto concepto de Dios (Romanos 1:21–28), y el estudio de los atributos de Dios puede desarrollar nuestra fe y confianza en Él (vea Salmo 9:10:1a palabra *nombre* denota el carácter y los atributos de Dios).

- Estudiar los atributos puede ayudar a traer avivamiento. Nuestro cristianismo "está escuálido y anémico, sin contenido de pensamiento, frívolo en el tono y mundano en el espíritu" (pág. 11).

- "Yo quiero una visión de la majestad de Dios... Yo quiero vivir donde el rostro de Dios brilla cada día" (pág. 15).

Capítulo 1: Dios existe por sí mismo

- "Dios no tiene origen"... "Él es la causa de todas las cosas, la Causa no causada" (pág. 23).

- Dios, el gran Originador, nos creó para que giremos alrededor de Él como los planetas alrededor del sol. «Pero un día el pequeño planeta dijo: "Seré mi propio sol. Separado de Dios". Y el hombre cayó» (pág. 29).

- Lea Gálatas 5:19–21. Llamamos a tales cosas pecado, pero en realidad no son más que manifestaciones, síntomas de la enfermedad de base: el ego.

- Hemos usurpado el trono de Dios. Nacer de nuevo significa bajar del trono y volver a la finalidad para la que fuimos creados: para adorar, glorificar y amar a Dios, y ser objeto de su amor.

Capítulo 2: La trascendencia de Dios

- La palabra *trascender* significa "elevarse por encima", y significa que Dios y sus caminos están infinitamente por encima de nosotros.

- "Dios está tan por encima de un arcángel como de una oruga...Dios es de una sustancia completamente única" (pág. 40).

- Creemos que entendemos a Dios, que lo conocemos perfectamente, pero "He aquí, estas cosas son sólo los bordes de sus caminos; ¡Y cuán leve es el susurro que hemos oído de él! (Job 26:14). Dios está infinitamente más allá de nuestras mentes finitas.

- Irónicamente, es en la cruz —el punto más bajo de la vida de Cristo— donde podemos llegar al Dios trascendente. Y del mismo modo, irónicamente, no podemos conocer a Aquel que se eleva por encima de todo hasta que descendemos, hasta que nos humillamos ante su cruz.

Capítulo 3: La eternidad de Dios

- Lea Isaías 57:15 y el Salmo 90:2, que reflejan el hecho de que la naturaleza misma de la divinidad es eterna: eso es lo que lo hace Dios.

- ¿Y si Dios *no* fuera eterno? ¿Cómo podría un Dios temporal ser el creador de todo? Si Él comenzó a existir en algún momento del tiempo, ¿no tenemos la tentación de preguntar: "Entonces, ¿quién hizo a Dios?"?

- Dios habita en la eternidad, fuera del tiempo (vea Isaías 46:10).

- Sólo Él que es "desde la eternidad y hasta la eternidad" puede llenar ese anhelo de eternidad de nuestros corazones (Juan 11:25–26). "¿Por qué podemos creer en nuestra propia inmortalidad? Porque Dios es eterno...Podemos

esperar con calma y tranquilidad el tiempo que vendrá"
(pág. 68)

Capítulo 4: La omnipotencia de Dios

- El significado esencial de *omnipotente* y *todopoderoso*
es exactamente ese: Dios tiene todo el poder que hay. La
Biblia nunca utiliza estas palabras para referirse a otro
que no sea Dios.
- "No existe poder en ninguna parte que no tenga a Dios
como fuente... Y "la fuente tiene que ser tan grande como
lo que fluye de ella o mayor" (pág. 73).
- Como una mosca en un avión, que se preocupara de si el
avión puede soportar su peso, ¡nosotros nos preocupamos
de si realmente el Dios todopoderoso del universo será
capaz de manejar nuestros problemas! Pero Dios sostiene
todas las cosas con su poder (Hebreos 1:3).
- En nuestras oraciones no debemos dudar en pedirle a Dios
cosas "difíciles", porque no hay cosas "difíciles" para Dios
(vea Génesis 18:14).

Capítulo 5: La inmutabilidad de Dios

- *Inmutable* significa "no sujeto a cambios". Dios sencillamente nunca cambia. El cambio ni siquiera es posible para
Dios. "Dios nunca difiere de sí mismo" (pág. 89).
- Un ser perfecto no puede ser mejor, ni un ser infinito puede ser mayor; y un Dios santo y recto no puede hacerse
peor.
- Entonces, ¿cómo podemos saber como es Dios? Mirando
a Jesucristo (Juan 14:9).
- Cuando nos volvemos a Dios en nuestra necesidad, ¿no
es maravilloso saber que Él nunca cambia? Él está siempre con nosotros (Mateo 28:20), listo para encargarse de
nuestra necesidad, sea cual fuere.

Capítulo 6: La omnisciencia de Dios

- Hay dos facetas de la omnisciencia de Dios. El Salmo 147:5 nos dice que Dios entiende todos los datos, conocimientos y hechos. Hebreos 4:13 dice que ninguna criatura —incluidos nosotros —está oculta a sus ojos. Él ve a través de nosotros.

- Nuestro conocimiento, sobre todo de Dios, es muy limitado; Dios es, en última instancia, inefable (inexpresable en palabras), inconcebible e inimaginable.

- No debemos preocuparnos, porque Dios lo sabe todo, y usted no puede desplazarse "fuera de su amor y su cuidado" (pág. 116).

- Siempre debemos estar dispuestos a confesarle nuestros pecados, nuestras dudas y nuestros temores; de todos modos, ¡no hay nada que podamos esconder de Él!

Capítulo 7: La sabiduría de Dios

- "Si yo tratara de probar que Dios es sabio, el alma llena de amargura no lo creería... Y el corazón devoto ya sabe que Dios es sabio y no necesita que se le pruebe" (pág. 121).

- Su perfecta sabiduría "ha planeado el supremo bien para el mayor número por el mayor tiempo" (pág. 127).

- La redención fue cumplida por su sabiduría (1 Corintios 1:24; 2:7), la salvación por la fe fue por su sabiduría (1 Corintios 1:21); y en la consumación también se revela su sabiduría (Efesios 3:10).

- ¿Vamos a aceptar la sabiduría de Dios, o a seguir nuestro propio camino? La esencia del pecado es el concepto de que "me conduzco a mi manera, porque creo que es más sabio que hacerlo a la manera de Dios" (Isaías 53:6).

Capítulo 8: La soberanía de Dios

- Soberanía significa que Dios es "supremo sobre todas las cosas, que no hay nadie por encima de Él, que Él es Señor absoluto sobre la creación" (pág. 144).
- Como hijos de un Dios que es completamente libre de hacer lo que le plazca, debemos ser tranquilos y pacíficos, libres de preocupaciones. En su tiempo y por su voluntad, Él está realizando sus propósitos eternos (vea Nahum 1:3).
- El pequeño círculo de la libre voluntad del hombre está permitido dentro del vasto círculo de la soberanía de Dios (Josué 24:15).
- "Si nos estamos oponiendo a Dios no podemos ganar. Pero si nos rendimos y vamos al lado de Dios, no podemos perder" (pág. 157).

Capítulo 9: La fidelidad de Dios

- "La fidelidad es eso en Dios que garantiza que Él nunca será o actuará de modo inconsecuente consigo mismo…Él siempre será fiel a sí mismo, a sus obras y a su creación" (pág. 160).
- Todo lo que Dios dice y hace está en línea con sus diversos atributos. "Nuestro Dios siempre será fiel a su naturaleza, porque Él es un Dios fiel" (pág. 163).
- Dios demuestra su fidelidad a través de las promesas de su Palabra.
- Dios es fiel a sus promesas a los pecadores (2 Pedro 3:9, Mateo 11:28), a los que son tentados (1 Corintios 10:13) y a los que se debaten (2 Timoteo 2:13, 1 Tesalonicenses 5:24).

Capítulo 10: El amor de Dios

- "Dios es amor" (1 Juan 4:8) no es una definición de Dios; significa que el amor es un atributo esencial de su ser; que todo amor viene de Dios y que Él no hace nada, si no es en amor.

- Si sabemos que Dios nos ama, sabemos que Él quiere lo mejor para nosotros, así que no tenemos miedo en sus manos (1 Juan 4:18).

- Como Dios nos ama, se "identifica emocionalmente" con nosotros, como un esposo siente hacia su esposa o una madre hacia su bebé.

- Si usted se siente lejos de Dios, vuelva en sí, como hizo el hijo pródigo, y vuelva a su Padre (Lucas 15:20). Encontrará que Dios en su amor le da la bienvenida con los brazos abiertos.

Conclusión

- Esta cita de *Los atributos de Dios volumen uno* resume el punto central de este estudio:

El cristianismo de cualquier época ha sido fuerte o débil dependiendo de su concepto de Dios. E insisto en lo que he dicho muchas veces: el problema básico de la Iglesia de hoy es su indigna concepción de Dios.

- Cierre en oración, pidiendo que este estudio pueda ayudar a que cada persona tenga un concepto más digno de nuestro grande y maravilloso Dios.

CASA CREACIÓN

N1 IIII Editorial Nivel Uno

PRESENTAN:

Para vivir la Palabra

Te invitamos a que visites nuestra página web, donde podrás apreciar la pasión por la publicación de libros y Biblias:

www.casacreacion.com

Para vivir la Palabra